技术革新教育系列

视域融合下的慕课开发研究

The Research of MOOC Development
Based on Fusion of Horizons

冯永华◎著

科 学 出 版 社
北 京

内 容 简 介

解决慕课开发理论研究的薄弱及慕课开发实践中的问题，需要课程开发与课程理解的共同指导。本书从历史图景出发，澄清课程形态变迁的内在逻辑与慕课开发诉求，审视慕课开发实践中存在的问题，探寻关键症结。然后本书以泰勒原理所体现的课程开发与课程理解两种课程视域的融合为理论基础，建构了 FLTC 慕课开发模式，分析了慕课开发的主体、要素、活动以及新的操作程序、侧重点、条件保障，并以典型案例促进慕课开发理论研究与实践研究的沟通，以求在慕课开发中实现理解和反思，对慕课建设和应用共享具有理论意义和实践价值。

本书可供在线开放课程及相关领域研究人员、开发人员、关注者阅读，也可作为高等院校教育技术学专业和课程与教学论专业本科生和研究生的参考用书。

图书在版编目（CIP）数据

视域融合下的慕课开发研究 / 冯永华著．—北京：科学出版社，2020.1

ISBN 978-7-03-063804-5

Ⅰ.①视…　Ⅱ.①冯…　Ⅲ.①网络教学-教学模式-研究　Ⅳ.①G434

中国版本图书馆CIP数据核字（2019）第280567号

责任编辑：崔文燕 / 责任校对：王晓茜

责任印制：徐晓晨 / 封面设计：润一文化

编辑部电话：010-64033934

E-mail：edu_psy@mail.sciencep.com

科学出版社 出版

北京东黄城根北街 16 号

邮政编码：100717

http://www.sciencep.com

北京中科印刷有限公司 印刷

科学出版社发行　各地新华书店经销

*

2020 年 1 月第　一　版　开本：720×1000　1/16

2021 年 3 月第三次印刷　印张：16 1/2

字数：330 000

定价：99.00 元

（如有印装质量问题，我社负责调换）

前　言

近年来，慕课在课程建设与应用共享中发展迅速，并以“学分认定”的形式纳入高校人才培养体系。慕课开发是慕课建设与应用共享的焦点问题，亟须对其进行系统、深入的理论探讨与实践研究。然而，慕课开发是实践先行，缺乏理论澄清与理性推动；而且慕课具有大规模、开放、在线的特性，难以嵌套现成的理论框架；在慕课开发实践中也存在过度沿承现代课程开发模式而缺失对主体、情境及意义观照的问题，出现慕课开发与多元学习诉求、学习体验相冲突的困境和矛盾。因此，慕课开发研究既要指向本体意义的理论问题，又要指向实践问题，以解决慕课开发的理论与实践困境。

慕课开发属于课程开发范畴。泰勒原理为慕课开发提供了科学支撑。但是，解决慕课开发理论与实践困境同时需要宏大叙事研究与体现开放性、差异性、多元性的微型叙事研究。我们需要超越一元视域而转变为融合泰勒原理在内的多元视域。课程理解鼓励个体对课程的本源性意义重建与自传式的多元理解，它为慕课开发提供了方法论意义的指导。因此，本书以泰勒原理所体现的课程开发与课程理解两种课程视域的融合为理论基础，旨在解决慕课开发理论与实践问题。本书研究重点包括两个方面：一是在两种课程视域融合的指导下对慕课开发进行理论分析，澄清慕课开发的逻辑品格、价值取向、开发样态等；二是建构慕课开发模式，澄清慕课开发主体、要素、活动、关系、操作程序以及侧重点等，实现新形式的慕课开发。本书创新之处有两点：第一，以泰勒原理所体现的课程开发与课程理解两种课程视域融合为理论基础，解决慕课开发的理论与实践问题，促进在慕课开发中实现理解与反思；第二，建构 FLTC 慕课开发模式，FLTC 分别代表教师（facilitator）、学习者（learner）、文本（text）、情境（context），旨在分析慕课开发主体、要素、活动、操作程序、侧重点。FLTC 模式兼顾教师理解与学习者体验，兼顾实践逻辑与意义生成，促进双方在慕课开发实践中探讨关系、过程、意义与多样性的建构，在多元化理解中反思慕课开发事件，推动慕课开发理论研究与实践研究的沟通。

本书从课程形态变迁的内在逻辑入手，澄清慕课、慕课开发的“为人”属性；同时澄清当前慕课开发的基本程序。慕课作为一种新的课程形态，需要在开发中重视建构的知识观、学习者主体观、师生主体活动的交往观以及生成的过程观，澄清历史图景以观照慕课开发现实。

全面审视慕课开发实践、探寻关键症结是澄清慕课开发问题的关键。笔者发现当前慕课开发存在如下问题：重静态预设轻开发过程；慕课开发与学习需求不对称；慕课设计过度结构化，剥离了学习者主体性；学习资源生成性与差异性不足；慕课实施缺乏过程关注；学习评价主体与维度偏单一，且评价情境与差异体现不足。慕课开发主体的失衡、传统课堂教学模式的影响、慕课开发中“关系”的断裂，以及学习支持服务与需求失衡是问题背后的原因。

视域融合的理论基础为慕课开发理论分析提供了指导。基于视域融合，慕课开发的逻辑品格是基于关联的隐喻，其价值取向是促进个性化学习；开放的慕课开发环境、凸显个性化学习的学习支持服务、动态生成的课程文本、非线性连通的运行过程，以及多元化的学习评价是视域融合下慕课开发的样态。

基于当前慕课开发基本程序的分析、问题诉求以及视域融合的理论基础，本书建构了 FLTC 慕课开发模式。FLTC 慕课开发模式是对慕课开发的核心旨向、要素、活动及其关系的规定，它基于慕课平台、社会性软件等信息技术环境，以促进学习者的个性化学习为核心旨向，以教师、学习者、文本、情境为关键要素，以课程设计与迭代、资源组织与文本共生、在线教学活动、学习支持服务、学习分析与评价为主要课程开发活动。其中，教师是个性化学习与慕课动态生成的促进者，与学习者共同构成了慕课开发主体，学习者的主体性渗透于要素、活动、关系、意义的相互关联中，在主动参与中实现个性化的“转变”。

实现 FLTC 慕课开发需要一项新的操作程序：组建教师团队—发布课程公告—课程设计与迭代—资源组织与文本共生—组织在线教学活动—提供学习支持服务—学习分析与评价。但是，慕课开发并非线性流程，而是慕课开发要素与活动相互交织、相互促进的不断迭代、生成的过程。因此，在慕课开发中，教师团队还需要重视慕课开发要素、活动之间的关联，重视慕课开发的开放性、过程性与生成性，重视学习交互中的网络连通，重视学习分析与评价与教、学的融合过程，在人的主体性发挥过程中，实现慕课开发在实践基础上的建构、在开发过程中的理解，促进实践与理性的和谐统一。

FLTC慕课开发模式从一种理论模式到实践落实，还需要教育框架与技术框架共同提供支持保障。慕课开发教师应具备慕课开发素养，真正成为个性化学习与慕课动态生成的促进者；学习者应具备慕课学习素养，真正成为自治的学习主体；技术应为学习者个性化学习、课程的专业性定制提供支持；同时在开发过程中应处理好课程目标与学习目标的关系，教师、学习者、慕课开发之间的关系，慕课开发与教学的关系以及预设与创生的关系。

最后，本书选取典型慕课案例，在视域融合的指导下，分析了该慕课开发的优势、尚存在的问题，并提出改进策略，以促进慕课开发理论研究与实践研究的连通。

目　　录

前言

第一章　绪论……1

第一节　慕课开发研究问题的提出……1

第二节　视域融合下的慕课开发研究的价值与意义……5

第三节　视域融合下的慕课开发研究的概念与解析……7

第四节　国内外慕课开发研究现状……12

第五节　视域融合下的慕课开发研究的逻辑与方法……37

第二章　历史图景：课程形态变迁与慕课开发诉求……40

第一节　课程形态变迁与内在逻辑……40

第二节　一种新的课程形态……43

第三节　慕课开发诉求……52

第三章　实践审视：慕课开发现状、问题与归因分析……56

第一节　调查问卷的编制与测试……56

第二节　慕课开发现状分析……69

第三节　慕课开发问题分析……78

第四节 慕课开发问题的归因分析……97
第四章 理论寻径：两种课程视域的融合……105
第一节 泰勒原理与课程理解：慕课开发的科学支撑与方法论依据……105
第二节 两种课程视域的融合：促进“理解”的慕课开发……119
第三节 视域融合下的慕课开发理论分析……125
第五章 模式建构：视域融合下的 FLTC 慕课开发模式……146
第一节 FLTC 慕课开发模式的含义与内容……147
第二节 FLTC 慕课开发模式的核心与构成……150
第三节 FLTC 慕课开发模式的操作程序分析……160
第四节 FLTC 慕课开发模式的侧重点……188
第六章 支持诉求：FLTC 慕课开发模式的条件保障……194
第一节 教师：慕课开发的促进者……194
第二节 学习者：慕课学习的自治主体……198
第三节 技术支持：促进个性化学习……200
第四节 FLTC 慕课开发需要处理的关系……206
第七章 案例分析：对慕课“模型思维”开发的分析……211
第一节 “模型思维”基本信息……211
第二节 “模型思维”开发的思路……214
第三节 “模型思维”开发的优势……217
第四节 “模型思维”开发的问题……227
第五节 “模型思维”开发的改进策略……235
结语……241

参考文献……244

附录……246

附录 A　学生访谈提纲……246

附录 B　教师访谈提纲……247

附录 C　慕课设计、资源开发、实施与评价现状调查（学生问卷）……248

附录 D　慕课设计、资源开发、实施与评价现状调查（教师问卷）……251

第一章 绪论

第一节 慕课开发研究问题的提出

慕课于2008年首次出现，2012年基于Coursera、edX和Udacity三大技术平台迅速发展并开始在世界范围内广泛传播，这一年被称为“慕课元年”。自此，慕课在实践领域中不断发展壮大，慕课平台、课程数量、选课人数等不断增加，并且以学分认定方式在高校人才培养中发挥应用共享功能。慕课以一种开放的课程形态营造了自由、分享、合作的参与式文化，带来了开放教育资源开放、共享的新方式，带来了大规模学习者的聚集与重组，产生了远程学习的新体验。因此，慕课开发难以复制任何一种课程开发模式，而实践中建设与共享应用的深入推进亦迫切需要研究慕课开发。此外，理性审视慕课开发是解决慕课开发实践中的矛盾与冲突的必然诉求，是承接慕课实践历程与未来发展的重要环节。

然而，我们不能回避的是，尽管当前学界对慕课研究已经从“热潮”回归理性反思，但是对慕课开发的研究依然是实践行动多于理论探讨、解构研究多于建构研究、分散研究多于系统研究。总之，无论是慕课建设与应用的现实需求，还是澄清慕课开发理论困惑的需要以及慕课开发实践的必然诉求，我们均需要开展慕课开发研究，以解读慕课开发实践中的要素、关系与逻辑。

一、深入推进慕课建设与应用共享的现实需求

慕课开发是慕课建设与应用共享的焦点问题，它关系到慕课开发的价值、功能及意义。从2012年“慕课元年”至今的发展趋势来看，慕课在建设与应用共享的实践中发展迅速。

在慕课建设中，一方面，各国纷纷创建课程平台，课程数量、选课人数都

不断增多。例如，世界上已有超过 20 个国家和地区开发出自己的慕课平台，[①] 据 Class-Central 网站不完全统计，自 2012 年以来，慕课数量已经超过 7856 门（不包含中国），参与建设的高校超过 673 所（不包含中国）；[②] 另据教育部在线教育研究中心发布的《2016 中国慕课行业研究白皮书》统计，中国大学慕课上线课程 1700 多门等。2014 年全球学习者数量达到 1600 万～ 1800 万。[③] 另一方面，高校建设主体的范围不断扩大。除了名校、名师参与慕课建设之外，诸多省部共建高校、地方性综合大学等也投入了慕课建设，“慕课联盟”“慕课中心”等组织纷纷成立，慕课俨然成为“我国教育界的最时髦看点”[④]。

与此同时，慕课在共享应用中，随着教育部政策推动、个性化学习需求的增加，慕课已纳入高校人才培养体系。教育部于 2015 年 4 月发布了《教育部关于加强高等学校在线开放课程建设应用与管理的意见》，提出“推进在线开放课程学分认定……将通过本校认定的在线课程纳入培养方案和教学计划，并制订……学生修读在线课程的学分认定办法。在保证教学质量的前提下，鼓励高校开展在线学习、在线学习与课堂教学相结合等多种方式的学分认定、学分转换和学习过程认定”。2016 年 9 月，教育部印发《关于推进高等教育学分认定和转换工作的意见》，鼓励有条件的高等学校向社会开放在线课程，“认定学生不同渠道获得的学分”，并“监督在线平台的课程质量、教学与学习过程、学分认定和转换结果，保障学习者权益”。这两个意见的出台，意味着在线开放课程已经进入高校学分认定体系，触及高校教学制度的内核，关系到高等教育人才培养。同时，多所高校已开展学分认定，如吉林师范大学已开展基于在线开放课程的学科基础选修课、专业选修课、公共选修课的学分认定工作；杭州师范大学将在线开放课程成绩转换为通识核心课程成绩，并获得对应模块通识课程学分等。

由此可见，慕课已经从“舶来品”进入我国高等教育体系，已经从“教育海啸”级的热潮落实到推进“象牙塔”内的人才培养。然而，慕课开发作为实践推进中的焦点问题，并没有现成的、可以复制的模式。尽管传统课程的开发、课程教学模式、早期网络课程开发以及开放教育资源的发展为慕课开发带来了一定经验，但是，大规模的、非特定的课程参与者，开放的时间、空间、参与方式，以及基于互联网的在线性，均赋予慕课以特质。慕课作为一种新型的教育生态，

---

① 万玉凤 . 慕课用户今年或超 1000 万 . 中国教育报，2016-10-11，(03).

② 汪琼 . 美国慕课评优原则分析 . 现代远程教育研究，2017，(3)：50-57.

③ 互联网教育 . 教育部：2016 中国慕课行业白皮书 . http://www.199it.com/archives/595454.html[2018-01-30].

④ 尹达 .“慕课现象”的本质阐释、现实反思与未来展望 . 电化教育研究，2015，(5)：59-63.

既与新技术发展密切相关，又与人的学习需求密不可分；既是开放教育资源的一种延伸，又具有课程属性；既需要教师、教师团队，又不依赖于教师的教；既有大规模的学习参与者，又难以统一组织。

因此，慕课建设与应用共享深入推进的现实需求以及慕课特质，均迫切需要澄清慕课开发样态，研究慕课开发中的要素、关系与逻辑。

二、澄清慕课开发理论困惑的需要

自2012年以来，慕课在实践中发展迅速，慕课应用已逐渐深入。然而，2013年却被称为“反慕课”之年。[①]尽管学界存在“反慕课”争论，但这并未阻止实践中的慕课发展。可是，从追捧到质疑，再到回归理性，冲突与反差亦促进我们反思：我们究竟该如何认识慕课开发？应该寻求怎样的理论基础？遵循怎样的慕课开发逻辑？应该秉持怎样的价值立场？慕课开发样态应该是怎样的？如何实现慕课开发？回归慕课开发的理论解读亦是联系实践、解决慕课开发实践困境与矛盾的必然。然而，在当前对慕课开发的研究中，实践行动多于理论探讨，解构研究多于建构研究，这些问题依然是学界需要深入探讨的理论问题。

此外，慕课自身的复杂性、交融性亦需要深入探讨其理论问题。一方面，从课程属性看，慕课是一种新型的课程形态，它是课程形态变革历史中的一种丰富表征，课程属性是其根本属性。另一方面，从慕课的诞生源头——现代远程教育的发展及开放教育资源运动的发展看，尽管慕课与网络课程、视频公开课、开放式课件（open course ware，OCW）等高度相关，但是慕课既具有开放性、大规模参与、在线的特性，又具有授课视频、测验与作业、论坛讨论、邮件通知、考试等交织在一起的基本组件，每种特性、每个组件都不是慕课的原创，但是基于慕课平台“将它们有效地集成部署到现代云计算平台上”，构成了一种“集成创新”[②]。也有学者从教育的形式、资源的形式、技术应用方式以及高等教育的财务模式等角度，认为慕课所带来的都是一种所谓的“破坏性创新”[③]。所以，慕课是开放教育资源运动中出现的一种新型的课程模式，是现代远程教育发展的一种新的网络课程，具有开放、自由、民主的基本特性，而且师生分离、学习者人数众多、学习过程更加开放。与此同时，大规模的自由学习者在开放的环境中已经造成了对传统课程霸权现象的挑战，课程主体的权力发生流变。

那么，经典的课程开发模式、经典的课程理论研究并不能直接适应慕课基

---

① 王志军，陈丽，郑勤华．MOOCs的发展脉络及其三种实践形式．中国电化教育，2014，(7)：25-33.

② 李晓明．慕课．北京：高等教育出版社，2015：21.

③ 顾小清，胡艺龄，蔡慧英．MOOCs的本土化诉求及其应对．远程教育杂志，2013，(5)：3-11.

于网络的、开放的时空、大规模学习者的聚集的特性。慕课开发理论问题的研究，难以嵌套任何一种现成的理论框架。

慕课既具有课程属性，又具有新技术特征。慕课开发需要宏大叙事，但是又不能忽视微型叙事；慕课需要重视教师作为慕课开发的领导者的作用，但亦不能忽视学习者主体性的发挥。应该秉持怎样的价值立场处理这些关系、如何建构慕课开发、如何处理慕课开发重点等均是慕课开发中亟须解决的问题。所以，正视慕课的复杂与交融特性，探索慕课开发的理论基础、开发逻辑、价值取向、开发样态、开发模式等，亦是慕课开发理论中亟待深入探讨的问题。

三、破解慕课开发实践困境与矛盾的必然诉求

慕课是开放教育资源运动发展中超越“资源”的课程模式，其本质属于“课程”范畴。新的课程形态在实践中遭遇困境与矛盾，破解困境与矛盾是慕课开发承接慕课实践历程与未来发展的重要环节。

一方面，慕课开发过度倾向于沿承现代课程开发模式，而缺失对主体、情境及意义的观照，造成传统课程模式的简单移植与网络学习复杂特质之间的矛盾。

慕课具有定期发布的内容与资源，强调练习、测试与作业，重视课程教学目标、课程设计，依然侧重于知识的传播和复制，不重视学习者的学习目标、课程实施的过程以及知识的动态生成，甚至被认为“远非激进的革新，而不过是几十年来处于现代大学核心的一些趋势的自然延伸而已”[①]。但是，慕课开发基于网络技术、多媒体计算机技术等已经超越物理空间，它具有虚拟空间、复杂的组织形式以及传统教育中难以实现的大规模群体等特质，超越了课堂学习秩序；同时，网络学习中缺乏传统课程有效学习发生的面对面的活动、情境与文化条件，更是消解了中心、消解了线性、消解了等级性，从新技术来说，非线性网络亦消解了教师作为课程开发主体的绝对权威，消解了教师本位的实践特征。因此，过度沿承现代课程开发模式使慕课开发既缺失面对面特质，又丢弃了网络学习中开放、互动、多元、去中心化的复杂性特质，造成慕课开发的冲突。

另一方面，简单化的课程实施过度注重统一传输，与复杂而多元的学习诉求、学习体验相冲突，造成慕课开发人本价值弱化。

微视频、在线测试及自动反馈为慕课实施带来了技术支持。但是将碎片化教学内容的大规模分发、传递以及自动反馈等同于慕课实施，显然是简化了实施

① 吴万伟.“慕课热”的冷思考.复旦教育论坛，2014，(1)：10-17.

过程，更注重教师“教”的经验，忽视了学习者“学”的理解与诠释；更注重学习评价的结果，忽视了对学习者学习过程的多维观照与反馈；以工具化的表征遮蔽了课程的丰富内涵与意义，以单一的教学法忽视了在线教与学的活动及意义，限制了课程实施过程的创造性、生成性，使慕课学习简化为知识接受，忽视了复杂而多元的学习诉求与学习体验；使主体价值与意义生成相剥离，淹没了学习者的主动性、学习网络的形成以及自组织涌现所表现出的慕课开发的生成特性，弱化人本价值。

第二节　视域融合下的慕课开发研究的价值与意义

一、理论意义

（一）为慕课开发实践奠定理论基础

学界对慕课、慕课开发的理论研究远落后于实践探索，而慕课开发的实践探索的深化需要慕课开发理论的滋养，也需要以理论增加慕课开发主体的理性认知，进而以反思、批判、建构，推动慕课开发实践的未来发展。另外，在当前慕课开发实践中，既存在认识视角、慕课开发观的偏差以及慕课开发主体认识不足等问题，也存在开发误区，如将课程上线发布等同于慕课实施过程，将“讨论+测验”等同于慕课教学法，将讨论区的问答等同于在线教学活动的组织等，导致学界质疑和“反慕课”声音的出现。

因此，本书以两种课程视域融合为理论基础，对慕课开发进行逻辑品格、价值意蕴、开发样态的理论分析，有助于澄清与解决慕课开发实践中出现的问题；并建构慕课开发模式，为慕课开发实践奠定理论基础，促进慕课开发中逻辑理性与实践理性的统一。

（二）丰富在线开放课程开发理论体系

学界对在线开放课程开发的研究更多侧重于实践视域、技术视域，而随着教育部对在线开放课程建设与应用共享的重视，以及以学分认定发挥其在高校人才培养中的功能，更加需要从教育视角、课程理论的视角进行解读与分析。本书基于教育视角、课程理论视角审视慕课。作为在线开放课程的一种形态，慕课具有基于网络技术的载体、开放的环境等共同要素。研究慕课开发的理论与实践问题，审视、澄清以及解读慕课开发的关键问题，有助于探讨在线开放课程开发中的主体角色、开发要素、开发活动以及多元建构中的关系与意义，为在线开放课程的开发提供研究视角与理论积淀，丰富在线开放课程的开发理论。

二、实践意义

（一）推进慕课开发实践的有效探索

慕课开发隶属于课程开发范畴，它既包含理论问题，又是一个需要实践推动的现实问题。在当前慕课开发的实践中，存在对慕课开发认识的误区，也存在将传统课程开发实践、课程实施直接“移植”至网络环境中的简单化操作，导致慕课开发中出现困境、矛盾，以及慕课开发过程中主体、要素、活动出现割裂。本书基于对慕课开发的理性分析、对文献中的慕课开发反思以及对现实的审视，将慕课开发置于教育场景进行思考与探寻，分析存在的问题，追踪其根本原因；在此基础之上寻求慕课开发问题解决的理论路径与理论样态，建构慕课开发模式，并以条件保障为建构模式的实现提供支持，最后进行案例分析。因此，本书基于理性分析、文献分析、实践审视，从真实的问题出发进行理论建构，有助于增进慕课开发实践者的理性，促进对慕课开发的准确认知，推进慕课开发实践的有效探索。

（二）以技术与教育的融合促进慕课开发与课程研究的深度沟通

从课程本体论的视角看，慕课的根本属性是课程，慕课开发属于课程开发的范畴，但是慕课又兼具大规模参与、开放、在线的复杂性。从当前学界对慕课开发的研究视角来看，技术视角、应用研究较多，而教育、课程视角偏少。本书以技术与教育的有机融合，将慕课开发问题置于教育背景之下，以两种课程视域融合于慕课开发，指导慕课开发问题的解决与慕课开发模式的建构，推动了慕课开发理论与实践的新探索，在一定意义上促进了慕课开发与课程研究的深度沟通，也促进了在线课程领域与课程领域的深度沟通。

（三）促进正式学习与非正式学习的融合

慕课是在线教育的一种探索、延伸，最初一些知名的高校参与了慕课建设，现在诸多省部共建高校、地方性综合大学等也纷纷加入，并且慕课以“学分认定”的方式纳入高校人才培养体系。从终身学习理念及高校课程改革来看，基于慕课的学习作为非正式学习的一种新方式，是学校正式学习的有益补充，学习者仍然是慕课开发价值的根本归宿。本书以个性化学习的价值取向探寻慕课开发的过程、关系、意义，并建构慕课开发模式，能够促进学习者在非正式学习中实现个性化学习目标，促进学习者的非正式学习与正式学习的融合。

第三节　视域融合下的慕课开发研究的概念与解析

一、视域融合

视域融合是伽达默尔哲学诠释学的核心概念，也是哲学诠释学的理论基石，它包含着丰富的、复杂的哲学诠释学要义：既蕴含着人的存在方式的本体论意义，又蕴含着人的意识活动的认识论意义，兼具实现“此在”的方法论意义。因此，伽达默尔的视域融合涵括了宏大而深刻的哲学解释学的思想与内容，涉及多种复杂的因素，具有特定的诠释学的含义，具有哲学思维的蕴意。

本书的视域融合仅仅是简单借用了伽达默尔的视域融合这一概念名称，其含义、思路与伽达默尔的完全不同，是指泰勒原理所体现的课程开发视域与课程理解视域两种课程视域的融合，以视域融合的方法促进对慕课开发过程的阐释。慕课开发属于课程开发范畴，泰勒原理为慕课开发提供了科学支撑，但是，解决慕课开发的理论问题与现实困境，需要超越泰勒原理的一元视域而转变为融合包括泰勒原理在内的多元视域。课程理解鼓励个体对课程进行本源性意义的重建与自传式的多元理解，它为慕课开发提供了方法论意义的指导。因此，在本书中，课程开发与课程理解两种课程视域的思想智慧、价值主张在慕课开发过程中交融、统一，并获得一种新的视域方法，从而在慕课开发过程中融入课程理解的方法论，促进对慕课开发问题的澄清，并以新的视域方法对慕课开发进行改造与完善。所以，本书的视域融合是以解决慕课开发问题为视域，以泰勒原理所体现的课程开发与课程理解两种视域的融合为基础，指导慕课开发在方法论层面的交叉与贯通。

二、课程

课程概念是教育领域中最复杂的概念之一。在西方，斯宾塞在1859年发表的《什么知识最有价值》中最早提出“curriculum”（课程）一词，它是名词，原意是静态的“跑道”，是指“教学内容的系统组织”。该词源于拉丁语“currere”，其意为“跑”，是动词。前者可涵盖知识观、计划观、目标观、科目观、结果观、教材观等，是静态的课程观，强调的是学科内容，是教学过程之前和教学情境之外设定的目标、计划或者预期结果，注重的是显性的课程，关注的是某一方面的单一要素；而后者可涵盖活动观、体验观、经验观等，是动态课程观，注重学习者现实的经验与体验，强调人作为创造主体的主体性的发挥，关注到了课程的潜在性与隐蔽性，强调教学过程中教师、学习者、学习内容与环境多种要素的持续交互的动态情境，课程具有动态性与生长性。

对于课程的定义，学者从不同层次和角度出发来认识课程，种类繁多，国内学者对课程定义进行了归类。如施良方将课程定义分为六种类型：①课程即教学科目；②课程即有计划的教学活动；③课程即预期的学习结果；④课程即学习经验；⑤课程即社会文化的再生产；⑥课程即社会改造。[①]

刘志军总结了四种课程本质观：①知识本质观；②经验本质观；③活动本质观；④计划本质观。[②]

张华将课程定义归类为三类：①课程作为学科；②课程作为目标或计划；③课程作为学习者的经验或体验。[③]

纵观以上课程定义的分类，可以看出课程的复杂性，原因在于“课程作为一种复杂的教育现象，它既不是纯粹的客观事物，也不是彻底的观念形态；它既有被决定、被制约的性质，又存在相当的自主和能动的特点；它是一种主观与客观统一、物质与精神结合的现象”[④]，但是对课程的认识将为课程理论与实践的研究打下基础。

笔者认为，静态与动态、预设与生成、主体与客体、显性与隐性、理性与经验、结果与过程、事实与价值均是课程既对立又内在统一、既有区别又有联系的属性。课程既需要结构与建构，也需要解构与重构，既需要开发事件，也需要理解事件。因此笔者认为，课程是英文的“curriculum”与拉丁语词源“currere”有机统一的连续体，是主体充分参与的、不断生成与创造的、具有价值性活动的过程。

三、慕课

慕课是大规模开放式在线课程（massive open online course，MOOC）的译称。“massive”，意即“大规模的”，指学习参与者没有数量限制；open，意即开放的，

① 施良方 . 课程理论：课程的基础、原理与问题 . 北京：教育科学出版社，1996：3-7.
② 刘志军 . 走向理解的课程评价：发展性课程评价理论探索 . 北京：中国社会科学出版社，2004：16-21.
③ 张华 . 课程与教学论 . 上海：上海教育出版社，2000：67-68.
④ 刘志军 . 走向理解的课程评价：发展性课程评价理论探索 . 北京：中国社会科学出版社，2004：22.

指所有课程资源在任何时间对任何人开放，没有时空的约束与限制；online 意即在线的，是指基于网络的教学过程、学习过程、互动过程、评价过程等，不必亲临课堂；course，意即课程。

慕课是指基于网络的、大规模学习者参与的、开放式获取的在线课程，它除了提供视频讲座、阅读材料和在线答疑外，还为学习者提供交互性社区，支持学习者、教师、助教之间的交互。①

国内外学者对慕课有不同的理解视角。

McAuley 等基于教育模式视角，认为慕课是一种通过课程开放、在线资源、社交网络、学习服务而形成的教育模式，它允许全球有学习需求的人根据学习目标、知识与技能参与学习，通过网络实施教学过程。②

de Waard 等从复杂系统视角，认为慕课是一种自组织系统，包括学习者、教学者、课程资源和学习环境四个有机组成部分，它们是关联而开放的。其内部之间存在非线性的关联，并与外部环境保持开放与信息交换，内部交互或外部交换中均会引起系统扰动。③

Daniel 基于知识创新视角，提出慕课是一种新型的知识创新平台，它引导学习者创造性地重组信息资源和自主探究知识，支持学习者在问题场域中通过协商对话激发灵感和生成新知。④

Siemens 基于连通主义理论指出，慕课“是一个存在于可扩展的技术创新的生态系统、新兴教育学和复杂的社会对教育的需要中的一个节点”⑤。

Johnson 基于课程形态认为，慕课“是一种将分布于全球各地的教学者和成千上万的学习者通过教与学联系起来的大规模线上虚拟开放课程。它既提供视频、教材、习题集等传统课程材料，又通过交互性论坛创建学习社区，将数以万计的学习者在共同的学习兴趣和学习目标的驱动下组织起来开展课程学习”⑥。

顾小清等认为，慕课“从教育的形式、资源的形式、技术应用方式以及高

---

① Massive open online course. http://en.wikipedia.org/wiki/Massive_open_online_course[2015-01-16].

② McAuley A，Stewart B，Cormier D，et al.The MOOC Model for Digital Practice. https://www.researchgate.net/publication/260205419_The_MOOC_model_for_digital_practice[2010-12-01].

③ de Waard I，Abajian S，Gallagher M S，et al. Using mlearning and MOOCs to understand chaos，emergence，and complexity in education.International Review of Research in Open and Distance Learning，2011，(7)：94-116.

④ Daniel J. Making sense of MOOCs：Musings in a maze of myth，paradox and possibility. Journal of Interactive Media in Education，2012，(3)：1-18.

⑤ Siemens G. Neoliberalism and MOOCs：Amplifying. Nonsense. http://www.elearnspace.org/blog/2013/07/08/neoliberalism-and-moocs-amplifying-nonsense/[2015-02-22].

⑥ 转引自 NMC. NMC Horizon Report：2013 Higher Education Edition.Austin：The New Media Consortium，2013：11-14.

等教育的财务模式等角度，所带来的都是一种所谓的‘破坏性创新’”[①]。

李晓明基于课程实施过程认为，慕课是“主讲教师负有责任的，通过互联网支持大规模人群参与的，以讲课视频、作业练习、论坛活动、通告邮件、测验考试等要素交织的教学过程”[②]。

由此可见，研究者以不同的立场解读慕课，分析维度不同，形成了各不相同的认识：或者说明了某种属性，或者解决了某种问题。可见，慕课是一个复杂的、具有多重性的课程形态，澄清慕课的概念，既是研究的一部分也是后续研究的基础。

本书尝试从慕课的一般属性进行界定。第一，慕课是教育与技术融合的一种基于互联网技术的课程形态，它具有课程属性。第二，慕课是网络课程的新发展，它是大规模、多主体参与的在线课程，形成了在线学习环境网络、学习者主体网络以及课程知识网络，在线社区交互是其基本的互动方式。第三，慕课具有开放性。慕课既是一种开放式获取，不设置入学门槛，任何人均可免费参与课程学习，又包括学习过程的开放，教学过程、学习互动过程、评价过程均具有开放性。

综上所述，笔者认为，慕课是开放教育资源与学习者需求、网络新技术发展相碰撞与融合而形成的一种新型课程形态，它以主题、课程资源为基础，基于大规模学习主体的在线参与及学习支持服务，通过互联网实施开放式的教学、学习、活动与评价，引导学习主体创造性地重组信息资源，促进学习者实现建构的课程形态。

四、课程开发与慕课开发

（一）课程开发

课程开发是课程领域中的重要概念，有学者提出，在课程研究领域，课程开发这一术语是除课程概念之外的第二号关键概念[③]。课程开发是由课程编制（curriculum making）演变而来。1923 年和 1924 年，课程科学化运动的重要代表人物查特斯（W. W. Charters）和博比特（F. Bobbitt）分别出版《课程编制》（*Curriculum Construction*）和《怎样编制课程》（*How to Make A Curriculum*），课程问题由原来的设置什么样的课程，转变到如何编制课程上来。[④] 1935 年，

① 顾小清，胡艺龄，蔡慧英 . MOOCs 的本土化诉求及其应对 . 远程教育杂志，2013，（5）：3-11.

② 李晓明 . MOOC：是橱窗，还是店堂？中国大学教学，2014，（5）：15-18，11.

③ 徐玉珍 . 是校本的课程开发，还是校本课程的开发：校本课程开发概念再解读 . 课程 • 教材 • 教法，2005，（11）：3-9.

④ 刘志军 . 走向理解的课程评价：发展性课程评价理论探索 . 北京：中国社会科学出版社，2004：24.

美国学者卡斯威尔（H. Caswell）和坎贝尔（D. Campbell）合著的《课程开发》（*Curriculum Development*）问世后，课程开发概念引起人们的关注。[①] 并且，随着人们对课程编制活动认识的不断深化，课程开发的概念得到了更加广泛的认可，且欧美学者用"curriculum development"（课程开发）逐渐代替了原来的"curriculum making"或"curriculum construction"（课程编制）；1949年，泰勒出版《课程与教学的基本原理》，将美国的课程开发研究推至顶峰，并形成了一个"确定目标、选择经验、组织经验、实施评价"的普适性课程开发程序；但是，20世纪60年代，以概念重建运动拉开的后现代课程研究，直指对泰勒原理的批判，课程开发似乎被课程理解所取代。但是在课程实践中依然需要课程开发理论的指导，"课程开发"作为一个专业术语和研究内容仍然存在，只是被赋予了新的内涵。[①]

学界对课程开发有不同的表述。课程开发是这样的"一个过程，它要把那些理念转化为有关教育想象的行动"[②]；课程开发是表示"新的课程的编订、实验、检验—改进—再编订、实验、检验……这一连串作业过程的整体"[③]；课程开发"通常是指根据特定教育目标进行课程研制、课程设计、课程实施和课程评价，以改进课程功能的活动过程"[④]；课程开发是指使课程的功能适应文化、社会、科学及人际关系要求的持续不断的决定课程、改进课程的活动与过程[①]；是指"借助于学校教育计划—课程—实施与评价，以改进课程功能的活动的总称"[③]；课程开发始于"形成什么课程"的问题，是"一个从课程规划到课程实施、课程评价的过程。它是一种从宏观到中观到微观的课程运作活动，其侧重于如何形成课程、如何保证课程的实施并取得效果"[⑤]；"课程开发是课程规划制订、课程设计、课程实施、课程管理、课程评价等课程运作的全过程，课程设计过程是课程开发过程的独立环节，并与其他环节密切相关"[⑥]；课程开发不仅包括课程规划、课程设计、课程实施与评价等系列课程活动及其策略和技能，而且被用来描述有多方人员参与的合作的决策过程[⑦]。

纵观不同的表述方式，学者对课程开发既有共识之处又有分歧之处。形成

---

① 汪霞．课程开发：含义、性质和层次．教育探索，2003，(5)：21-23.

② 艾斯纳．教育想象：学校课程设计与评价．李雁冰译．北京：教育科学出版社，2008：40.

③ 钟启泉．现代课程论（新版）．上海：上海教育出版社，2015：361-362.

④ 刘欣．范式转换：课程开发走向课程理解的实质与关系辨析．教育研究与实验，2014，(1)：52-57.

⑤ 李森，陈晓端．课程与教学论．北京：北京师范大学出版社，2015：98.

⑥ 吕立杰．课程设计的范式与方法：中国基础教育"新课程"设计的个案研究．长春：东北师范大学博士学位论文，2004：43.

⑦ 徐玉珍．是校本的课程开发，还是校本课程的开发：校本课程开发概念再解读．课程·教材·教法，2005，(11)：3-9.

的共识之处是，均认可课程开发是一个过程、活动或行动；分歧之处在于，有的学者仅仅将其作为形成课程的过程，但更多学者认为其包括设计、实施、评价的全过程。

本书认为，课程开发相对于课程编制来说，更加具有过程性，更加强调一种不断改进的活动，同时“课程开发除了包括目标、内容、活动、方法、资源及媒介、环境、评价、时间、人员、权力、程序和参与等各种课程因素外，还包括了各种因素之间的交互作用、相互影响，特别是包含了课程决策的互动和协商”①。

因此，课程开发包括形成课程、怎样形成课程以及课程效果怎样的过程，它是课程设计、课程实施、课程评价等课程运作的全过程，设计、实施、评价之间相互作用，课程主体之间发生互动与协商。

（二）慕课开发

慕课开发属于课程开发的范畴。根据对课程开发概念的界定，慕课开发是在课程主体的互动与协商中，基于网络技术环境，对慕课进行课程设计、课程实施、课程评价等课程运作的全过程，设计、实施、评价之间相互作用、相互影响。

需要说明的是，慕课开发并非反理论性。慕课开发既非预定方案，也不止于预期的课程目标或学习结果，而是渗透了教师的经验主张与学习者理解的过程，以及二者的互动与协商。实践探索不能规避，但我们也需要从理论研究的视角阐释与描述这一过程，理解慕课开发的构建与运作过程，解读各种背景条件、影响因素、相关活动的价值与意义。

第四节　国内外慕课开发研究现状

慕课开发属于课程开发的范畴，它包括慕课设计、实施与评价的全过程。因此，本书对国内外慕课开发现状主要从以下维度进行分析：①对慕课开发整体的研究，即题名中出现慕课开发或与其内涵相近的研究；②对与慕课开发密切相关的学习者、慕课设计、慕课实施、慕课评价等方面的研究。

一、国外研究现状

针对国外的慕课开发研究，笔者分别以主题词 MOOC、massive open online

---

① 汪霞. 课程开发：含义、性质和层次. 教育探索，2003，(5)：21-23.

course、MOOCs、massive open online courses 结合 development（开发）进行检索发现，对慕课开发的系统性的文献并不多见，多是散见于与慕课开发相关的研究——慕课设计、实施、教学活动及交互、学习评价的研究，以及对慕课学习者的学习动机、学习状态与学习体验的研究等，这些文献为慕课开发研究奠定了基础。

（一）对慕课设计的研究

在课程设计的研究中，研究者普遍注重教师角色与作用发挥、学习者的积极参与、互动的发生及课程的迭代，研究者通常提出一些课程设计要素、原则或者设计流程。

Siemens 提出计划和运行慕课的 9 个步骤，分别是：①选定主题，考虑受众；②寻找教学同伴；③决策内容；④计划互动的空间；⑤计划互动；⑥计划教师在课程中的持续存在；⑦学习者创造性的活动；⑧积极推动和分享；⑨进行迭代和改进。[①]

Scagnoli 确定了慕课教学设计的五个关键要素，其依据是，学习者应获得专家指导，感受到课程的开放与分享，并在学习共同体中成长。这五个关键要素包括：①内容应引起学习者兴趣；②用多样化资源促进学习者理解；③学习者参与适合自己学习的活动，并检查他们的理解；④激励学习者参与社区讨论，并有自己的讨论和学习中心；⑤激励学习者创造数字空间。Scagnoli 认为，学习者具有异质性，教师很难创造一门课程适合所有层次的学习者，教师应该积极思考这些元素，并以多样性的方式创造学习空间，为任何层次的学习者带来灵感与挑战。[②]

Kukharenko 介绍了乌克兰与俄罗斯共建的基于 ADDIE[③] 模型的慕课[④]。Hofler 和 Kopp 在教育学、ADDIE 模式的基础上，提出了慕课设计与开发的模式，其基本要素包括七大类：核心要求、结构、参与者的要求、作业、媒体设计、沟通和资源。①核心要求。教师在慕课规划之前，最好具有慕课学习者的经验。在计划阶段，应以异质的目标群体为前提，选择适合课程的平台，并补充资源和活动需要的工具。教师根据预期参与者人数确定互动程度。②结构。课程结构由课程设计者开发，不需要遵循某一种课程程式，但每个单元应该有相同组成

---

① Siemens G. Designing，Developing，and Running（Massive）Open Online Courses.http://de.slideshare.net/gsiemens/designing-and-running-a-mooc[2012-09-04].

② Scagnoli N I. Thoughts on Instructional Design for MOOCs. https://ideals.illinois.edu/bitstream/handle/2142/44835/Instructional%20Design%20of%20a%20 MOOC.pdf?sequence=2[2012-12-19].

③ ADDIE 五个字母分别表示，analysis（分析）、design（设计）、development（开发）、implementation（实施）、evaluation（评价）。

④ Kukharenko V. Designing Massive Open Online Courses. http://ceur-ws.org/Vol-1000/ICTERI-2013-p-273-280.pdf[2015-01-12].

部分（例如测验、资源、交互等），且第一个单元应能促进了解学习者。③参与者的要求。参与者应该知道如何开始，培养其形成学习路径，并设计反馈来帮助改善学习结果。④作业。所有的作业（如活动、资源）应该尊重异质受众的需求与不同的学习类型与层次，促进社交中的沟通，有明确的评估标准。⑤媒体设计。选择不同的方法以及媒体或资源，视频讲座在内容上应互相关联，时长应在五到十分钟之间，并根据学习者的异质性提供可用资源。⑥沟通。开放多种空间和渠道（如通过论坛、聊天、维基），鼓励学习者讨论，并建立自己的社交网络。⑦资源。课程资源应该能支持互动，并通过创造资源、测试新的学习材料、回答学生的问题，促进课程的发展；如果课程多周期开设，应征求学习者的反馈并记录所有的经验。[①]

也有学者主张增强课程整体设计的个性化。Bonk 等根据对教师的调研发现，大多数的教师有通过学习新技术来增强个性化课程的兴趣，主张通过整合内容、活动、工具和资源，增强慕课的个性化。[②]

（二）对慕课实施的研究

1. 对慕课实施策略、因素、效果的研究

国外学者对慕课实施研究有不同的切入点，如促进策略、影响因素、实施效果等研究。

第一，对促进慕课实施的研究。de Waard 等以移动学习与慕课结合，验证其可以促进教学。[③]Kop 等基于师生创建的在线学习环境，研究对网络学习的促进。[④]

第二，对影响课程实施效果的因素进行探讨。杜克大学在 Coursera 开设的天文学（Astronomy），从学习者辍学率视角分析影响慕课实施效果的因素：①课程耗时过多；②学习者需要大量的预备知识；③课程内容属于基础水平；④视频讲座形式单调，容易疲劳；⑤缺乏导学设计、学习指南设计，学习者不清楚怎样开展学习；⑥与课堂面对面交流相比，交互工具效果太差；⑦同伴评价机制的有

---

① Hofler E，Kopp M. Do MOOCs need a Special Instructional Design?. Barcelona：Edulearn14，2014.

② Bonk C J，Sabir N，Xu S，et al. Toward a More Personalized MOOC：Resources，Activities，and Technologies for MOOC Design and Implementation. http://www.trainingshare.com/pdfs/AERA_Roundtable_MOOC_personalization_April_27_2017.pdf[2017-04-27].

③ de Waard I，Koutropoulos A，Keskin NO，et al. Exploring the MOOC Format as a Pedagogical Approach formLearning. http://mlearn.bnu.edu.cn/source/ten_outstanding_papers/Exploring%20the%20MOOC%20format%20as%20a%20pedagogical%20approach%20for%20mLearning.pdf[2011-10-18].

④ Kop R，Fournier H，Mak J S F. A pedagogy of abundance or a pedagogy to support human beings? Participant support on massive open online courses. The International Review of Research in Open and Distance Learning，2011，(7)：74-94.

效性差，同伴互评、系统评价、自动答疑等方式均无法与教授或助教给出的评价效果相比。①

第三，对慕课实施策略的探讨。Murphy 等从慕课未来发展的角度提出了慕课实施的四个策略：第一，强调建立学习共同体以及在教学材料基础之上的讨论；第二，关注检测慕课实施的可衡量的数据，进行评估，如学习者的参与情况、完成率、及格率、学生满意度、教师满意度，以及平台的使用情况等；第三，为学习者进行课程学习认证；第四，保证技术的基础设施，如慕课平台对多媒体、设备、反馈、评价等兼容性支持，以及学习者和教师的学与教的需求，提供个性化内容支持与学习支持。②

第四，对慕课实施框架的探讨。Mainat 和 Guardia 从机构、教学和技术交叉的视角，在项目试验的基础之上提出了慕课设计和实施全过程的 5D 框架，即决定（decide）、设计（design）、开发（develop）、提供（deliver）与文件（document）（图 1-1）。①决定。建立慕课的总体目的和范围，包括法律问题、技术基础设施、文化和语言多样性等。②设计。强调解决慕课的规划决策，如预期的学习者、课程内容与结构、评估、互动与促进。③开发。重点将学习材料、内容和全媒体在课程平台整合，如视频、模拟、测验、社交工具，翻译和转录过程等。④提供。为学习者和教师提供同伴支持、技术支持。⑤文件。记录和反思已经决定的从开始到结束的过程，注重质量保证与改进。③

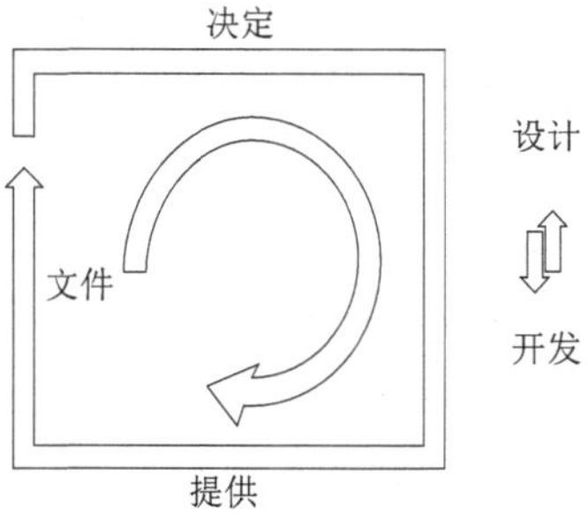

图 1-1　慕课实施 5D 框架

资料来源：Maina M， Guardia L.Overcome the Challenges of MOOC Implementation in Five steps： EMMA 5d MOOC Framework. ICERI2016.2016：7107-7116.

① Colman D. MOOC Interrupted：Top 10 Reasons Our Readers Didn' t Finish a Massive Open Online Course. http://www.openculture.com/2013/04/10_reasons_you_didnt_complete_a_mooc.html[2015-01-22].

② Murphy J，Williams A，Ryan P，et al. Massive Open Online Course（MOOC）Adoption and Implementation. https://www.researchgate.net/publication/279925436_Massive_Open_Online_Course_MOOC_Adoption_and_Implementation[2013-10-01].

③ Maina M，Guardia L. Overcome the Challenges of MOOC Implementation in Five steps：EMMA 5d MOOC Framework. ICERI2016.2016：7107-7116.

2. 对慕课教学活动及交互的研究

教与学的活动以及交互是慕课实施的组成部分，它们体现了慕课实施的过程。通过对国外文献分析发现，当前研究主要关注在线教学活动的形式、在线交互原理，以及如何促进在线交互等。

增加活动的参与性、学习者之间的协作性，是当前研究的焦点。例如，Freire 等主张基于慕课平台增加在线学习理论的灵活性，并基于 edX 平台进行游戏设计与开发的整合，促进课程与游戏活动的整合。[①]再如，Ortega-Arranz 等主张组织游戏化的协作活动。他们认为，不同背景的学习者的聚集为教师设计和制定协同活动提供了新的机遇。但是较高的辍学率、自定步调的学习等阻碍了协作活动的完成。而游戏化的协作活动既包含游戏的元素又包含协作活动，通过授予徽章等游戏化的激励，促进学生在社会化的交互中完成课程。[②]

对于在线交互原理的分析，安德森从等效交互的角度探讨不同慕课的学习机理，认为教师、学生、内容之间在不同的慕课类型中有不同水平的交互。在行为主义 xMOOCs 中，学生-内容交互属于高水平交互，最容易规模化；在社会建构主义 sMOOCs 中，学生-教师交互与学生-学生交互均属于高水平交互，需要网络学习模式的较高成本的课堂或学习管理系统支持；在连通主义 cMOOCs 中，学生-学生交互属于高水平交互，需要学习者具有较高的、持续的学习动机和自我导向的学习能力。[③]

对慕课中社会性交互的研究，Hill 认为，慕课指导可依靠学生之间的互动来解决个别化教学需要。他定义了七类社会学习方法，即论坛、同伴互评、小组学习、面对面会议、同步沟通、社交媒体以及社会存在，并认为密切的社会关系和学习动机的激励是小范围互动(如学习小组、同步沟通、面对面的会议）的结果，增加社会学习的参与度可以帮助缓解低完成率。[④]基于此，作者对慕课指导者提出建议：促进和解释社会性学习的价值，解释、鼓励学生使用社会性学习方法，并提供首选的方法，鼓励学生解释同伴互评的分数以及同步和面对面的交流、小组合作，鼓励学生交流社会性学习方法。对慕课提供者提出建议：分享慕课数据；为慕课指导者提供培训；为教育工作者提供多种社会性学习工具。

---

① Freire M，Blanco A D，Fernandez-Manjon B. Serious Games as edX MOOC activities.2014 IEEE Global Engineering Education Conference，2014：867-871.

② Ortega-Arranz A，Munoz-Cristobal J A，Martoinez-Mones A，et al. Gamifying Collaborative Activities in MOOCs. European Moocs Stakeholders Summit，2017：28-33.

③ 宫添辉美，特里·安德森，王志军 . 开放教育资源、大规模开放网络课程（MOOCs）和非正式学习时代中的等效交互 . 中国远程教育，2014，(7)：66-73，78，96.

④ Hill A J. Social Learning in Massive Open Online Courses：An Analysis of Pedagogical Implications and Students' Learning Experiences. California：University of California Doctorial Dissertation，2015：119-130.

（三）对慕课学习评价的研究

国外对慕课学习评价的研究侧重于对具体评价方法进行研究与反思。

Balfour 对论文自动评分和校准的同伴评审进行比较分析，认为有一些作品既不能通过自动评分，又不能通过同伴评审，尤其是对于独特的、富有创意的作品，使用这两种方法产生好的评价效果的可能性会更小。而慕课指导者已经使用计算机在创造性的写作课中进行评估，Balfour 分别描述了这两种评价方式的原理与框架。[①] Kulkarni 等系统地研究了 Coursera 平台上的互评以及自评的运作机制。[②] Piech 等开发了一个进行同行评价的算法，从算法的角度估计和纠正偏见与可靠性的等级，研究了如何对互评后的结果进行校正，提高评价的精度，以促进同伴评价对教与学的促进。[③] Sandeen 研究了慕课中的学习评价，主张评价并非"事后补充"，而是从课程设计开始就需要综合考虑。慕课中的学习评价需要面对多种挑战（如身份认证、人文学科评估、互评诚信等），各种评价方式（如客观评估方法、机器评价、同伴评价、在预测分析和自适应学习中嵌入评价、教师评价等）都值得尝试，以支持学习者的学习成果以及最终的成功。[④]

（四）对慕课学习者的研究

对慕课学习者的研究主要集中于学习动机、学习状态与学习体验等方面。

学习动机是慕课开发中首要关注的问题。Yuan 和 Powell 认为，学习动机的影响因素有很多，包括未来经济效益、个人发展和职业认同、挑战与成就、享受与乐趣。而根据杜克大学 Belanger 和 Thornton 的调查，慕课学习者的动机通常分为四类：①支持终身学习或获得对主题的理解；②为了娱乐、社会经验和智力激励；③为了便利性，往往与传统教育选择的障碍结合起来；④体验或探索在线教育。[⑤] Li 认为，课程中潜在的乐趣是学习者参与慕课学习的一个重要因素。许多慕课学习者相信，他们能够实现他们的目标，并且教师在视频中的鼓励和同情能有效地增强他们的信心。视频和教师极大影响学习者的慕课学习体验，学习者

---

① Balfour S P. Assessing writing in MOOCs：Automated essay scoring and calibrated peer review. Research & Practice in Assessment，2013，（8）：40-48.

② Kulkarni C，Wei K P，Le H，et al. Peer and self assessment in massive online classes. ACM Transactions on Computer-HumanInteraction，2013，（4）：39-70.

③ Piech C，Huang J，et al. Tuned models of peer assessment in MOOCs. http://www.researchgate.net/publication/248382018_Tuned_Models_of_Peer_Assessment_in_MOOCs[2013-07-01].

④ Sandeen C. Assessment's place in the new MOOC world. Research & Practice in Assessment，2013，（8）：5-12.

⑤ Yuan L，Powell S. MOOCs and open education：Implications for higher education. Centre for Educational Technology & Interoperability Standards，2013，（4）：3-21.

需要自我调节并使用多种策略促进学习。[①]

研究者从不同的角度出发，根据学习者的职业、学习目的、学习动机、参与程度、学习持续动力等对学习者状态进行分类研究，以澄清学习者在慕课学习过程中的状态。Kitsiri 依据学习者的职业背景及其学习目的，提出了九种学习者类型：在校大学生、即将步入大学的学习者、从事研究工作的学习者、终身学习者范畴的教师角色、家长角色、知识探索者、知识的补充者、促进职业发展者和终身学习者。[②]斯坦福大学的学习分析小组将慕课的学习者分为观众、完成者、脱离式学习者、取样的学习者四类。[③]Hill 将慕课学习者分成爽约者、旁观者、顺便访问者、被动参与者、主动参与者五类。[④]Koutropoulos 等根据参与程度对学习者进行分类：潜水者、适度活跃者和活跃参与者。[⑤]除了对慕课学习者的参与程度进行分类之外，Koutropoulos 和 Hogue 研究发现慕课对学习者的学习能力有要求，缺乏自主学习能力的学习者在慕课学习中会遇到困难。[⑥]

（五）对慕课设计、实施、评价的质疑与反思

学者对慕课设计、实施、评价等也有质疑与反思，主要集中于批判慕课的设计与实施方式，质疑差异化的缺失、传输式教学法与评价方式的单一。

Carr 调研发现，大学生 Ben Rudolph 在学习“机器学习”（Machine Learning）之后，认为课程的学习任务、提示、指导都是通过计算机自动完成，教师与学习支持缺乏对学习者批判性思维的学习激励，所以，学习过程的忽视与学习支持的不足，使他感觉在慕课学习中处于孤立状态。[⑦]Vardi 认为，慕课以短视频、在线测试、社交网络为本质特征，实则严重缺失了教育学。[⑧]Bates 认为，

① Li K. Motivating Learners in Massive Open Online Courses：A Design-Based Research Approach. Ohio：OHIO UNIVERSITY doctorial dissertation，2015：3-5.

② Kitsiri R. Who Should Take A MOOC?：9 Types of Lifelong Learners Who Can Benefit. http://moocnewsandreviews.com/who-should-take-a-mooc-9-types-of-lifelong-learners-who-can-benefit/[2015-01-12].

③ Kizilcec R F，Piech C，Schneiderl E. Deconstructing Disengagement：Analyzing Learner Subpopulations in Massive Open Online Courses. http://www.stanford.edu/~cpiech/bio/papers/deconstructingDisengagement.pdf[2015-01-22].

④ Hill P. Emerging Student Patterns in MOOCs：A（Revised）Graphical View. http://mfeldstein.com/emerging-student-patterns-in-moocs-a-revised-graphical-view/[2015-01-10].

⑤ Koutropoulos A，Gallagher M S，Abajian，Sean C，et al. Emotive vocabulary in MOOCs：Context & participant retention. http://eric.ed.gov/?id=EJ979609[2014-07-10].

⑥ Koutropoulos A，Hogue R. How to Succeed in aMOOC - Massive Online Open Course. http://cedma-europe.org/newsletter%20articles/eLearning%20Guild/How%20to%20Succeed%20in%20a%20MOOC%20-%20Massive%20Online%20Open%20Course%20（Oct%2012）.pdf[2015-02-20].

⑦ Carr N. The Crisis in Higher Education. http://www.technologyreview.com/featuredstory/429376/the-crisis-in-higher-education/[2012-09-27].

⑧ Vardi M. Will MOOCs Destroy Academia? https://www.researchgate.net/publication/262320364_Will_MOOCs_destroy_academia[2012-12-05].

慕课采用了非常古老的、过时的行为主义教学法，主要依靠信息传输、计算机批改作业、同伴互评；同时，微视频切分的方式早在40年前就在远程学习领域为大家所熟知，并非xMOOCs独特的网络学习方式和技术。① Daniel提到，质疑慕课者认为慕课中的视频知识是教师单方面提供的信息，并非对学习者严肃而认真的帮助。② Strauss认为，将传递等同于慕课教学方法是人们对慕课最大误解，但是，在线传输既不能等同于教学方法也不能等同于学习方法，正如乐器不等于音乐。③ 哈拉西姆认为，慕课主要问题在于其课程设计与课程实施，它建立在"内容＋测验"的模式上，而这个模式已经过时……从教学法本质而言，慕课教学法无异于1926年普莱西教学机器所采用的机械化的教学法，以及随后出现的基于计算机的教学法，它们都是使用技术传送内容加测试题。④ Andersen等批判现有慕课开发中忽视学习者多元化的文化差异、多元化的学习背景，将学习者作为具有统一的、相同学习基础的群体看待，缺失对学习者差异化的关照。⑤ Zhang等认为，缺乏个性化互动与指导是慕课学习者感到孤独的原因之一。⑥

总之，在国外的慕课开发研究中，系统的慕课开发研究比较少，但是，与其密切相关的慕课设计研究、慕课实施研究、慕课学习评价等，均有不同视角的研究成果，而且在研究中已有对社会性学习、学习活动、在线互动等的关注以及对学习者差异性的关注。但是从整体来看，当前研究对整体的慕课开发缺乏系统性的研究，研究维度分散；而且更加侧重于实践探索，慕课开发的理论分析、理论建构不足；对人文关注的研究也缺乏澄清与阐明。学者对慕课的质疑与反思亦促进我们对慕课开发的理性思考。

二、国内研究现状

以题名为慕课、MOOCs、MOOC，或者大规模开放式在线课程等在硕博库中进行检索，共计检索到266篇硕士论文与1篇博士论文（表1-1），其中博士论

---

① Bates T. What' s Right and What's Wrong about Couxsera-Style MOOCs?. http://www.tonybates.ca/2012/08/05/whats-right-and-whats-wrong-about-coursera-style-moocs/[2016-10-12].

② Daniel J. Making sense of MOOCs：Musings in a Mazeof myth，paradox and possibility. Journal of Interactive Media in Education，2012，(3)：1-18.

③ Strauss V. The Big Misunderstanding about MOOCs. http://www.washingtonpost.com/blogs/answer-sheet/wp/2013/02/24/the-great-divide-over-moocs/[2016-09-02].

④ 琳达·哈拉西姆，肖俊洪．协作学习理论与实践——在线教育质量的根本保证．中国远程教育，2015，(8)：5-16，79.

⑤ Andersen B L，Na-songkhla J，Hasse C，et al. Perceptions of authority in a massive open online course：An intercultural study. International Review of Education，2018，(2)：221-239.

⑥ Zhang M，Zhu J，Wang Z，et al. Providing personalized learning guidance in MOOCs by multi-source data analysis. World Wide Web internet and Web Information Systems，2018，(5)：1-31.

文的题目为“MOOC背景下混合式学习的实现路径与效果评价研究”，与本次研究关系不大；在SCI来源期刊、EI来源期刊、核心期刊和CSSCI中检索到1444篇文献（表1-2）；与慕课有关的学术著作共检索到5部（表1-3）。从表1-1～表1-3数据来看，2014—2016年是文献集中的年份；从文献数量来看，慕课的确是近年来的研究热点。

表1-1　以“慕课”为题名检索学位论文的分布情况

	类别	2017年	2016年	2015年	2014年	2013年
篇数	硕士学位论文	17	137	97	14	1
	博士学位论文	1	0	0	0	0

表1-2　以“慕课”为题名检索期刊文献的分布情况

	2017年	2016年	2015年	2014年	2013年	2012年	2011年
篇数	170	411	493	321	44	3	2

表1-3　以“慕课”为题名检索学术著作的分布情况

	2015年	2014年	2013年
部数	3	1	1

但是，分别以主题词“慕课”“MOOCs”“MOOC”“大规模开放式在线课程”结合“开发”，在硕博库和期刊库（期刊来源是美国科学引文索引来源期刊、美国工程索引来源期刊、核心期刊和中文社会科学引文索引）中进行检索，分别检索到与本书相关的5篇硕士论文与31篇期刊论文；未检索到博士论文与学术专著。在表1-4和表1-5中分别呈现从数据库直接检索后的统计结果以及与本研究相关的文献统计结果。

表1-4　以“慕课开发”为主题检索学位论文的分布情况

	2017年	2016年	2015年	2014年
篇数	4	33	25	4
与本研究相关的篇数	0	4	1	0

表1-5　以“慕课开发”为主题检索期刊文献的分布情况

	2017年	2016年	2015年	2014年
篇数	13	27	27	11
与本研究相关的篇数	6	11	12	2

注：文献检索日期截至2018年1月

由此可见，在当前研究中，对慕课开发的系统研究并不多。在下文的国内研究现状中，主要从两大方面进行综述：第一，对慕课开发的研究，即题名中出现“慕课”、“开发”或与其内涵相近的研究；第二，对与慕课开发密切相关的学习者、设计、实施、评价、支持等方面的研究。

（一）对慕课开发的研究

在文献检索中，进一步对表 1-4 和表 1-5 中的文献进行分析，其中文献题名中直接包含“慕课”“开发”或者与其含义接近的文献如表 1-6 所示，共有 6 篇期刊文献，2 篇硕士论文。

表 1-6　文献题名含“慕课”“开发”的统计结果

年度	2017	2016	2015	2014
期刊篇数	0	2	3	1
硕士论文篇数	0	2	0	0

在 6 篇期刊论文中，研究者分别从不同视角切入，但是更加侧重于狭隘的“开发”视角，如开发程式与操作方式，与本研究关注的“慕课开发”内涵并不一致。

郑燕林等基于 SMCR［source（信源）、message（信息）、channel（信道）、receiver（信宿）］信息传播模式视角提出了 MOOC 建设的路径：组建优秀的主讲教师团队是慕课建设的基础，开发优质的课程内容是 MOOC 建设的核心，选择适切的技术支持是 MOOC 建设的重点，促进 MOOC 学习者主动学习是 MOOC 建设的关键。[①]

李艳红等从课程知识地图的制图、索引、重构和审计四个方面阐述了基于知识地图的慕课开发模型，包括四个线性步骤。①课程知识制图：课程地图设计与绘制。②课程知识索引：建立课程信息分类、课程信息库与知识关联。③课程知识个性化：动态个人知识地图和个性化路径学习。④课程知识审计：学习者学习过程、课程知识内容和 MOOC 教学环境。[②] 张殿恩以“慕课英语 900 句”的开发为例，讨论了外语口语慕课的设计与实践，主要涉及课程的背景和意义、目标和理念、开发步骤、平台要求、课程对象、师资要求、课程结构、语言输入和输出、时间等方面。[③] 卫志民从社会、高校视角分析了慕课本土化开发的策略，打破了陈旧的教育理念，与高校课堂结合探索教育模式的创新，加强学校之间、

① 郑燕林，马诗婧，刘爽 . SMCR 模式视角下 MOOC 建设的路径选择 . 中国电化教育，2014，(10)：36-41，64.

② 李艳红，赵波，甘健侯 . 基于知识地图的 MOOC 课程开发 . 现代教育技术，2015，(5)：85-90.

③ 张殿恩 . 外语口语慕课设计与实践研究：以“慕课英语 900 句”为例 . 外语界，2015，(4)：90-96.

学校同第三方运营商之间的相互合作。①

向佐军以“问题式学习”教学（课程）设计模式为基础，并结合马斯特里赫特大学的慕课案例《问题式学习：原理与设计》提出了问题式学习慕课的设计与实施，认为慕课设计包含学习者与学习小组、课程方向、学习目标与问题建构、时间安排、学习互动与评价；慕课实施包括学习准备、头脑风暴、自主学习、成果报告、学习总结五个阶段；另外提出注重基于教学设计理论的课程开发是慕课走向成熟的重要路径。②薛瑞昌和王清在互联网思维下提出了职业院校慕课本土化建设策略，主要包括：①用户思维：以学习者为中心。②简约思维：MOOC 风格简洁突出。③迭代思维：顺应发展，推陈出新。④大数据思维：后台学习数据分析。⑤平台思维：善用现有 MOOC 平台。⑥跨界思维：借鉴电商成功经验与模式。③

两篇硕士论文侧重于微观角度的操作方式以及操作流程。例如，高中兴提出了中职学校技能类慕课设计模式（图 1-2），设计要素包括学习者分析、教学目标分析、教学内容分析、学习资源设计、教学活动设计、学习评价设计和学习支持设计；并从“开发”的微观角度提出了操作方式，即团队组成与分工、素材准备、开发技术，对慕课教学应用进行评价。④

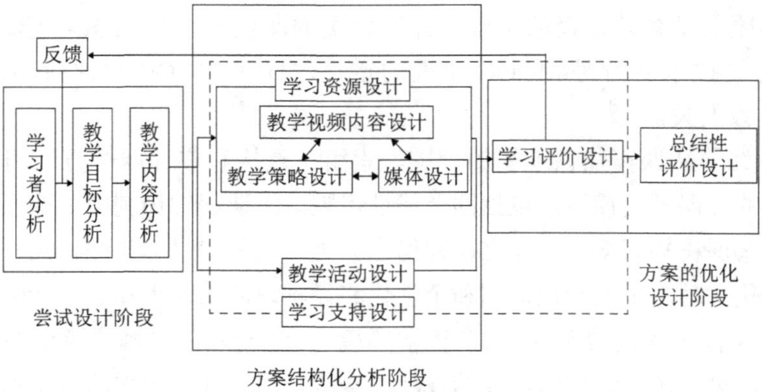

图 1-2　中职学校技能类慕课设计模式

资料来源：高中兴．中职学校技能类 MOOC 设计与开发的研究：以中职《化妆与造型》课程为例．济南：山东师范大学硕士学位论文，2016：28-48.

① 卫志民．“慕课”本土化开发面临的问题及对策．西北师范大学学报（社会科学版），2015，(1)：78-84.

② 向佐军．问题式学习慕课开发的原理与设计：以荷兰马斯特里赫特大学慕课为例．中国电化教育，2016，(6)：86-92.

③ 薛瑞昌，王清．互联网思维下职业院校 MOOC 本土化建设与启示．中国职业技术教育，2016，(26)：62-65，80.

④ 高中兴．中职学校技能类 MOOC 设计与开发的研究：以中职《化妆与造型》课程为例．济南：山东师范大学硕士学位论文，2016：28-48.

刘畅在基于问题的学习模式的视角下建构高校公共体育慕课，提出问题情境、学习小组、指导教师、学习平台和学习资源是基本要素，选择课程内容、创设问题情境、选择学生学习指导策略、制作课程视频、上传课程视频是建构程序，慕课实施包括创建学习小组、多方面分析问题、提出问题解决途径、成果展示、教师指导与总结反思。[①]

总之，从当前对慕课开发的研究来看，研究者从不同角度对其进行了研究，它们对慕课开发概念的认识并不一致，对开发概念的理解更加侧重于微观的、狭义的、技术性的操作方式，缺少课程理论视角下的课程开发的理论与原理解读，甚至直接将开发等同于设计之后的程式操作，更加重视设计的成分，是狭义的技术开发的视角，窄化了课程开发的内涵，并没有重视系统意义上的课程开发。

（二）对慕课学习者的研究

对学习者进行分析是慕课开发研究的起点，是慕课设计、实施与评价等研究的前提。学界多是对学习者学习动机、学习特征、影响持续学习的因素进行研究，分析这些研究成果能为慕课开发带来参考，但还需要进一步增强与慕课开发的关系性研究。

慕课学习者有不同的学习动机。姜蔺等根据学习动机将学习者归纳为：①终身学习学习者；②注重娱乐、经验补充和智力激发者；③难以获得高品质高等教育的学习者；④注重职业发展需要的学习者；⑤志愿者助教。[②]唐孙茹研究发现，学习者的学习动机以自我实现为主，学习兴趣和学习需求成为慕课学习的最终驱动力；但学习者的意识性、执行性、反馈性和总结性、自主性、持续学习动力以及学习者之间的合作较少。[③]范逸洲等研究发现选课动机有辅助成长、感性需求、兴趣驱动和功利目标等。[④]

影响学习效果的因素是多样的，既有学习者因素，又有平台、课程因素。姜蔺等认为，影响学习效果的主要因素是学习者的参与度。[②]梁林梅认为，大部分学习者以内在动机为主，学习者持续的时间投入、前期知识 / 技能基础、注册动机、与他人协作及参与论坛互动以及课程、教师均是影响学习者坚持性的因

---

① 刘畅 . 基于问题的学习模式下高校公共体育慕课建构研究 . 重庆：西南大学硕士学位论文，2016：38-41.

② 姜蔺，韩锡斌，程建钢 . MOOCs 学习者特征及学习效果分析研究 . 中国电化教育，2013，(11)：54-59，65.

③ 唐孙茹．MOOC 学习者学习现状研究：以国内一般本科院校学生为例 . 桂林：广西师范大学硕士学位论文，2014：21-35.

④ 范逸洲，王宇，冯菲，等 . MOOCs 课程学习与评价调查 . 开放教育研究，2014，(3)：27-35.

素。[①] 白倩等调查发现影响我国慕课学习者负动机的主要因子包括学习者的自身毅力及坚持、学习情境的真实性、英语水平、慕课中的视频效果、工作或课程学习与慕课学习的矛盾。[②] 孙田琳子和沈书生[③]，以及张刚要和沈大为[④]认为，影响我国慕课学习者持续学习的原因有两个：一是主体因素；二是客体因素。主体因素如学习者学习动机、学习者个人经历、学习者能力水平；客体因素如平台与课程的教学与管理，包括课程设计、平台管理和认证体制等。徐光和刘鲁川研究发现，内在动机对慕课持续学习有显著正向影响，如学习兴趣、认同感等促进持续学习；外在动机对持续使用意图有显著负向影响，例如主观并不认同该课程，则慕课学习意图弱。[⑤]

因此，当前对学习者动机、特征以及持续学习的影响因素研究体现了慕课开发对学习者的学习动机、学习目标分析的重要性。慕课开发应依据学习者考虑课程的目标定位、整体化的设计，并在课程开发过程中帮助学习者实现个性化学习路径，持续激发学习动机，提供有效的学习支持与互动（如提供学习工具、创建学习社区、提供相关教学服务）等，这也是本书的关注点之一。

（三）对慕课设计及相关研究

在当前慕课设计的研究中有课程设计、教学设计、微视频教学设计、教学活动设计等不同名称，它们并非一个层面的概念。武法提认为，课程设计和教学设计是内容—过程的关系。课程设计针对的是课程的形成，研究教什么的问题，即研究网络课程的内容、资源、结构和活动；教学设计针对的是课程的实施，研究如何教的问题，即网络课程的过程和手段。[⑥] 借鉴该观点，本书做如下澄清：慕课的课程设计包括学习者分析，以及课程目标、课程内容、课程实施、课程评价等整体性规划，教学设计、微视频教学设计、教学活动设计均属于其中某一方面。基于此，对慕课设计研究现状的分析主要从慕课的课程设计特征、原则、要素、策略进行研究，以及与慕课设计相关的研究，如微视频设计、资源设计、活动设计等。

---

① 梁林梅. MOOCs 学习者：分类、特征与坚持性. 比较教育研究，2015，(1)：28-34.

② 白倩，赵丽，张舒予. 慕课的学习现状与反思：基于我国慕课学习者负动机影响因子的角度. 现代教育技术，2016，(12)：65-71.

③ 孙田琳子，沈书生. 影响 MOOC 学习者持续学习的原因分析：基于 CNKI 2011-2016 年实证研究的综述. 中国远程教育，2017，(10)：55-62，80.

④ 张刚要，沈大为. 理解 MOOCs 的完成率：归因与挑战. 中国电化教育，2017，(12)：82-89.

⑤ 徐光，刘鲁川. 慕课学习者的归因、动机与持续使用意图研究. 电化教育研究，2017，(3)：68-74.

⑥ 武法提. 目标导向网络课程设计的原理. 中国电化教育，2006，(1)：17-20.

1. 对慕课的课程设计原则、要素、策略的研究

学者从不同的视角对慕课设计提出不同原则。李曼丽提出慕课的设计应坚持人本化学习、掌握学习、建构主义学习、程序教学、有意义的学习等原则[①]。张忠通过对两种慕课平台上的慕课案例进行分析，认为慕课课程设计原则有适度分解原则、个性化与灵活性原则、情境性与真实性原则、可交互性原则、社会性建构原则、多样化原则；并从教学设计的前期阶段与核心阶段提出了慕课的教学设计模式（图 1-3）。[②]朱敬和 Morris 认为，慕课需要加强多元化设计，依据简洁化原则、专属性原则、可选化原则实现学习者文化身份的多元重构。[③]

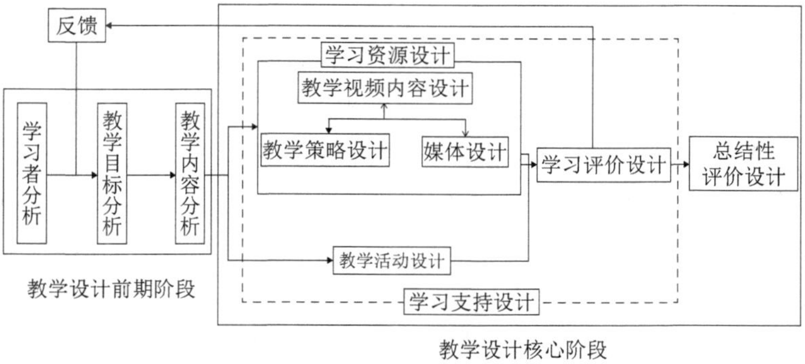

图 1-3　慕课的教学设计模式

资料来源：张忠．大规模开放在线课程设计研究．武汉：华中师范大学硕士学位论文，2014：28-39.

学者对慕课设计的要素基本认同目标、内容、教学等方面，但是，在表述与侧重点上并不相同。马秀芳基于社会网络环境提出慕课设计的要素包括课程组织者节点、学习参与者节点、内容与资源节点（动态生成性）、教与学的关联活动（社会化学习和建构）、社会化网络环境中的工具和媒体。[④]钱玲等认同唐斯和西蒙斯提出的慕课的四个关键活动——聚集、重组、再利用和分享，并认为它们是慕课设计的四个关键要素，即知识与信息的聚集、知识的重组与连接、知识的再利用与创新、通过分享扩大知识源。[⑤]姜强等基于慕课低完课率现象从教学和技术两个角度确定了慕课设计质量规范，教学维度包括教学设计与评价，技术

---

① 李曼丽．MOOCs 的特征及其教学设计原理探析．清华大学教育研究，2013，(4)：13-21.

② 张忠．大规模开放在线课程设计研究．武汉：华中师范大学硕士学位论文，2014：28-39.

③ 朱敬，Morris N. MOOCs 跨文化学习需求层次论：文化身份的多元重构．现代远程教育研究，2017，(4)：32-38.

④ 马秀芳．社会化网络环境下的 MOOC 课程设计．中国电化教育，2015，(12)：59-64.

⑤ 钱玲，王霞，赵明媚．MOOC 设计成功的关键要素与策略分析：以哈佛大学 ChinaX 课程为例．电化教育研究，2015，(8)：23-29.

维度包括用户接口、视频内容、交互工具、学习分析等，并指出形成个性化慕课是慕课设计趋势。[①]

此外，学者对慕课设计策略的研究主要涉及目标、资源、内容、活动、评价、平台等方面。王志军和陈丽提出慕课设计与开发过程中应保持目标、内容、方法的一致和最佳匹配。[②]韩锡斌等提出优化慕课设计的原则：注重多理论指导，分层分类开展教学，强化交互、构建支持多种模式的教学环境，注重多元评价。[③]吴南中提出慕课教学设计的内在逻辑是理解课程，关注学习者偏见所产生的期待和课程需求，生成建设目标；并搭建资源共享协同创新平台，降低教学过程内在认知负荷、关注体验、合作学习、有效对话，提高评价实效。[④]任友群等从慕课大规模与个性化统一的角度，提出慕课设计的突破点是：优化学习资源设计、加强学习终端自适应内容建设、优化学习活动设计、完善学习评价制度、创新自适应平台系统建设。[⑤]李胜波等研究发现，解决慕课的教学设计问题需要构建多策略的学习路径、撰写SMART[⑥]学习目标、采用多元化的评价方式、设计脚手架式的学习活动、开发有效的微课程。[⑦]另外，段金菊基于cMOOC提出学习设计策略：以教师为中心的内容单元整合设计，注重以学生为中心的学习活动设计，注重融合人与知识的社会性知识网络环境设计。[⑧]

由此可见，学者对慕课的教学设计原则、要素、策略的研究，涉及目标、内容、活动、评价等关注点，为本书研究提供了可参考的文本。但是，当前研究还缺乏对慕课设计价值意义的追问，缺乏整体、系统的慕课设计观。

2. 对慕课设计的相关研究

慕课微视频设计、资源设计、学习活动设计、学习环境设计等都是慕课设计中需要考虑的具体层面。

李秋菊等参考《网络课程评价规范》形成视频分析框架，从界面设计、课

---

① 姜强，赵蔚，李松，等. MOOC低完课率现象背景下的设计质量有效规范实证研究. 电化教育研究，2016，(1)：51-58.

② 王志军，陈丽. 如何有效设计高质量的MOOCs：基于认知目标分类和交互分析框架的思考. 现代远程教育研究，2014，(6)：59-68.

③ 韩锡斌，程璐楠，程建钢. MOOCs的教育学视角分析与设计. 电化教育研究，2014，(1)：45-51.

④ 吴南中. 理解课程：MOOC教学设计的内在逻辑. 电化教育研究，2015，(3)：29-33，88.

⑤ 任友群，赵琳，刘名卓. MOOCs距离个性化学习还有多远：基于10门国内外MOOCs的设计分析. 现代远程教育研究，2015，(6)：3-10，29.

⑥ SMART指具体（specific）、可衡量（measurable）、可分解（assignable）、可实现（realistic）、有时限（time-related）。

⑦ 李胜波，陈丽，郑勤华. 中国MOOCs课程设计调查研究. 开放教育研究，2016，(2)：46-52.

⑧ 段金菊. 基于社会性知识网络的cMOOC学习设计. 电化教育研究，2017，(11)：49-55.

程内容、教学设计三个方面对 xMOOCs 视频进行分析，总结了教学视频在内容分块、学习目标、教学策略、学习者控制、内容交互性、信息呈现、练习与反馈等方面的设计要点。① 李青和刘娜提出教学视频的设计和制作应注意：视频内容质量大于形式、短视频更受青睐、专业化程度影响视频质量、应适应泛在化学习的需求等。②

蔡旻君等从学习性评价实践的视角审视慕课学习资源设计的优化策略：分享学习成功标准、加强学生评价的引导、让反馈更加有效、积极倡导建构的学习观和坚持以评促学的原则。③

刘清堂等以活动理论构建慕课环境下学习活动设计模式：最外层慕课平台是学习群体所面对的学习环境，教学目标设计处于中心地位，学习者和教学组织者围绕教学目标展开；由中心向外扩展分别是学习活动设计的准备和实施阶段，包括学习共同体之间的沟通、学习者与学习任务之间的交互等。④ 秦瑾若和傅钢善基于深度学习理论构建了慕课学习活动模式，整个学习活动渗透在教学准备阶段、知识建构阶段、知识迁移与创造阶段、评价与反思阶段，并且循环往复。⑤

杨玉芹认为，学习环境设计应充分利用慕课学习者的多元文化、背景与知识技能，创设富技术、富资源的学习活动，设计适切的脚手架。⑥

由此可见，学者对微视频设计、资源设计、学习活动设计、学习环境设计更加具体，但其研究数量不多、研究内容与宏观的慕课设计亦有交织。所以，还需要进一步澄清慕课设计与微视频设计的关系。

总之，在当前研究中，课程设计、教学设计、微视频设计等概念有混淆之嫌，有的属于概括水平，有的属于具体水平，且在论述中交织。因此笔者认为，第一，在慕课开发中有必要澄清基本概念；第二，对课程设计的研究缺乏整体化的研究视角，如学习者分析、内容设计、活动设计、评价设计、环境设计等是有机联系的复杂体，需要综合考虑；第三，当前课程设计过于侧重结构化的课程设计，但是，对于学习交互、学习网络形成、文本动态生成等非线性的设计的关注

---

① 李秋菊，王志军，陈丽．xMOOCs 中的教学视频设计要点：基于案例的视频分析研究．远程教育杂志，2014，(6)：95-102.

② 李青，刘娜．MOOC 中教学视频的设计及制作方法：基于 Coursera 及 edX 平台课程的实证研究．现代教育技术，2016，(7)：64-70.

③ 蔡旻君，马光仲，陈萍．从学习性评价的视角反观 MOOC 之理念与设计．中国电化教育，2016，(9)：66-73.

④ 刘清堂，叶阳梅，朱珂．活动理论视角下 MOOC 学习活动设计研究．远程教育杂志，2014，(4)：99-105.

⑤ 秦瑾若，傅钢善．基于深度学习理论的 MOOC 学习活动设计：以“现代教育技术”课程为例．现代教育技术，2017，(5)：12-18.

⑥ 杨玉芹．MOOC 自主个性化学习环境设计的策略研究．现代教育技术，2014，(7)：12-17，34.

还需要强化；第四，课程设计的旨向不明确，散见“个性化学习”“自主”等，但明确的定向还需要澄清。

（四）对慕课实施的研究

教与学是慕课实施的两大主题，在线教学活动、教学互动的开展是慕课实施的关键维度，而学习支持服务也是实现慕课实施的关键。

1. 对慕课教学活动的研究

慕课的讲授和测试模式一直以来饱受诟病，开展教学活动，创新慕课教学法是慕课开发中的关注点之一，但是当前对慕课教学活动的研究比较薄弱。

刘禹和陈玲从学习活动的角度提出基于网络的大规模协作学习，共同完成学习目标，促进知识建构；并提出组织形式应呈现集体学习的特点，知识建构从个体到集体，并注重社会认知网络构建。①

王永固和张庆从教学效果的角度分析教学法、教学互动。他们依据学习方式，将在线教学方法分为讲授式、自主式和协作式；课堂讲解、随堂测试与单元测试、虚拟实验、师生对话、学生研讨、作业互评、分组协作、考试等是主要的教学活动；并提出学习者自主控制学习的程度、教师精心引导和学伴交互协作是增大在线教学效果的关键变量。②

刘名卓和祝智庭认为，当前慕课主要以获得学习为主，而对探究学习、协作学习等考虑不足，提出了七种慕课在线教学样式，分别是理论导学型、技能训练型、问题研学型、情景模拟型、案例研学型、自学探究型和实验探究型。③刘名卓和王永玲对在线学习活动类型进行了拆分、重组和修正，提出了五类慕课在线学习活动，即学习指导类、理解创建类、交互分享类、反思评价类和学习支持类，并进一步细分出 17 个子类及各子类常见的活动类型。慕课活动设计应针对不同平台、学科、课程的特点进行综合考虑，选择合适的学习活动类型。④

2. 对慕课教学互动的研究

慕课教学互动包括学习者之间的互动、教师与学习者之间的互动，以及学习者与内容之间的互动，前两者又称为社会性互动。教学互动体现了慕课实施的动态过程。学者主要从影响教学互动的因素以及增强社会性互动开展研究。

---

① 刘禹，陈玲．基于网络的大规模协作学习研究．远程教育杂志，2013，(2)：44-48.

② 王永固，张庆．MOOC：特征与学习机制．教育研究，2014，(9)：112-120，133.

③ 刘名卓，祝智庭．MOOCs 教学设计样式研究．中国电化教育，2014，(7)：19-24，33.

④ 刘名卓，王永玲．MOOCs 学习活动分类研究与设计分析．开放教育研究，2016，(4)：103-113.

有学者从影响教学互动的内部与外部因素进行研究，如导学、促学、管理方式、内在认知、画面呈现、教师以及学习者自身的学习意愿等都会影响教学互动效果。方旭等以导学、学习方式、学习设施、管理服务及促学五个因子，构建慕课学习支持服务评测模型，研究发现，导学、促学和管理服务与慕课学习效果正相关，并且促学对学习效果的影响最大；不同性别、年级需要不同的学习支持对策。① 郑勤华等基于学习者视角研究发现，平台功能、交互策略和教师参与影响交互效果。② 姜晶等研究发现，内在认知负荷、画面呈现的多样性和教师特质对慕课社群活跃度有重要影响。③ 刘艳春等基于扎根理论研究发现，参与意愿、个体能力、教学情境、知识氛围、支持服务五个主范畴对深度互动存在显著影响，其中，参与意愿是内驱动因，个体能力是内部情境因素，教学情境、知识氛围和支持服务是外部情境因素。④

学习者的主观意愿、教师的参与、教师的教学设计以及平台的功能等都对教学互动产生影响。发生在教师与学习者之间以及学习者之间的社会性互动对学习效果、学习网络形成有重要作用，如何有效促进社会性互动亦是学界研究问题之一。郑勤华等研究发现，学习者在慕课中的交互数量与交互质量并没有显著相关性，但学习者在课程开始之初的社会交互质量会对后期整个学业过程的交互水平产生持续的显著影响。⑤ 史慧姗和郑燕林认为，师生和生生间处于时空分离的状态，慕课中社会性互动的功用具有独特性，不但能增强慕课学习者的社会临场感和学习积极性，而且可以丰富教师的角色，为教师实施教学评价提供支持。⑥ 张喜艳和王美月基于人的利他性、协同性、服从性、依赖性、自觉性构建慕课社会性交互影响因素模型，并通过嵌入社交媒体工具、设置提醒功能、基于关键词语义聚合过滤机制、情感化设计改善社会性交互。⑦ 曹传东和赵华新基于个案研究提出完善讨论区社会性交互质量的策略：构建学习共同体；发挥主讲教师或助

---

① 方旭，崔向平，杨改学．慕课学习支持服务满意度研究：基于结构方程模型的视角．开放教育研究，2016，(5)：76-85.

② 郑勤华，于畅，陈丽．基于学习者视角的 MOOCs 教学交互状况调查研究．中国电化教育，2016，(6)：77-85.

③ 姜晶，毛齐明，王泰，等．慕课教学设计对社群活跃度的影响：基于影视创作规律的视角．现代教育技术，2017，(2)：107-112.

④ 刘艳春，张庆普，李占奎．基于扎根理论的 MOOC 在线深度互动影响因素．开放教育研究，2017，(5)：64-73.

⑤ 郑勤华，李秋劼，陈丽．MOOCs 中学习者论坛交互中心度与交互质量的关系实证研究．中国电化教育，2016，(2)：58-63.

⑥ 史慧姗，郑燕林．MOOC 中社会性互动的功用分析．现代远距离教育，2016，(2)：29-35.

⑦ 张喜艳，王美月．MOOC 社会性交互影响因素与提升策略研究：人的社会性视角．中国电化教育，2016，(7)：63-68.

教的引导作用，鼓励隐客、非积极参与者主动参与课程讨论；建立健全多样化的课程评价机制；加强论坛发帖管理。[①]

此外，王志军和陈丽分析了 cMOOCs 中教学交互模式，包括操作交互、寻径交互、意会交互及创生交互。[②]此模式启示慕课教学交互中学习环境、人与信息的联系，以及分享与聚合、讨论与协商、反思与总结、决策制定、生成学习制品的重要性。

3. 对慕课学习支持的研究

学习支持促进慕课实施，为学习者的认知、情感、教学管理等提供支持，促进动态的、相互关联的认知网络的形成。学者主要从学习支持维度、学习支持技术、改善学习支持策略等角度进行研究。

对学习支持维度进行研究。樊文强认为，慕课学习支持的关键点在于保持学习自组织与他组织之间的平衡。他认为，除了提供必要的他组织的教学支持如开展导学、学习技能指导、鼓励参与者相互辅导、帮助学习者构建学习网络等之外，学习支持的关键在于作为他组织的学习支持应遵循学习的自组织规律，保持学习自组织与他组织的平衡。[③]桑宇霞和梁林梅基于个案研究发现，学习者希望从推送相关资料、增加视频交流、提供随时笔记、反馈个性化学习体验等方面得到学习支持。[④]

对学习支持技术进行研究。余胜泉和万海鹏提出，十项技术可支持慕课学习，包括内容交互与数据追踪技术、学习数据分析技术、学习动机维持技术、学习资源语义化技术、社会知识网络技术、课程生成与进化技术、发展性评估技术、同伴互评技术、自动批改技术、虚拟实验技术。[⑤]

对完善学习支持策略进行研究。吴南中提出，利用教育大数据提升学习支持服务的针对性和服务质量，则需要建立教育大数据意识、能力、环境以及慕课学习支持服务的人员、意识和相关政策的到位。[⑥]赵宏等认为，改善学习支持需要建立面向个性化学习的服务新模式，建设自适应、个性化的学习平台，构建探

---

① 曹传东，赵华新 . MOOC 课程讨论区的社会性交互个案研究 . 中国远程教育，2016，(3)：39-44.

② 王志军，陈丽 . cMOOCs 中教学交互模式和方式研究 . 中国电化教育，2016，(2)：49-57.

③ 樊文强 . 基于关联主义的大规模网络开放课程（MOOC）及其学习支持 . 远程教育杂志，2012，(3)：31-36.

④ 桑宇霞，梁林梅 . MOOC 在线学习困难与学习支持调查研究：以《红楼梦》为例 . 现代教育技术，2014，(12)：33-39.

⑤ 余胜泉，万海鹏 . 支持课程大规模开放的学习技术 . 中国电化教育，2014，(7)：7-18.

⑥ 吴南中 . 基于教育大数据的 MOOC 支持服务特质与形成研究 . 中国远程教育，2015，(12)：49-55，79-80.

究型学习模式，关注教学交互的及时性和有效性。①

总之，当前对在线教学活动的研究还比较薄弱，如何实现生成的、动态的、相互关联的学习网络，教师如何引导等方面的研究还需要强化。教学交互体现了慕课在线实施过程，从影响因素研究、交互效果提升研究来看，教学交互涉及人、环境、平台、课程设计理念等，不同视角为本书研究提供了借鉴，但是如何实现人本价值导向下多主体的互动交流依然是慕课实施关注的问题。此外，学界已意识到学习支持服务对于慕课开发、持续促进慕课学习的重要性。而慕课学习支持并非孤立的，应将其置于慕课开发活动中进行整体研究，这也是需要进一步探讨的问题。

（五）对慕课质量评价与学习评价的研究

目前慕课评价研究主要集中在两大方面。第一，对慕课质量评价的研究。主要包括对课程设计、课程内容、课程实施过程的评价，旨在改进课程自身，提高课程质量。梳理慕课质量评价有助于窥探慕课开发的影响因素、策略等。第二，对慕课学习评价的研究。主要对学习者学习慕课的效果进行判断，以促进学习质量的提升。

1. 慕课质量评价研究

对慕课本身质量进行评价在一定程度上反映了慕课开发的关注点，学者主要从教师队伍、慕课内容、教学设计、学习支持服务、课程互动、考核等方面进行研究。范逸洲等基于北京大学7门慕课结课时的学生调查数据，提出改进慕课质量应该在课程管理、教学内容设计、教学视频设计、教学配套资源、作业与考核、课程互动及技术支持等方面进行改善。②冯雪松等基于北京大学的慕课实践提出慕课评价体系应从课程内容建设、组织、呈现、讲授方法以及课程实施等方面构建。③邱均平和欧玉芳将慕课教学队伍、教学内容、教学效果、教学资源以及教学技术作为一级指标构建慕课质量评价指标体系。④童小素和贾小军借助于文献分析、评价规范，建立了课程内容、教学设计、学习支持的一级指标。慕课建设应重视教学设计，尤其是资源的趣味性、交互性、教师的参与和反馈；加强学习支持建设，尤其是记录追踪、学习分析和个性化推送等方面，实现以学习者

① 赵宏，孙洪涛，郑勤华，等. 中国 MOOCs 学习支持状况调查. 现代远距离教育，2017，(3)：10-18.

② 范逸洲，王宇，冯菲，等. MOOCs 课程学习与评价调查. 开放教育研究，2014，(3)：27-35.

③ 冯雪松，于青青，李晓明. 在实践中探索 MOOC 评价体系. 中国大学教学，2015，(10)：72-81，85.

④ 邱均平，欧玉芳. 慕课质量评价指标体系构建及应用研究. 高教发展与评估，2015，(5)：72-81，100.

为中心自定步调的个性化学习。[①] 黄璐等认为，课程学习支持与服务、课程学习目标与教师素养是影响学习效果最重要的两个方面，并提出应以学习者为中心进行课程内容设计和教学设计、技术支持和个性化服务。[②] 姚凯等以 MOOC 学院社区论坛为数据源，进行处理分析，并结合已有课程评价标准，建立了慕课质量评价的一级指标，包括课程内容、教学设计、界面设计、媒体技术、课程管理等。[③]

由此可见，学者已经认识到慕课质量评价的基本旨向是以学习者为中心，为学习者提供个性化服务。对课程质量评价的借鉴有利于促进对慕课开发要素、开发过程的思考。作为课程开发的一部分，本书将关注点放在慕课学习评价，因为学习评价既可为慕课开发提供信息，也为学习者学习过程给予反馈与预测，使学习者与慕课开发融为一体。

2. 慕课学习评价研究

目前，对慕课学习效果评价研究的文献较多，主要包括学习评价体系、需要解决的问题、互评有效性等研究，具体讨论如下。

学者从评价主体、评价形式等对慕课学习评价体系研究，认为慕课具有多种评价形式，注重形成性评价；同时也发现慕课评价中还存在一些需要反思的问题。王海荣和王美静根据爱丁堡大学、杜克大学以及 edX[④] 对所开设慕课的评估报告分析，提出慕课学习评价应注重形成性评价，且评价形式多样化，通过每周提交作业来促进和监督学习者学习，并应综合学习者的日常作业、实验、考试等表现进行评价；也可引入同伴互评机制。[⑤] 张伟和王海荣基于对国内外若干慕课的学习和体验性研究认为，慕课在测评体系设计方面应以多样化、掌握为目的，注重对学习者的形成性评价，以评价引导、促进学习深度和学习效果；评价主体包括教师评价、同伴评价、自我评价等，评价方式包括视频内嵌测试、在线测试（如每周测试、期中期末测试）、课程作业、同伴互评以及基于学习者在线学习的大数据所形成的学习者档案袋评价等。[⑥] 郑志高等的调查统计显示，主要评价方

---

① 童小素，贾小军．MOOC 质量评价体系的构建探究．中国远程教育，2017，(5)：63-71，80.

② 黄璐，裴新宁，朱莹希．MOOCs 课程质量影响因素的实证研究．现代远程教育研究，2017，(5)：78-86.

③ 姚凯，李思志，李艳红，等．MOOC 评价模型研究．复旦教育论坛，2017，(3)：65-71.

④ edX 是麻省理工学院与哈佛大学于 2012 年 4 月联手创建的大规模在线课堂平台。它免费给大众提供大学教育水平的在线课堂。

⑤ 王海荣，王美静．国外 MOOC 评估报告对我国高校教学改革的启示．中国远程教育，2014，(3)：37-41.

⑥ 张伟，王海荣．MOOC 课程学习体验及本土化启示．现代远距离教育，2014，(4)：3-9.

式有嵌入式问答、作业、测试（如单元与周测试、期中与期末考试）、论坛参与、视频浏览等；但学习评价还需要解决学习评价公正性、学习过程评价缺失以及学习评价的支持系统等问题。[①]赵宏等认为，改进学习评价应该创新学习评价理念，重视同伴互评，设计有效的评价机制，推进学习分析的实践应用，开展个性化的学习评价。[②]

同伴互评是慕课学习评价中主观类试题常用的一种方式，学者对如何促进同伴互评的有效性、准确性开展研究。孙力和钟斯陶采用了吉布斯采样法和期望最大化法的评价方法，重点关注与评分者相关的主要参数，包括评分者偏差、评分者可靠度及其相关特性，构建了三种关联复杂度不同的同伴互评概率模型，以提升慕课评价系统中主观试题评分的客观性和准确性。[③]郑燕林和李卢一提出同伴评价实施有效路径包括：从认识层面高度重视同伴评价的功用；从规划层面应遵循学习评价设计的基本原理进行整体设计；从实践层面全面支持同伴评价的优化，如加强教师的指导与监督、注重对同伴评价结果的利用。[④]罗莎从教师调节、同伴合作和学习者自主三个方面构建支架型同伴评价机制，需要通过互评训练，在教师调节下发展评价能力；通过任务修改，在互助调节中提高作品质量；通过任务提交，实现自我调节，提升学习能力、评价能力。[⑤]

由此可见，学者对慕课学习评价主体、评价过程、评价方式有一定认识，并认识到基于学习者以及学的评价视角、学习评价还存在一些问题，这也反映出慕课评价的复杂性。但是，学习评价设计与课程目标、课程实施过程以及背后支撑的理论、思维模式等均紧密相连，而这些关系恰恰是目前学习评价研究需要深入处理的。

总之，通过对慕课质量评价与学习评价的研究，我们对慕课开发因素、学习评价的方式和方法有了基本的认识；但我们还需要明确厘定学习评价的根本旨向，厘清学习评价与慕课各要素、其他慕课开发活动之间的关系。

（六）对慕课设计、实施、评价的质疑与反思

学者对慕课设计、实施、评价的质疑与反思主要集中于批判慕课设计对传统教学模式的模仿，缺失对学习者的观照；批判慕课实施模式缺失教育学、交互

① 郑志高，张立国，张春荣．xMOOC 的学习评价方法调查研究．中国电化教育，2014，（11）：44-49.

② 赵宏，张亨国，郑勤华，等．中国 MOOCs 学习评价调查研究．中国电化教育，2017，（9）：53-61.

③ 孙力，钟斯陶．MOOC 评价系统中同伴互评概率模型研究．开放教育研究，2014，（5）：83-90.

④ 郑燕林，李卢一．超越大规模，追求大智慧：MOOC 学习同伴评价的实施路径选择．电化教育研究，2015，（9）：42-48.

⑤ 罗莎．MOOC 环境下支架型同伴评价探究：以英语写作任务为例．外语电化教学，2016，（6）：42-47.

的不足，质疑传输式教学法；批判慕课评价过度关注结果。

祝智庭等认为，“MOOC 并非教育系统的突破，而更像以前电视教育的翻版”①。汪基德等认为，慕课缺乏课程的总体规划，如对课程和学生子系统构成要素、结构、功能和特点的分析等；教学方法与学习模式单一。②申灵灵等认为，教学组织形式是传统课堂教学的翻版……慕课教学设计简单，缺乏分类、分层的教学目标分析，缺乏针对多种学习者对象的学习需求分析，难以适应高等教育众多学科和不同类别课程的具体要求。③李海龙和李新磊认为，慕课教学模式与课程体系延续了传统教学流程与课程结构。④许涛认为，慕课设计模式只是传统教学模式的延伸，而不是创新。⑤

瞿振元指出，在线教育发展的一个误区是“过度关注技术而忽视课程本身”⑥。王志军等认为，慕课主要的注意力还没有转移到学习中的核心要素——教学过程与教学方法上来。⑦尹达认为，慕课仅仅作为一种短视频放在远程平台上，只是一种传输工具而已。⑧

李海龙和李新磊认为，慕课对个性学习、协作学习、探究学习及混合学习的重视度不够，缺乏新型教学理念的渗透。⑨杨晓宏和周效章认为，教育资源同质化、教学模式互动性差、交互难以适应学习需要；⑩赵宏等认为，我国慕课所提供的学习支持服务类型单一，整体服务水平较低。⑪赵磊等认为，教师与学习者之间的同步交互及学习者与内容之间的深度交互不足，没有建立开放自由联通的学习环境；过度重视对学习结果的评价，不够重视诊断性评价和过程性评价。⑫

---

① 祝智庭，闫寒冰，魏非．观照 MOOCs 的开放教育正能量．开放教育研究，2013，(6)：18-27.

② 汪基德，冯莹莹，汪滢．MOOC 热背后的冷思考．教育研究，2014，(9)：104-111.

③ 申灵灵，韩锡斌，程建钢．“后 MOOC 时代”终极回归开放在线教育：2008-2014 年国际文献研究特点分析与趋势思考．现代远程教育研究，2014，(3)：17-26.

④ 李海龙，李新磊．“后 MOOC”时代基于分布翻转的 SPOC 体验式学习探讨．电化教育研究，2015，(11)：44-50.

⑤ 许涛．美国慕课发展的创新模式研究．比较教育研究，2017，(8)：95-103.

⑥ 瞿振元．发展在线教育应有理性思考．人民日报，2015-04-20，(07).

⑦ 王志军，陈丽，郑勤华．MOOCs 的发展脉络及其三种实践形式．中国电化教育，2014，(7)：25-33.

⑧ 尹达．“慕课现象”的本质阐释、现实反思与未来展望．电化教育研究，2015，(5)：59-63.

⑨ 李海龙，李新磊．“后 MOOC”时代基于分布翻转的 SPOC 体验式学习探讨．电化教育研究，2015，(11)：44-50.

⑩ 杨晓宏，周效章．我国在线教育现状考察与发展趋向研究：基于网易公开课等 16 个在线教育平台的分析．电化教育研究，2017，(8)：63-69，77.

⑪ 赵宏，孙洪涛，郑勤华，等．中国 MOOCs 学习支持状况调查．现代远距离教育，2017，(3)：10-18.

⑫ 赵磊，吴卓平，朱泓，等．中国慕课项目实践现状探析：基于 12 家中文慕课平台的比较研究．电化教育研究，2017，(9)：41-48.

郑志高等认为，xMOOC 的学习评价主要面向学习结果，而学习过程评价缺失；在学习评价的公正性及权威性上需要增强。① 孙史宇和米俊魁认为，在慕课的学习评价方面，存在着依据不完整、标准不明确、过程性评价不突出、人性化评价缺乏以及评价的发展性不足等问题。② 郑勤华等认为，慕课中交互内容十分单一，交互停留在较浅的层次，难以建立有效的社会网络关系等。③

此外，基于实践的研究亦促使我们理性认识慕课开发中的问题。如范逸洲等调研发现，多数慕课的教学设计仍存在教学资源关联弱、缺乏同伴互评和作业考核的评分标准等，课程讨论版利用程度低等。④ 尹睿等调研发现，慕课内容忽视交互中知识的生成与创造，慕课实施难以满足学习者多样化的学习需要，慕课评价缺乏学习为本的评估与反馈引导，课程开发无法支持个性化学习空间的构建。⑤ 方旭等调研发现，学习者对慕课学习支持服务满意度并不高，其中对导学的满意度最低，慕课学习效果有待提升。⑥ 郑勤华等调研发现，论坛实际交互水平不高，平台交互功能单一，教师交互参与度低。⑦ 李胜波等调研发现，慕课不太重视学习目标的设计，学习评价大多采用单一的“测验”形式，“微课程”是主要的学习资源，不注重学习目标、学习评价、学习活动和学习资源的内在关联性。⑧ 赵宏等研究发现，学习评价没有得到很好的重视，评价总体水平较低，评价主体仍显得较为单一，主要为机器评价。⑨

总之，学者对慕课设计、实施、评价等过程的反思，恰恰反映了慕课正在理性认识中成长，这有助于我们准确审视慕课开发现实。

三、已有的研究分析

纵观国内外已有的相关研究，学者对慕课开发研究主要集中于慕课学习者、

① 郑志高，张立国，张春荣 . xMOOC 的学习评价方法调查研究 . 中国电化教育，2014，（11）：44-49.

② 孙史宇，米俊魁 . 大学生 MOOC 学习评价策略研究 . 内蒙古师范大学学报（教育科学版），2015，（3）：24-26.

③ 郑勤华，李秋劼，陈丽 . MOOCs 中学习者论坛交互中心度与交互质量的关系实证研究 . 中国电化教育，2016，（2）：58-63.

④ 范逸洲，王宇，冯菲，等 . MOOCs 课程学习与评价调查 . 开放教育研究，2014，（3）：27-35.

⑤ 尹睿，刘路莎，张梦叶，等 . 国外百门大规模开放在线课程设计与开发特征的内容分析：课程视角 . 电化教育研究，2015，（12）：30-37.

⑥ 方旭，崔向平，杨改学 . 慕课学习支持服务满意度研究：基于结构方程模型的视角 . 开放教育研究，2016，（5）：76-85.

⑦ 郑勤华，于畅，陈丽 . 基于学习者视角的 MOOCs 教学交互状况调查研究 . 中国电化教育，2016，（6）：77-85.

⑧ 李胜波，陈丽，郑勤华 . 中国 MOOCs 课程设计调查研究 . 开放教育研究，2016，（2）：46-52.

⑨ 赵宏，张亨国，郑勤华，等 . 中国 MOOCs 学习评价调查研究 . 中国电化教育，2017，（9）：53-61.

设计、实施、评价、反思等相关研究，这些成果对本书具有重要的参考价值。但是研究也存在一些问题与局限性。

第一，对慕课开发概念的理解并不准确，微观的、狭义的、技术的理解窄化了慕课开发的内涵，而且技术化研究多于人文化关注。

慕课的诞生与网络技术等新技术发展密不可分，慕课元年的出现更是受到三大慕课平台建立的直接催化，慕课以一种易于传播的方式迅速发展。技术的确为慕课开发、慕课发展提供了物理性支持，但是慕课开发不能等同于单纯的技术实现，慕课开发的研究也不能仅仅关注技术层面，更不能以技术实现为目的。而当前研究中，学者恰恰对慕课开发概念的理解有偏差，将其等同于设计之后的程式操作，减少了慕课开发的内涵。另外，技术化研究关注较多，人文化研究关注较少，例如对慕课设计更加注重结构化设计，忽视了学习者的价值。在探讨慕课开发依据、出发点问题上，尽管也有文献关注到学习者体验、学习者的适切性①、以学为中心、注重学习者个性化等话题，但是仍然缺乏教育视域、课程视域中的人本价值的系统阐述与研究框架，技术化研究多于人文化研究。慕课开发离不开技术环境的支持以及实践层面的行动，但是新技术一旦用于教育，那么它就是教育中的技术，是为了教育目的、人的发展而使用。因此，慕课开发更加需要从教育视角、课程视角观照学习者的差异性、个性化，以技术的可能性提升教育境界。

第二，慕课开发研究缺乏有机的、系统的观照，遮蔽了慕课开发的有机性、关联性和过程性。

当前对慕课开发的研究多数是针对某一要素、某一活动而开展的，例如对慕课设计的研究，对学习者动机与特征的研究，对慕课实施中教学活动、交互的研究，对慕课学习支持的研究，以及对慕课学习评价的研究等，尽管多元的视角促进了对慕课开发中某一要素、某一活动的思考，但是“只见树木不见森林”的研究片段则将慕课开发的有机性、关联性、过程性进行肢解，既缺乏对主体、要素、活动之间关系的分析，也缺乏对慕课开发过程整体的、系统的分析，忽视了慕课开发过程中要素、活动、情境、事件之间的关系存在。然而，慕课开发在开放的网络环境中、在大规模学习者的聚集中，课程属性、网络载体的属性、慕课自身的品格等交织在一起，更加需要以有机的视角阐明慕课开发理论，并突破实践困境。分割的视角既不利于澄清慕课开发的理论，也难以促进慕课开发实践的

① 李五洲，汪基德．基于模糊综合评价法的 MOOC 适切性研究：以“现代教育技术”课程为例．电化教育研究，2016，(12)：60-66.

深入探索，更难以推进慕课开发理论与实践的有机关联。因此，慕课开发的关键问题并没有解决，我们仍然需要以系统化的视角深入研究慕课开发。

第三，慕课开发的理论建构不足，对慕课开发实践指导乏力，而且实践研究多于理论研究。

尽管慕课近年来在学界掀起了研究热潮，但当前慕课研究更多关注慕课的建设策略研究、慕课反思研究、慕课实践研究，或者对慕课设计、实施、评价某一方面的研究，而对慕课开发内涵、慕课开发主体、逻辑品格、价值取向、开发样态以及慕课开发的建构等理论研究不足，缺乏价值澄清与理论建构。慕课开发理论研究的不深入也带来对慕课开发实践指导的乏力，影响教师、学习者在慕课开发中的定位，影响对慕课开发观的认识、对慕课开发中困境与问题的解决以及对慕课开发要素、活动、关系、意义的阐明。

另外，当前对慕课开发的相关研究较多停留在实践层面、具体操作层面和反思层面，而缺乏课程话语、课程原理体系下的理论解读，进而导致慕课开发研究容易陷入微观研究、狭隘研究。但慕课开发还需要理论上的逻辑阐释，借助于理论阐明慕课开发的基本问题、关系与重点，促进理论与实践的统一。

基于此，本书基于对慕课开发历史图景的分析，审视慕课开发现状并进行归因分析，以两种课程视域融合于慕课开发为理论基础，探寻慕课开发理论，建构慕课开发模式，分析条件保障，从而对慕课开发展开系统而深入的研究。

第五节　视域融合下的慕课开发研究的逻辑与方法

一、研究目的

本书聚焦于慕课开发，旨在解决慕课开发理论与实践问题。基于慕课开发问题，本书从课程开发与课程理解两种课程视域融合之中寻求理论之径，以此为理论基础，对慕课开发进行理论分析，包括逻辑品格、价值取向、开发样态，建构视域融合下的慕课开发模式，分析操作程序、侧重点与条件保障等，分析典型慕课开发案例。本书旨在对慕课开发进行改造、完善，促进慕课开发的理解与反思，实现新形式的慕课开发，推动慕课开发理论建构，解决慕课开发实践问题，促进慕课开发理论与实践的统一。

二、研究思路

本书澄清了课程形态变迁的内在逻辑是满足人的学习需求，慕课作为一种新的课程形态，慕课、慕课开发亦应具有“为人”属性；并澄清当前慕课开发的基本程序；同时，鉴于慕课的独特性对慕课开发提出了诉求，澄清历史图景以观照慕课开发现实；然后，基于慕课开发的实践审视，分析慕课开发实践问题，并进行归因分析。泰勒原理体现的课程开发视域与课程理解视域共同为解决慕课开发问题提供了理论支撑，慕课开发需要两种课程视域的融合指导。基于视域融合指导，本书探讨了慕课开发的理论分析，建构了 FLTC 慕课开发模式，分析操作程序与侧重点。要实现 FLTC 慕课开发模式，还需要教育与技术的共同支持，需要发挥教师支持、学习者支持、技术支持以及关系支持。最后，本书进行慕课案例分析，促进慕课开发实践与理性的和谐统一。主要研究思路包括：

第一，通过文献分析，澄清课程形态变迁的内在逻辑是满足人的学习需求，澄清慕课、慕课开发具有“为人”属性；并澄清慕课基本特性、当前慕课开发的基本程序。慕课是一种新的课程形态，其独特性对慕课开发提出了诉求，因此回顾历史图景有助于促使我们审视慕课开发。

第二，通过对开设慕课的教师与参与慕课学习的地方院校大学生进行问卷调查、访谈调查，全面审视慕课开发的现状、存在的问题，并进行归因分析，系统把握慕课开发中的现实问题。

第三，为解决慕课开发问题进行理论寻径。泰勒原理体现的课程开发与课程理解分别为慕课开发提供了科学支撑与方法论依据，二者共同为解决慕课开发问题提供了理论支撑，慕课开发需要两种课程视域的融合指导。因此，通过文献研究、案例分析，在视域融合指导下，分析慕课开发的逻辑品格、价值取向与开发样态，探讨慕课开发的理论分析，从而为慕课开发模式的建构奠定基础。

第四，基于当前慕课开发基本程序分析、问题诉求，基于视域融合的理论基础，建构 FLTC 慕课开发模式。该模式以促进学习者的个性化学习为核心旨向，并阐述慕课开发主体、关键要素、主要活动、操作程序以及 FLTC 模式在开发过程中的侧重点，促进慕课开发实践与理性的和谐统一。

第五，FLTC 慕课开发模式从一种理论模式到实践落实，需要教育与技术共同提供支持保障。需要教师具备慕课开发素养、学习者具备慕课学习素养，需要技术能够为学习者个性化学习、课程的专业性定制提供支持，同时也需要在开发过程中处理好基本的几对关系，以实现 FLTC 模式的慕课开发。

第六，选取典型慕课案例进行分析。在视域融合的指导下分析该慕课开发的优势、尚存在的问题，并提出改进策略，促进慕课开发理论研究与实践研究的沟通。

具体思路如图 1-4 所示。

图 1-4　本书的研究思路

三、研究方法

本书将理论研究与实践考察相结合，将质性研究与量化研究相结合，主要采用文献研究法、调查法开展慕课开发研究。

文献研究法是本书的基础，又贯穿于整个研究过程。本书广泛查阅了国内外相关研究成果，收集慕课开发案例、教师的慕课开发概况、学习者学习慕课的概况，进行分析、整理，帮助探寻生长点、厘清研究重难点，并寻求路径解决。文献研究涉及的主题有视域融合、课程、慕课、课程开发、慕课开发、泰勒原理、课程理解，以及慕课开发中的教师、学习者等。

调查法主要采用问卷、访谈、案例调查了解慕课开发状况。以开设慕课的教师与学习过慕课的地方院校大学生为调查对象，编制了慕课设计、资源开发、实施与评价现状调查（学生问卷），慕课设计、资源开发、实施与评价现状调查（教师问卷），设计了慕课开发的学生访谈提纲、教师访谈提纲，并主要从学习者需求的满足程度、慕课设计、资源开发、慕课实施、学习评价等维度展开调研；另外，本书选取国内外不同平台的近 30 门慕课开发案例进行分析，以了解其开发中的问题、亮点，进而促进研究的开展。

第二章

历史图景：课程形态变迁与慕课开发诉求

慕课作为一种新的课程形态，既具有课程属性又具有独特性。本章从历史图景回顾课程形态变迁的内在逻辑是满足人的学习需求，慕课作为一种新的课程形态，慕课、慕课开发亦应具有“为人”属性。慕课经历了不同的发展历程，大规模、开放、在线是其基本特性，也内隐了师生分离、去中心化、学习者聚集的状态。慕课为学习者提供了完整的课程体验，使个性而灵活的学习成为可能。本章进一步澄清当前慕课开发的基本程序以及基于慕课独特性对慕课开发的诉求，为进一步审视慕课开发现实进行观照，奠定慕课开发研究的基础。

第一节　课程形态变迁与内在逻辑

一、课程形态变迁

课程作为教育系统的核心组成部分，从宏观来看，它是“历史、实践、理性与逻辑的高度统一”[①]，其演进与变迁受到社会、技术等外部条件的影响。从微观来看，它是内容与形式的统一体[②]：内容是课程的内核，体现的是知识的逻辑构成；形式是内容的表现形式，体现的是知识的表达与供给方式。二者相辅相成，缺一不可。随着信息技术的发展，新的课程形态不断涌现。

学者对课程形态的概念有不同的解读，如课程形态是指“课程在时空系统中的存在及其表现形式”[③]，它“能刻画课程的物质载体、传播方式、呈现方式和

---

① 赵婧．“云课程”解析：背景、理念与趋势．课程·教材·教法，2013，(12)：13-17.

② 王本陆．关于加强云课程研究的几点思考．课程·教材·教法，2013，(12)：3-7.

③ 赵婧．媒介数量的增加会带来课程质量的提升吗？：关于课程形态变革的思考．课程·教材·教法，2013，(8)：30-35.

使用机制等”[①]，是“课程内容及其载体及实施方式的动态组合样态”[②]等。三种解读有相同之处，即课程形态均包含课程形式，但不同之处在于课程形态是否应该包含“内容”这一要素。笔者认为，从纵向发展来说，因受社会发展、技术影响，课程载体形式会发生变化，而课程载体形式发生变化，影响了课程内容的表达方式、课程实施与使用的不同方式，影响了课程形态的变化；从横向来说，课程是形式与内容紧密结合的统一体，多样化的存在形式也可丰富内容，例如，在信息技术支持下，集成于新课程形态中的图片、视音频、案例等媒体形式丰富了课程内容，所以，二者是内在统一的。因此，笔者认为，课程形态是课程内容与课程形式相统一而呈现的存在样态，它负载课程内容，并能刻画课程的物质载体、呈现方式、传播方式、使用方式等。

课程载体形式是课程形态的基本要素，影响着课程的表现方式与交往方式。从纵向的历史发展沿革来看，在19世纪末照相技术、幻灯机、无声电影等电子化媒体被引入教育领域之前，课程形态主要经历了口耳相传阶段、经典课程的文字阶段、教科书阶段[②]，其载体形式经历了最初的无形载体，到羊皮、竹简、丝帛等载体，再到基于印刷媒介的纸张，课程实施的方式主要以手工操作为主。而随着照相技术、幻灯机、电影等电子媒介被引入教育领域，这些增添的新媒体支持课程形态成为基于印刷媒介的教科书形态的有益补充，而且，音像教学制品、电视教材等均成为课程开发、课程实施过程中的辅助学习资源，课程的教学表达方式也发生了改变：从单一的视觉展现步入到借助于声音、画面共同表达的多媒体视听方式。但是，印刷技术所营造的传播的生态环境依然是教育教学体系所依赖的媒介环境[③]。然而，互联网的出现以及信息技术的发展，彻底改造了原有社会传播的生态环境[③]，它使人类的书写从基于印刷媒介的纸张向虚拟的网络迁移，使人类的交流方式从面对面向超越时空的、互相分离的虚拟空间转向，实现了印刷媒体、单媒体、多媒体难以实现的双向交互的功能，使课程形态从单一表征走向了多元支持的立体化的课程形态：课程载体的多媒体表达，基于网络的双向、多向互动，以及基于动态化、灵活性的学习体验与分享。[④]

尤其是慕课这一课程形态的出现使新技术发展适应人们不断增长的学习需求，它改变并拓展了课程的存在形式——以网络技术为载体，实现了双向、多向互动；它立体化地丰富了课程内容——以微视频、图片、教案、音频、视频、超

① 王本陆．关于加强云课程研究的几点思考．课程·教材·教法，2013，(12)：3-7.

② 牛瑞雪．从口耳相传到云课程：课程形态视域下的课程演变史．课程·教材·教法，2013，(12)：18-23.

③ 郭文革．教育的“技术”发展史．北京大学教育评论，2011，(3)：137-157，192.

④ 刘志军，冯永华．“颠覆论”下的慕课反思：兼论基于慕课的课堂“翻转”．课程·教材·教法，2015，(9)：16-23.

链接、练习、作业等为课程资源，以立体化的课程形态统整了教科书、音像制品、电子课件，并充分发挥多媒体计算机、网络虚拟媒介的优势；更重要的是，慕课以开放的方式，吸引了大规模学习者的共同参与，为课程实施带来了师生之间、学习者之间以及学习者与世界交流的新方式。

二、内在逻辑：满足人的学习需求

一直以来技术的发展均会影响教育的发展，信息技术的发展也催生了课程形态的不断变迁。但是，在课程目标、课程结构、课程功能、课程实施等方面，信息技术并没有不折不扣地按照其应然预设释放出育人的实然效能。[①]因此，在技术乌托邦的笼罩下，我们更需要理性看待课程形态演变的实质——我们回到课程，在信息技术的推动下，实则是人的学习需求的不断发展。

课程的本体功能是培养人，我国学者丛立新认为，"课程是为了培养人和教育人而产生、而发展的，培养人是课程的本体功能，一旦离开了这个本体功能，课程便不复存在……培养人是课程最根本、最重要的功能……这是认识课程功能的出发点和落脚点"[②]。发挥课程的育人功能是课程的原点，离开了"人"的发展，课程形态的变迁亦失去了意义。同样，课程形态的变迁是人的学习需求的彰显。例如，在口耳相传的课程形态阶段，语言是唯一的无形的载体形式，但是作为一种最原始的传播媒体，因其抽象、难以保存、近距离传播等局限性，难以满足更广泛的学习者的学习需求；在经典课程阶段，虽然诞生了文字、造纸术，可以使教学内容储存并流传，促进了社会进步与文明，但是它们还是难以满足提高教学效率以及追求教育发展民主平等的学习需求；这之后出现了教科书形态。在统一的大工业满足了提高效率与实现民主平等的需求之后，尊重个体差异、满足个体发展的个性化学习需求又成了人的核心诉求，而满足学生日益增长的个性化学习需求是新技术支持下课程形态变革的根本动力——从音像制品的课程形态到数字化的课程形态，实现了从单媒体的视、听到多重感官的调动，从单向的接收到双向、多维的互动，从单层次的资源呈现到多层次、多维度、多样化的媒体呈现与建构，体现了对学生主体、个性化学习的尊重。

慕课正是在开放教育资源的环境下，随着学习者学习需求不断增加、网络新技术不断发展而产生的一种新的课程形态，它以名校、名师等优质的课程资源，以及完整的课程体验过程为全球范围内有学习需求的人带来了"有教无类"

① 赵婧．课程形态信息化变革的"人学"致思．教育理论与实践，2016，(10)：51-55.

② 丛立新．课程论问题．北京：教育科学出版社，2000：99-100.

的学习机会，并且具有教与学互动、传播与创造的特性，是课程形态的新发展。但是，课程形态的变革从来不是课程形态的否定与更替，而是新形势下学习需求发生变化的课程形态的完善与丰富。不同的课程形态可以满足不同的学习需求、具有不同的价值，彼此并不能完全代替。① 而慕课以开放性的过程与体验打破了课堂教学封闭性的局限，超越了时空限制；基于学习分析等新技术的个性化学习分析，冲破了传统课堂标准、统一的藩篱，促进了个性化学习路径的形成；多主体的交往拆除了教师与学习者之间森严的壁垒，以平等、民主实现互动与交流；基于微视频与交互练习的知识图谱式学习摆脱了课堂教学的“满堂灌”，并且学习者可实现自主选择。② 这些表征无不体现了个性化的学习诉求。

第二节 一种新的课程形态

慕课是一种不同于传统课程的课程形态。它以网络技术为载体，沿承了开放的教育理念，并直接受开放教育资源运动的影响，以新型课程形态实现了开放教育资源运动的新发展。慕课从出现至今，经历了 cMOOC 与 xMOOC 两种课程形态的发展，甚至有学者认为“xMOOC 与 cMOOC 初创者的想法几乎没有什么关系”③。但是二者均基于网络技术、信息技术的支持实现了自由时空、师生分离、学习者之间分离的状态，开放、大规模、在线是其基本特性；同时二者均为学习者提供了完整的课程体验。发展至今，在实践与研究中慕课早已集中于 xMOOC，统称慕课。

一、两种慕课形态

慕课在发展中经历了两种课程形态，一种始于 2008 年的《连通主义与关联知识》，它基于连通主义理论，构成了基于网络化连通的建构，被称为 cMOOC，从表面上看，它与“现在所讨论的慕课的基础架构毫不相干”④。另外一种始于 2011 年秋季斯坦福大学的公开课项目，并衍生出 Coursera、edX 和 Udacity 三大

---

① 肖占君，辛宝忠．大学生存危机来临还是高等教育普及开始：大学慕课研究与实践的转向与未来走向．中国电化教育，2015，(3)：35-38.

② 刘志军，冯永华．课堂教学变革的反思与重建：“慕课”背景下课堂教学变革的思考．教师教育学报，2014，(3)：53-63.

③ 约翰·丹尼尔，王志军，赵文涛．让 MOOCs 更有意义：在谎言、悖论和可能性的迷宫中沉思．现代远程教育研究，2013，(3)：3-12，27.

④ 乔纳森·哈伯．慕课：人人可以上大学．刘春园译．北京：中国人民大学出版社，2015：51.

慕课平台，被称为 xMOOC，目前在慕课实践中是主流慕课形态。

（一）cMOOC 形态

2008 年，加拿大学者科米尔（Dave Cormier）和亚历山大（Bryan Alexander）首次提出“MOOC”概念[①]。2008 年 9 月，加拿大学者西蒙斯（George Siemens）和唐斯（Stephen Downes）应用这个概念开设了第一门真正的慕课“连通主义与关联知识”（Connectivism and Connective Knowledge Online Course，CCK08）。该课程围绕主题提供开放、免费、人数不限制的学习，吸引了来自世界各地的 2300 名免费学习的学生与 25 名来自曼尼托巴大学（University of Manitoba）的付费学生。这门课程即为慕课的最初形态，这种慕课形态被称为 cMOOC。该课程所讲述的理论内容正是慕课系统组织得以产生、发展以及进化的理论基石。[②]

cMOOC 注重学习网络的构建与连通。cMOOC 运行起始于教师设计的课程话题、学习资源，是学习者搜索资料、创造自己的知识内容、讨论与反思中的“指引”[③]。但是它并不局限于此，而是在课程展开过程中，注重知识共享、群体协作。cMOOC 在社会性软件支持下，使得学习者个体能够根据学习习惯和偏好，围绕学习目标使用多种技术工具对学习内容或知识点进行选择、质疑、讨论，并对自己的学习成果进行自我评价，形成多群体学习路径的知识网络，在实现个人学习目标的同时，促进内容的不断生成。在整个过程中，教师提供学习支持，给予学习指导、组织教学活动、提供学习任务反馈等学习支持服务，并调整课程框架、课程资源，以促进课程的自进化。在这种慕课形态中，主讲教师是课程的发起者与促进者，提供初始资源，并鼓励学习者成为学习体验的能动者、自组织者，鼓励他们借助社交网络和深度讨论等方式将学习体验与社会交互合二为一，构建动态性、生成性的个性化的学习历程。学习者是高度自主性的学习主体：自主建立博客、自主评判学习内容、自主分享资源、自主协作、自我评价，每位参与者在学习中形成个性化的学习内容及学习路径。因此，教师、学习者、课程话题、学习资源、教学活动、学习目标、学习支持服务、学习评价、社会性软件构成了基本的开发要素与活动。

慕课以 cMOOC 形态产生，是一种开放性的、社会性建构的方式，但是课

---

① McAuley A，Stewart B，Cormier D，et al. The MOOC Model for Digital Practice. https://www.researchgate.net/publication/260205419_The_MOOC_model_for_digital_practice[2010-12-01].

② 乔纳森·哈伯．慕课：人人可以上大学．刘春园译．北京：中国人民大学出版社，2015：51.

③ Rodriguez O. MOOCs and the AI -Stanford like Courses：two successful and distinct course formats for massive open onlinecourses. http://www.eurodl.org/index.php?p=current&article=516[2015-01-20].

程的完成过度依赖于学习者的高度自组织以及知识网络的构建，缺乏清晰的教学目标、对教学过程的监控，同时可变的教学内容、过于强调知识的创造过程，对教师和学习者提出了更高要求[①]。因此，cMOOC 发展至今，并没有形成世界性的轰动效应，课程范围基本上局限于教育学科相关领域，其研究与实践推动者主要是其最初提出者、实践者，如科米尔、西蒙斯与唐斯等，[②]课程开设少、用户规模相对较小，在实践中的教学效果和学习效果不佳，并未引起广泛关注。[③]

（二）xMOOC 形态

2011 年秋天，慕课有了新突破，被称为“真正意义上的慕课”开始崭露头角。[④]美国斯坦福大学的教授们开设了三门计算机科学课程，分别是“人工智能导论”（Introduction of Artificial Intelligence）、“机器学习”（Machine Learning）和“数据库”（Databases），这些课程通过学校的在线学习网站向全球免费开放，学生人数不断上升。其中，“人工智能导论”在当年秋天注册人数达 16 万之多，掀起了慕课的新发展。

2012 年，Coursera、edX 和 Udacity 三大慕课平台建立并成为最具影响力的慕课平台，不断吸引各国高校的加盟，慕课以一种新的形态—— xMOOC 在世界范围广泛传播，2012 年被纽约时报称为“慕课元年”。自此慕课在实践领域的发展中不断壮大，各国开始创建自己的课程平台，课程数量、课程类别、选课人数都不断增多。据课程中央网站（Class Central）不完全统计，全球已有 41 个慕课平台（不包含中国慕课平台），慕课数量达 9380 门。其中，Coursera 有 3271 门慕课、edX 有 2075 门慕课、FutureLearn 有 798 门慕课。[⑤]而注册学员数截至 2015 年已达 4000 万，[⑥]据《2016 中国慕课行业研究白皮书》统计，截至 2016 年，中国大学 MOOC 上线课程 1700 多门，中国大学 MOOC、学堂在线注册人数均已超过 500 万。[⑦]

xMOOC 除了延续早期 cMOOC 的大规模、在线技术之外，还彻底打破了

① 申灵灵，韩锡斌，程建钢．“后 MOOC 时代”终极回归开放在线教育：2008-2014 年国际文献研究特点分析与趋势思考．现代远程教育研究，2014，(3)：17-26.

② 王萍．大规模在线开放课程的新发展与应用：从 cMOOC 到 xMOOC. 现代远程教育研究，2013，(3)：13-19.

③ 李曼丽，张羽，叶赋桂，等．解码 MOOC：大规模在线开放课程的教育学考察．北京：清华大学出版社，2013：92.

④ 乔纳森·哈伯．慕课：人人可以上大学．刘春园译．北京：中国人民大学出版社，2015：51.

⑤ Class Central. MOOCS Proviedrs. https://www.class-central.com/providers[2018-03-31].

⑥ 汪琼．慕课运动对高等教育的渗透性影响．开放教育研究，2016，(3)：37-43.

⑦ 互联网教育．教育部：2016 中国慕课行业白皮书．http://www.199it.com/archives/595454.html[2018-1-30].

cMOOC在线教育的班级容量的瓶颈[①]，与顶尖高校合作，以一种更易传播的形式出现，不但在实践中发展迅速，在教育领域内也被广泛关注，已然成为主流慕课形态。

二、慕课基本特性：大规模、开放、在线

两种慕课形态在课程运行中有差异，但是二者作为新型的在线课程[②]具有共同的属性：大规模、开放、在线。在线意味着学习者从注册课程到学习参与的全程均基于网络完成，课程内容与资源的发布、课程实施与评价、学习支持、互动与反馈等均基于网络环境的支撑，在线实现教学组织，教师与学习者不必亲临课堂，师生之间、学习者之间处于分离状态，并分布于网络空间，呈现去中心化状态；此外，大规模特质带来了聚集、重组；开放使个性而灵活的学习成为可能。

（一）大规模实现了聚集与重组

大规模是慕课特有的基本特征，它是近年来才出现的关键词。“大规模”特质带来了聚集、重组的特性。

第一，慕课实现了大规模学习者的聚集。不同年龄阶段、学习背景、文化背景、地域背景、学习需求等“多样”学习者因对某一门课程的关注聚集于慕课。例如，2008年的CCK08吸引了来自全球的2300名学习者；再如，2011年秋，斯坦福大学的“人工智能导论”，吸引了全球190多个国家的16万余名的学习者，其中2.3万人完成了课程学习。[③]麻省理工学院的“电子电路”吸引了来自160个国家的15.5万学生注册。[④]另根据《2016中国慕课行业研究白皮书》数据显示，在线学习者在年龄分布上，18～25岁人群占比47.9%，26～30岁人群占比20.4%，31～35岁人群占比15.2%；在学历分布方面，本科学历的人数最多，占比为68.6%。[⑤]笔者在访谈武汉大学开设“方言与中国文化”的R老师时，R老师表示该课程的学习者构成比较复杂——尽管大学生是主要构成，但还有初中生、小学生，最小的有小学六年级学生，也有50多岁、60多岁对方言感兴趣的人；既有大、中、小学老师，也有没受过高等教育的人。由此可见，慕课学习者超越了国籍、年龄、职业等差异，因共同的学习需求而聚集于此。

---

① 乔纳森·哈伯．慕课：人人可以上大学．刘春园译．北京：中国人民大学出版社，2015：56.

② 文中“网络课程”与“在线课程”均指“online course”，不做区分。

③ 焦建利，王萍．慕课：互联网＋教育时代的学习革命．北京：机械工业出版社，2015：5.

④ 刘杨，黄振中，张羽，等．中国MOOCs学习者参与情况调查报告．清华大学教育研究，2013，(4)：27-34.

⑤ 互联网教育．教育部：2016中国慕课行业白皮书．http://www.199it.com/archives/595454.html[2018-1-30].

第二，慕课实现了大规模资源的聚集与重组。不同的课程资源以不同形式聚集于课程之中，预设与生成并存、异步资源与同步资源共在、课程中资源与课程外资源共生。如“方言与中国文化”中，不但有官话方言、吴语、湘语、赣语、客家话、闽语、粤语、徽语、平话以及晋语等PPT资源及教师讲解的微视频资源，还有各地方言的语音标本，如《大话西游》《再别康桥》《北风与太阳》《牛郎织女》《人为财死》《诗经・豳风》等的方言诵读叙述音视频材料，以及各地戏曲、童谣、民间吆喝等的音视频材料；此外，还有学习者在课程学习中录制、上传的方言音频资源，课程论坛的主题讨论的文字、图片等资源，实现了教师与学习者课程资源富媒体、富资源的聚集。

可见，慕课是大规模主体参与的在线课程，学习人数众多、学习群体分布广泛、学习背景多样性，构成了庞大而复杂的在线学习网络、知识分布网络，学习者借助于互联网及课程资源，形成了参与式文化。

（二）开放使个性而灵活的学习成为可能

慕课沿承了开放的教育理念，并直接受开放教育资源运动影响而实现了开放教育实践。慕课的开放实现了自由、平等、公正、“有教无类”的全过程开放，实现了在师生分离、学生分离状态下的灵活学习、自由合作和教学实践的开放分享，使个性而灵活的按需学习成为可能。

第一，慕课沿承了开放的教育理念。

开放教育理念并非慕课首创。一般认为卢梭的自然主义教育理念是开放教育的思想渊源[①]，早在18世纪，卢梭就提出了自然主义教育理念，强调个人经验、遵循个人的自然天性，实现自由发展。在春秋时期，老子的道法自然、孔子的有教无类均体现了开放、自由、平等的知识追求与公平、共享的教育理念。[②]在教育实践中，20世纪20年代英国教育家尼尔创办的夏山学校可以说是自然主义教育观念的真正践行者。[①]它以“让学校适应学生”为基本宗旨，以民主与自由为核心观念，强调学生的自由发展，践行了开放的自然主义教育观。

而远程教育的发展以师生分离、学生分离、超越时空的教育形式颠覆了以往传统教育中“师生在场”的交往方式，借助于网络技术实践“开放”教育。远程教育最初的形态是函授教育，19世纪40年代，教师与学生以“分离”的形式通过邮件进行交流。进入20世纪以来，视听媒体的发展促使远程教育从单一的

① 黄健青，李芳. MOOC模式对我国开放教育发展的启示. 电化教育研究，2015，(10)：56-61.

② 冯永华. 偏离与回归：基于人本价值的慕课反思：兼议cMOOC与xMOOC的融合. 现代教育技术，2016，(10)：79-85.

函授教学形态向多种媒体教学形态转变。但是单纯的讲授环节难以为学生提供完整的学习体验。1969 年，英国开放大学正式建立，其向社会开放的教育理念及取消入学限制、有权授予学位、实现多种媒体教学自治的实践为“远程教育和开放学习争得了历史地位”①，它成为“世界上第一个取消所有入学限制的大型远程教育机构”,“堪称慕课文化的鼻祖”②。但是通常开放大学、广播电视大学中的网络课程是高收费，与传统学校教育相比是一种理念和思维的开放，难以实现政治诉求中的平等、公正、有教无类的开放，开放教育资源（open educational resources，OER）运动的发展实现了社会政治学意义上的公正的“开放”。

第二，开放教育资源运动推动慕课实现了开放的教育实践。

进入 21 世纪以来，随着网络技术与电子技术的迅速发展，开放教育资源运动蓬勃兴起与发展，对慕课的诞生、实现真正“开放”产生了直接影响。开放教育资源运动主张教育的民主、平等、自由，不论学习者的性别、种族、地域等状况，向世界任何人提供满足学习需求的学习机会，供他们使用、定制或改进教育资源。③慕课正是开放教育资源运动发展中的新型课程模式。④

开放教育资源运动以美国麻省理工学院的开放课件（open course ware，OCW）为源头。2001 年，美国麻省理工学院的开放课件项目将 3300 门课程放在互联网上，免费供全世界任何人使用。它开创了教学资源自由共享的先河，拉开了开放教育资源运动的帷幕。⑤2002 年，联合国教科文组织提出将 OCW 发展成为 OER。开放教育资源运动利用互联网及其他网络技术实现资源的全球共享，在知识产权允许范围内将优质教育资源置于公共区域供有学习需求的人免费使用，资源既包括课程、教学材料、教科书、视频等，也包含学习软件及其他工具，⑥它营造了学习、创造、分享、合作的参与式文化⑦，增进了网络环境下的灵活学习、自由合作和教学实践的开放分享。开放教育迎合了信息时代知识快速膨胀与知识快速更新的个性化学习需求，推动信息的自由传播，鼓励文化共享。

---

① 丁兴富 . 远程教育研究 . 北京：首都师范大学出版社，2002：6.

② 乔纳森 • 哈伯 . 慕课：人人可以上大学 . 刘春园译 . 北京：中国人民大学出版社，2015：37-38.

③ 刘志军，冯永华 . 课堂教学变革的反思与重建：“慕课”背景下课堂教学变革的思考 . 教师教育学报，2014，（3）：53-63.

④ 焦建利，王萍 . 慕课：互联网 + 教育时代的学习革命 . 北京：机械工业出版社，2015：6.

⑤ 穆肃 . 机遇与挑战：从开放教育资源到开放教学过程：从远程教育视野出发对开放在线课程的思考 . 中国电化教育，2015，（8）：52-58.

⑥ 郑旭东，王婷，吴秀圆 . 何去何从：当教育技术学遇到“MOOC”. 现代远程教育研究，2014，（5）：53-61.

⑦ 龚志武 . 开放教育资源运动综述及其可持续发展探析 . 广州广播电视大学学报，2012，（1）：36-40，109.

总之，开放教育资源运动直接影响了慕课的产生，使慕课实现了开放的教育实践；同时，慕课也超越开放教育资源运动最初的“资源”形态，而以课程形态存在。

三、慕课提供完整的课程体验

开放教育资源的发展进程中，慕课真正实现了从资源形态的“课程制品”（course as a product）走向教、学、评全过程的开放。“课程制品”仅仅实现了资源开放，主要涉及课程阅读资料、讲义、参考文献、教学大纲、课程内容，以及支持教与学的工具、软件、技术等“内容”层面，不涉及学习者的网络学习过程、学习支持、师生交互、课程评价、学习认证、学分等，主讲教师、助教与学习者以及学习者之间并不发生互动，既没有课程规划，也不需要考虑网络学习者的在线学习方式等因素。

但是，慕课从诞生之初的CCK08，就体现了一种教学过程全程参与的课程形态。在CCK08中所有的课程内容都可以通过RSS Feed[①]订阅[②]，由教师给定讨论主题，学习者自己选择工具参与学习，获取网站或博客上的最新内容，并发表博客文章，用Moodle参加在线论坛、参加同步在线会议等；教师组织实时专家讨论、师生讨论等，在学习过程中给予学习支持，并在学习过程中组织学习评价。学习结束之后，如果遵守学历授予学院的要求，还可以获得课程证书。例如，CCK11课程加入了加拿大曼尼托巴大学的课程计划，学习者如需要获得该课程学分，可以提出申请，该大学的继续教育和学习技术中心就给予认证。[③]

Coursera、edX和Udacity三大慕课平台自2012年成立以来，掀起了慕课发展的新篇章。慕课将传统课堂中的教学要素，如课堂讲座、课堂练习、家庭作业、课外阅读、问题讨论、项目合作、测试评估等基于慕课平台有机结合为一个整体，教师在线提供学习支持；当学习者达到考核标准之后可获得慕课证书，证书上有开课教师的签名、高校名称及课程所属平台等信息，甚至还可以直接计入大学学分。并且，慕课学习时空灵活，学习时间碎片化，由此也改变了传统课堂中的讲座方式：慕课中的讲座是依据知识点切分，并在视频学习中嵌入课间练习；问题讨论聚集于视频与资源学习之后的答疑解惑；在课程平台开辟讨论区，供学习者探讨问题或组建学习小组；在评价中以系统反馈或同伴互评等评价方式实现学习过程反馈与结果的判断。

---

① RSS Feed是实现共享内容的一种方式。

② 焦建利，王萍．慕课：互联网＋教育时代的学习革命．北京：机械工业出版社，2015：4.

③ 李青，王涛．MOOC：一种基于连通主义的巨型开放课程模式．中国远程教育，2012，（3）：30-36.

由此可见，慕课在线实现了课程教、学、评的全过程，具备完整的课程要素与完整的教学模式，如目标、内容或主题、教学活动、学习活动、师生互动、练习和作业、反馈、学习支持、学习成果证明等环节，学习者有机会获得证书、课程学分，它也体现了慕课对学习过程与结果、学习支持的关注，为学习者提供了完整的课程体验。总之，慕课基于网络技术打破了时空秩序，使个性而灵活的按需学习成为可能。

四、当前慕课开发的基本程序分析

慕课平台及社会性交互软件为慕课开发提供了基础性支持。慕课平台支持课程内容与资源的发布、在线学习、在线互动、自动反馈与评分、学习者互评，并能记录与分析在线数据；社会性软件也能促进慕课开发实现更加灵活的人际交流。

当前慕课开发在一定程度上延续了传统的课程开发模式，一般在课程周期内按周或在预期时间内发布课程内容与资源，并在课程上线之前，提前发出课程预告，供学习者自主选课。

基于慕课平台与社会性软件的支持，慕课在课程目标指导下由教师进行开发。微视频是课程内容的集中表达，其他资源是课程内容的有益补充；在线讨论等教学活动是课程在线实施的重要方式，也是人际交互的核心；测验、作业、考试等检测方式是慕课开发的重要环节；在整个课程开发过程中，教师提供学习支持，重在引导课程讨论或解决问题，学习者重在通过观看视频、阅读材料、参与讨论消化课程内容。因此，确定课程目标—录制微视频与组织学习资源—开展在线讨论—组织测验、作业与考试—提供学习支持服务构成了当前慕课开发的基本程序（图 2-1）。

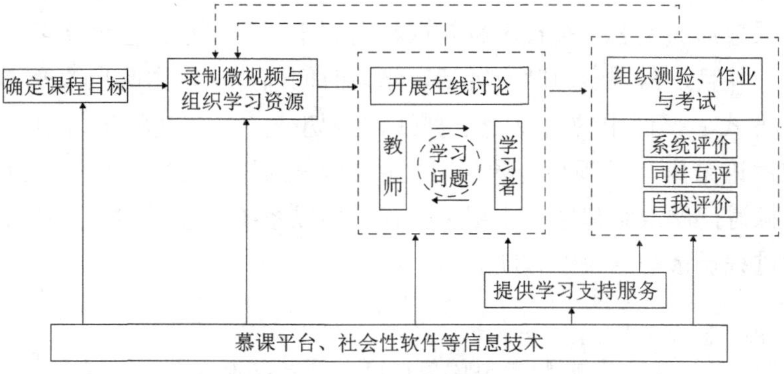

图 2-1　当前慕课开发的基本程序

（1）确定课程目标。课程目标规定着教师课程开发的方向，它是课程开发主体的一种预期，是课程内容的选择、组织、实施的依据，又是课程评价开展的基本准则。

（2）录制微视频与组织学习资源。微视频是课程教学内容的核心载体，教学内容通常由教师确定。教师将课程知识点进行切分，一般以 3 ～ 20 分钟的视频来表现；此外，PPT、音频、图片、PDF 等也是常见的教学载体。例如，Coursera 平台上宾夕法尼亚大学“希腊罗马神话”（Greek and Roman Mythology）每周发布 7 ～ 10 个视频，每个视频时长为 3 ～ 20 分钟；此外还有课程讲义资料及其他阅读材料。再如学堂在线平台上清华大学的“数字电子技术基础”每周发布 5 ～ 19 个视频，视频时长为 3 ～ 16 分钟，其他课程资源以课程讲义为主。有些课程在微视频讲授过程中会嵌入交互性式的课堂练习，促进知识点巩固。

（3）开展在线讨论。基于慕课平台的讨论区提供了教师与学习者、学习者之间互动的环境。在课程讨论区学习者可以提出在观看视频、阅读材料或者作业完成过程中遇到的问题，也可以回应他人的问题、发表观点，教师亦可参与其中解答问题、引导互动。有的课程也同时通过社会性软件展开在线讨论。例如，在学习“希腊罗马神话”时，学习者也可利用 Twitter、Facebook 进行交流。

（4）组织测验、作业与考试。借助于测验、作业与考试，旨在检测学习者对课程目标的实现程度。通常在单元后有测验或作业，可实现在线自动反馈或者同伴互评、自我评价等；课程一般有期末考试，有的课程有期中考试。测验、作业、考试均有时间限期的要求，学习者可多次参与，并以最高分记录成绩。如“希腊罗马神话”有 10 次单元测验与 2 次作业，均有时间节点要求；单元测验以客观题为主，系统自动反馈结果；2 次作业要求写 2 篇文章，采用同伴互评方式。

（5）提供学习支持服务。慕课学习支持服务一般围绕学习者的自主学习、在线讨论、测验与作业等进行。当学习者在观看视频、阅读材料、在线互动以及学习评价等过程中遇到问题时，教师为其提供支持服务。

在当前慕课开发的基本程序中，教师一般由主讲教师、助教等教师团队构成，他们是慕课开发的主体，决定了课程目标、课程内容，是课程设计者、知识传递者；学习者通常是跟随课程内容学习，重在接受内容、消化知识；观看微视频、开展在线讨论、组织与参与测验等构成了主要的在线教学活动。因此，当前慕课开发依然以教师预设的课程目标为导向，侧重于预设的流程。尽管在线讨论与测验、作业、考试等情况也会反馈于资源调整，但是它们仍然属于弱反馈，并非真正发挥学习者主体性而促进的生成与迭代，更加注重预设方案的线上发布。

第三节　慕课开发诉求

慕课作为一种新的课程形态，具有不同于其他课程的大规模、开放、在线的基本特性。大规模学习者分布于网络之中，呈现去中心化的样态；开放的课程机制使课程充满“干扰”与非预期；而网络载体使师生分离、学习者分离，消解了课程开发过程中的中心性、线性以及等级性，教师本位、“教”本位难以延续，而学习者差异化、个性化凸显。因此，慕课的独特性对慕课开发提出了诉求，需要重视建构的知识观、重视学习者主体观、重视师生主体活动的交往观、重视生成的过程观。

一、重视建构的知识观

知识观问题是课程开发的基本问题。现代知识具有客观性、普遍性特征，价值中立。客观性意味着知识的绝对性、确定性，个人的学习履历、经验、情感被排除在外；普遍性是指“普遍的可证实性”以及建立于其中的“普遍可接纳性”，知识不会随着个人意识形态、价值观念、生活方式以及性别、种族等的改变而改变；[①] 价值中立性也排除了认识主体的性别、种族、意识形态、观念等。由此可见，现代知识观将主体排除于知识之外，忽视主体建构以及价值负载，个体履历、经验、情境等均被排除在外。

但是慕课基于网络载体，它具有开放性、非线性、分布性，消解了知识霸权，解构了中心性；同时，大规模学习者具有多元化的学习背景、差异化的地域文化、多样化的学习需求。一方面，精确而客观的知识难以适应多元化学习者的学习需要；另一方面，多元化学习者聚集于课程之中，其互动、交流亦构成了学习者基于个体履历、经验的参与过程，个人的经验化知识、缄默知识、个体追求已经融入知识创造的过程，并促进了课程的转变。因此，慕课的课程开发要求注重主体建构的知识观。

注重主体建构的知识观，意味着重视学习者基于学习背景、个人履历、学习情境、事件等基础之上对知识的理解、创造与生成，它是主体建构的在特定的境域、特定事件中学习者理解的知识，知识成为学习者参与过程中创造性涌现、生成的产物。[②] 它渗透了学习主体与教师、其他学习者对话的过程，渗透了学习者与文本、情境交互的过程，注重学习者在探究、建构的过程中有个体的理解。

---

① 石中英 . 知识转型与教育改革 . 北京：教育科学出版社，2001：137.

② 张良 . 论生成主义课程知识观的缘起、内涵及其意义 . 全球教育展望，2016，(7)：33-40.

因此，知识具有主观性，它是基于多元化学习者理解的产物；知识具有情境性，它是多元主体在特定的情境中生成、转化的产物，立足于学习者真实问题的解决以及与情境交互的过程及结果；知识具有价值负载，它是学习者参与的、满足学习者学习需求的产物。知识基于学习者个体经验，在动态的对话、交流中不断生成与创造，成为“蕴含着语境性、历史性与具身性的鲜活的人类文化实践”[①]。

二、重视学习者主体观

在慕课教学中，网络载体消解了教师本位的教学实践，增强了学习者自主性。学习者能够依据自己的学习需求、学习目标，选择课程内容、自定学习进度，在学习过程中表现出主动性、自主性、创造性，是能动的学习主体，学习者的主体性发挥推动了动态的课程开发。慕课开发需要重视学习者主体观。

重视学习者主体观意味着重视学习者主体性、主动性、创造性的发挥。重视学习者的学习体验、经验加工与知识建构，让学习者参与慕课设计、教学活动以及学习反馈、学习评价，尊重学习者在自我履历上的知识再创造；鼓励学习者将内部的知识建构与体验在慕课学习过程中分享，促进师生之间、学习者之间的交互、协作，发挥学习者在学习网络中的节点作用，促进外部网络的连通，从而促进慕课在持续连通中建构、生成。

重视学习者的主体观，教师需要在慕课开发中凸显“学”为中心。教师在慕课设计、实施、评价过程中站在学习者立场满足学习者需求，发挥学习者主体性，注重学习者体验。课程设计是慕课开发的活动之一，但是“设计”并非教师意志对学习者的强制灌输。一方面，教师能够适应学习者的需求，以学定教，基于学习者学习背景、体验、需求进行课程初始状态设计，综合考虑学习者如何学、以什么方式学、学习中可能遇到的难点等，为学习者提供学习情境。另一方面，在慕课开发过程中，发挥学习者主体性，推动课程目标、内容的生成，并在过程中持续激发学习动机、提供学习反馈，使学习者在参与中建构自我、建构课程，推动课程的动态调适。

总之，重视学习者主体观实质上是对学习者个体履历的尊重，对学习者差异化体验与多元化理解的尊重，应发挥其在学习过程中体验、在关系中建构的主体性，在动态中推动慕课开发，真正使学习者成为文化创造者，实现慕课开发的人本价值。

---

① 苏鸿．课程知识的实践意蕴与核心素养教育．课程·教材·教法，2017，(5)：52-58.

三、重视师生主体活动的交往观

教师与学习者构成了慕课开发的实践主体。教师是慕课设计者、实施者、评价者，但是大规模学习者聚集于课程以及开放的网络环境，教师还应是学习的促进者、引导者、支持者。大规模的学习者因相似的学习兴趣聚集于慕课，其学习过程亦是主动建构、分享、协作的过程，学习者构成了自主建构的主体。师生交往是生命与生命之间的相互摄养活动[①]，也是推动慕课动态开发的动力。慕课开发中的师生交往超越时空局限，双方基于网络环境借助于媒体符号互动、交流。慕课开发需要重视师生主体活动的交往观。

重视师生主体活动的交往观，意味着在慕课开发的实践活动中，师生双方均是具有独立人格的主体，并且师生之间平等、彼此尊重，每个主体均处于主体之间构建的交往关系之中，他们在平等对话、参与及合作中彼此理解，促进师生对文本的体验、领悟及创新，在推动文本创新与生成的同时，实现教师与学习者自我的超越。另外，开放的互联网环境使交互主体从知识占有到实现开放分享，互动的过程也从双向的师生互动，转变为多维的师生之间、学生之间的互动，不同的主体的主观能动性均影响其他主体，并对其他主体的活动、观点做出反应，借此主体之间进行理解、阐释与沟通，实现了主体之间的交往。

因此，重视师生主体活动的交往观需要重视教师与学习者在慕课开发活动中的自主、自觉的不断自我完善与超越。一方面，教师应重视学习者的自组织学习，引导学习者之间的交往，激励学习者主动建构、分享、交流、协作学习与反思，以关系“节点”促进与他者的沟通，建构学习网络。另一方面，注重师生之间的交往。师生交往的目的是塑造学生的生命自觉，[①]自主、自治的学习过程以及师生分离、学习者分离的学习状态，更加需要教师在师生交往过程中的引导、关怀、及时反馈，持续激发学习动机，引导学习者自我超越。总之，以师生主体活动的交往，促进师生之间平等关系的构建，在尊重学习者前提下，实现教师与学习者之间、学习者与学习者之间的合作、沟通，促进实践主体的自我超越。

四、重视生成的过程观

慕课开发置于网络空间中，其多元化的学习需求、开放性的资源、开放的注册与退出机制等，决定了慕课开发中始终与外界、内部开发过程具有信息交换，它促进了慕课的开放；同时，也决定了慕课开发并非事先规定的结果，也并

① 高成．师生交往的现实审视及其重构：基于生命哲学的视野．教育研究与实验，2016，（4）：7-12.

非固定的流程，而是在信息交换过程中不断生成、建构的过程。

学习者与教师在慕课开发中共同构成了参与者、建构者，是共同协商的主体，二者在平等对话、民主协商过程中促进慕课开发。在慕课开发中，课程与教学目标应该接纳、包容学习者学习目标，并促进其在慕课参与过程中实现；同时，目标也内在生成于慕课开发过程，在主体交往中共生；慕课内容在主体活动的交往中不断生成、创造，以真实的学习者经验丰富课程内容。同时，慕课设计也并非一劳永逸，而是跟随慕课开发情境的变化而实现动态调整的，以不断满足学习者的学习需求；慕课实施过程更加强调过程性，在教与学活动中重视多主体之间的交往、学习者的分享，重视学习者之间、学习者与教师之间的理解、交互与协作，促进知识的建构、创新以及学习网络的形成。而评价亦是慕课开发中不可或缺的部分，应超越于目标导向的结果反馈，以多元交互主体的参与在慕课开发过程中为学习者提供诊断、反馈，为课程开发的调适提供信息，促进学习者向未知领域的探索及课程的不断生成。同时，课程设计、课程实施、课程评价是相互作用、相互影响的，在动态中迭代、循环。

因此，应注重生成的过程观，需要教师与学习者发挥主体性，发挥教师与学习者之间的主体性。这不仅可以促进学习者个人的自我超越，形成个人学习网络，而且可以促进慕课开发中主体、要素、活动的网络连通，在多主体交往中、文本交互中不断丰富课程网络，在开放中实现慕课的建构与生成。

总之，慕课更加需要关注大规模、多元而差异化的学习者，以体现慕课独特性。在开放的网络环境中，需要注重建构的知识观，重视学习者主体观，并基于师生主体活动的交往，重视学习体验、学习过程，使师生在参与、分享、协作、交流等过程中促进慕课开发动态生成的过程观，实现学习主体的超越。

第三章

实践审视：慕课开发现状、问题与归因分析

本章对慕课开发现状与问题进行实践审视，从实践中收集第一手资料，探索慕课开发的现实状况，并进行归因分析。本章以开设慕课的高校教师与来自地方院校、使用过慕课学习的在校大学生为研究对象，以自编调查问卷、量表、访谈提纲开展调查研究，经过前期咨询、预测试、正式测试等多维度、多次调查。主要研究过程包括：第一，结合文献分析，形成对慕课开发问题的认识基础，并分别对研究对象中的教师与学习者进行前期咨询，为自编调查问卷和访谈提纲做准备。第二，编制调查问卷、量表及访谈提纲，进行预测试。第三，运用自编调查问卷、量表、访谈提纲，分别对教师与学习者进行调查，运用数据处理软件SPSS20.0进行探索性因素分析、多元方差分析、卡方检验等，运用Mplus7.0进行验证性因素分析等，进行数据统计分析，系统掌握慕课开发现状与问题。最后，根据问卷调查中的开放性问题、学生访谈、教师访谈等调查结果，归纳、分析慕课开发问题背后的主要原因。

第一节　调查问卷的编制与测试

系统了解当前慕课开发在课程设计、微视频与资源开发、实施与评价的现状，是审视慕课开发的前提。目前尚无成熟的慕课开发调查问卷，因此，本章采用自编调查问卷和访谈提纲。笔者于2015年7—8月进行问卷调查预测试，于2015年10—11月进行问卷调查的正式测试；同期也进行了访谈调查，但访谈调查时间延续至2016年；调查对象分别为地方院校中使用过慕课的在校大学生以及开设慕课的教师，分别从学生的慕课学习体验和教师的慕课开发出发，围绕学习者的学习需求满足情况、微视频与学习资源、教学活动、学习互动、师生互

动、学习支持、学习评价等进行问卷调查和访谈调查。

一、调查问卷编制的前期咨询

本章分别对地方院校使用过慕课的在校大学生以及开设慕课的高校教师进行了访谈，形成问卷编制的前期咨询。

（一）对地方院校中使用过慕课的在校大学生的咨询及结果

本章对地方院校中使用过慕课的在校大学生进行咨询，主要了解当前慕课开发现状及对其认识和学习体验情况，以辅助问卷结构与问题的设计。

一方面，以面对面交流的形式，选取教育技术学、软件工程和教育学等不同专业不同年级的学生，他们具有一定的课程设计、教学设计等课程学习基础，具有微视频设计与开发的能力；另一方面，借助于QQ群等网络交互方式，对来自地理、软件工程、历史、教育、电气化等不同专业不同年级的大学生进行网络在线咨询，了解慕课开发中设计、微视频与资源开发、实施、评价等学习体验情况。

从咨询结果来看，学习者对慕课具有一定认可度，通过名校、名师课程的学习，增加了学习机会，拓展了视野。但是学习者期待教师增加对学习需求的了解与学习激励，期待在课程整体设计、微视频的授课方式、教学活动的组织、互动及时性与充分性、课程评价的难易层次区分等方面能有改善。

（二）对开设慕课教师的咨询及结果

本章采用面对面交流形式及网络交互方式对开设慕课的教师进行咨询，主要了解教师在慕课的开发过程中的思路、理念及现状或困难，以辅助问卷结构与问题的设计。

从咨询结果来看，教师非常认同微视频的重要性，同时也认识到从慕课设计到运营需要投入大量的精力。但是，教师对课程的整体设计、课程实施、与学习者互动、提供学习支持服务以及评价等环节的重视程度低于对微视频的重视程度——有的老师认识到自己需要参与互动，有的老师没有意识到，甚至将问题解答、学习支持服务全部交给助教；有的老师依然将评价等同于作业，没有关注到在线学习评价的过程性需求与学习者的情境性需求。这些都反映了慕课教师对慕课在线实施、学习评价认识的不到位。而对于大规模学习群体的学习需求，教师认为难以关注到，因为慕课设计开始于预设的某个特定的学习者群体。

二、调查问卷基本结构的确定

学者对慕课要素的认识有共同点。姜明文和李兴洲认为，“一门完整的课程包括课程目标、课程内容、课程讲授、学习活动、师生互动、练习和作业、学习评价、学习成果证明等环节……涵盖了上述各个方面”[①]。李晓明基于课程实施过程认为慕课包括“讲课视频、作业练习、论坛活动、通告邮件、测验考试等要素”[②]。乔纳森·哈伯提出，慕课的构成要素有课堂讲授、阅读、问题探讨与学习小组、调查研究、测试评估、课程组织、毕业与学分。[③]由此可见，学者对慕课要素的分析涉及目标、内容、学习活动、师生互动、支持与评价等维度。另外，慕课发展的两种形态（cMOOC 与 xMOOC）均涉及教师团队、学习者、目标、课程内容或话题、资源、教与学活动、学习支持、评价、信息技术环境等。

慕课根本属性是课程。泰勒原理作为课程元叙事，确定了在编制“任何课程与教学计划时必须加以回答的”[④]四个基本问题，形成了课程目标、选择经验、组织经验与课程评价四个环节，提供了一种普遍意义上的课程逻辑思想方式。我国学者施良方也从课程目标、课程内容、课程实施和课程评价等维度分析课程编制原理。[⑤]

综合对开设慕课教师的咨询、对慕课学习者学习体验的咨询，以及学者对慕课要素、课程编制的分析等，本书对慕课开发调查研究的基本结构包括微视频与学习资源、教学活动、学习互动、师生互动、学习支持、学习评价等基本维度，并依据此基本结构分别编制教师问卷与访谈提纲、学习者问卷与访谈提纲。

需要说明的是，根据调查对象、调查方式的不同，本章在调查内容、表述、侧重点等方面有所调整。例如，在学生问卷中增加学习者学习需求满足程度的调查。在访谈提纲中也增加了调查问卷难以测查的隐性问题。在学生访谈提纲（附录 A）中增加对网络学习方式的认识、选择慕课的原因、慕课学习目标的实现情况、慕课学习的参与情况、慕课学习中遇到的困难及获得帮助的情况、坚持学习慕课的影响因素、对慕课开发的理解以及价值认识等。在教师访谈提纲（附录 B）中，增加了教师开设网络课程经历的了解、开设慕课的原因、对慕课特性的认识、慕课在适应与引导学习者方面的举措、影响慕课开发的要素、慕课开发中遇到的困难及解决策略、对慕课开发价值及依据的认识、课程调整策略等。

---

① 姜明文，李兴洲．“慕课热”之思考．河北师范大学学报（教育科学版），2014，(2)：110-115.
② 李晓明．MOOC：是橱窗，还是店堂？中国大学教学，2014，(5)：15-18，11.
③ 乔纳森·哈伯．慕课：人人可以上大学．刘春园译．北京：中国人民大学出版社，2015：63-105.
④ 拉尔夫·泰勒．课程与教学的基本原理．施良方译．北京：人民教育出版社，1994：导言 2.
⑤ 施良方．课程理论：课程的基础、原理与问题．北京：教育科学出版社，1996：81.

三、调查问卷的编制

本章分别自编慕课学习者和慕课教师的慕课设计、资源开发、实施与评价现状的调查问卷。学生问卷主要包含三部分：个人基本信息、慕课开发①量表以及个人慕课学习情况（附录 C）。教师问卷主要包含两部分：教师个人基本信息，教师关于慕课设计、资源开发、实施与评价情况的主观评估情况（附录 D）。

（一）学生问卷的编制

1. 个人基本信息

个人基本信息共包括 5 个题项，分别是性别、就读学校、就读年级、就读专业所属学科、获得证书的慕课门数。具体的题项内容如表 3-1 所示。

表 3-1　学生问卷个人基本信息的组成

题项	具体内容
性别	A. 男　B. 女
就读学校	请填写
就读年级	A. 大学一年级 B. 大学二年级 C. 大学三年级 D. 大学四年级
就读专业所属学科	A. 哲学 B. 经济学 C. 法学 D. 教育学 E. 文学 F. 历史学 G. 理学　H. 工学 I. 农学 J. 医学 K. 军事学 L. 管理学 M. 艺术学
获得证书的慕课门数	请填写

2. 慕课开发量表的设计

该量表设计采用主观感知方法的 Likert 6 分量表，即 1 ～ 6 分别表示非常不符合、不符合、有些不符合、有些符合、符合、非常符合，从五个维度对慕课开发量表进行设计，即学习需求满足程度（W1）、微视频与学习资源（W2）、学习互动（W3）、师生互动与学习支持（W4）、学习评价（W5），旨在了解学习者基于慕课学习体验对慕课开发的满意度。每一维度的调查目的如表 3-2 所示，量表具体内容如表 3-3 所示。

表 3-2　慕课开发量表调查内容设计

设计维度	设计目的
学习需求满足程度	学习者是慕课开发的起点和归宿，本维度的调查旨在了解个性化学习需要的达成情况及教师对学习者的关注情况

① 慕课开发包括慕课设计、资源开发、实施与评价等方面。

续表

设计维度	设计目的
微视频与学习资源	微视频与学习资源是慕课内容的核心载体，本维度的调查旨在了解教师是否注重微视频与学习资源的设计，注重动态资源生成
学习互动	学习者之间的观点分享、问题解答、与人合作等是慕课实施的重要组成部分，本维度的调查旨在了解学习者之间的互动程度以及对知识理解的影响
师生互动与学习支持	慕课的实施需要师生互动以及教师为学生提供学习支持服务，本维度的调查旨在了解教师参与课程的情况与及时为学生提供支持的情况
学习评价	评价是课程中不可或缺的环节。本维度的调查旨在了解学习评价的内容、类型与方式、个性化等的具体情况

表 3-3　慕课开发量表内容

量表名称	题号	题目	非常不符合	不符合	有些不符合	有些符合	符合	非常符合
学习需求满足程度量表	h1	课程开始学习前，有了解我学习情况的调查						
	h2	根据我的学习起点能力，教师为我定制了个性化的学习路径						
	h3	课程学习过程中，教师注重了解我真实的学习需要						
微视频与学习资源量表	h4	微视频时长适合我的学习需要						
	h5	微视频的知识点切分合理						
	h6	微视频的内容适合我的学习需要						
	h7	微视频中的在线测试能帮助我及时巩固所学						
	h8	我能在课程的补充材料中找到符合我认知需要的学习资源						
	h9	教师曾为我推荐适合我需要的学习资源						
	h10	教师注重学习过程中产生的资源的整理与发布						
	h11	我喜欢微视频中老师的授课方式						
学习互动量表	h12	我经常参与课程讨论						
	h13	我能及时分享我的观点						
	h14	其他学习者能及时回复我的问题						
	h15	课程论坛的讨论氛围积极活跃						
	h16	与学习者的互动讨论能促进我对知识的深度理解						
	h17	我会主动与其他学习者合作来解决学习问题						

续表

量表名称	题号	题目	非常不符合	不符合	有些不符合	有些符合	符合	非常符合
师生互动与学习支持量表	h18	教师或助教经常参与课程讨论						
	h19	教师能及时给予我所需要的学习帮助						
	h20	助教能及时给予我所需要的学习帮助						
	h21	师生互动频次高						
	h22	教师会经常组织问题答疑						
	h23	教师或助教会引导、激发我参与讨论						
学习评价量表	h24	作业或测验的考查内容直接源于微视频或教学 PPT						
	h25	测验或作业的题目设计能与我的生活情境相联系						
	h26	测验或作业针对不同的学习者设置有不同的难易梯度级别						
	h27	我的同伴互评结果客观，值得信服						
	h28	同伴互评的方式能够促进我的学习反思						
	h29	学习评价能够促进我对我自己学习目标的检测						

3. 个人所学慕课的体验情况

这部分题项旨在了解在地方院校中使用过慕课的在校大学生的慕课学习体验，包括学习者个人的学习情况以及对课程设计、微视频与资源开发、实施以及评价的体验，主要题目涉及学习者的学习目的、学习时空安排情况、是否弃课及原因，以及对慕课微视频、学习资源、教学活动、交互工具、教师反馈、学习支持、测验与作业、学习评价等方面的体验情况，共 16 个题项，其中，复选题 11 个题项，单选题 4 个题项，开放性题目 1 个。

（二）教师问卷的编制

该问卷主要从慕课开发的设计、微视频与资源开发、实施与评价角度进行设计，对开设慕课的高校教师进行调研。教师调查问卷由两部分构成：教师个人基本信息，教师关于慕课的设计、微视频与资源开发、实施与评价等整体情况的主观评估情况。个人基本信息主要包括开设或参与讲授的课程、所在学校、职称与学历、课程助教人数、课程所属学科门类等。慕课设计、资源开发、实施与评价的整体情况主要包括教师对学生学习需求的关注情况、在线数据的使用、慕课开发的时间分配、教学计划调整情况、微视频与学习资源设计、教学活动、学习支持、师生互动与指导、测验与作业、成绩构成等方面。这部分围绕教师在慕课开发全过程中“遗憾与期望”的开放性问题进行调研，共计 24 个题项，包括 12 个多选题、11 个单选题和 1 个开放性问题。

四、调查对象情况说明

（一）学生问卷的调查对象

在慕课设计、资源开发、实施与评价问卷正式测试中，以来自地方院校、使用过慕课学习的在校大学生为调查总体，根据本章研究需要，[①] 以方便取样方式在该群体中选取 579 名调查对象进行测试，通过问卷星发放调查问卷，调查对象在线作答。剔除无效问卷后获得有效问卷 547 份（回收率为 94.5%），调查对象的基本构成情况如表 3-4 所示。

表 3-4　调查对象（学生）的构成情况

人口学维度	类别名称	人数（人）	比例（%）
性别	男	198	36.2
	女	349	63.8
学校类别	211 和省部共建	236	43.1
	一般本科	268	49.0
	其他	43	7.9
年级	大学一年级	128	23.4
	大学二年级	124	22.7
	大学三年级	184	33.6
	大学四年级	111	20.3
学科	文科	352	64.3
	理科	77	14.1
	工科	118	21.6
获得慕课证书数量	无	305	55.8
	1 门	105	19.2
	2 门及以上	137	25.0

① 本章采用方便取样。因为本章研究的总体有三个限制条件：来自地方院校、使用过慕课学习的、在校大学生，尤其是需要找到符合“使用过慕课学习”的这一条件的调查对象，能够了解这些情况的，往往是来自同行、从事相关工作的人，他们一般能接触到本章研究中调研群体，因此本章研究采用方便取样。

（二）教师问卷的调查对象

本章研究通过电子邮件方式对85位在不同慕课平台开设慕课的高校教师发放调查问卷85份，回收有效问卷78份，回收率为91.8%，回收的问卷有效率达100%。调查问卷通过问卷星发放，调查对象在线作答。调查对象的基本构成情况如表3-5所示。其所在单位涉及“985工程”“211工程”等高校（71人次），以及台湾清华大学（3人次）、台湾大学（3人次）、台湾交通大学（1人次）等；其开设慕课涉及的平台有中国大学MOOC（48门）、学堂在线（14门）、Coursera（8门）、edX（3门）、华文慕课（3门）、好大学在线（2门）。

表3-5　调查对象（教师）的构成情况

人口学维度	类别名称	人数（人）	比例（%）
学校所属地区	东部	47	60.2
	中西部	24	30.8
	台湾	7	9.0
职称类别①	教授	42	55.3
	副教授及其他	34	44.7
所属学科类型	文科	23	29.5
	理科	23	29.5
	工科	32	41.0
课程助教人数	0～2人	39	50.0
	3人及以上	39	50.0

注：①在数据统计中有两位教师的“职称类别”值缺失，故此维度的总数按76人计算。

（三）访谈对象的说明

学生访谈对象来自地方院校中使用过慕课学习的在校大学生，共访谈25人。访谈时间主要集中于2015年7—10月，访谈对象的专业涉及教育学、教育技术学、软件工程、地理、机电等，年级分布是大一1人、大二11人、大三11人、大四2人，采用面对面、在线访谈或电话访谈方式，以录音记录访谈过程，在访谈结束后将录音转录成文字，进行整理、描述、分析。教师访谈对象是开设慕课的高校教师，共访谈11人。访谈时间自2015年10月持续至2016年，访谈对象的专业涉及文学、历史、外语、教育等，采用面对面交流、在线访谈或电话访谈方式，以录音记录访谈过程，在访谈结束后将录音转录成文字，进行整理、描述、分析。

五、慕课开发量表的预测试与正式测试说明

（一）预测试说明

本章研究预测试过程收回有效问卷185份，使用数据分析软件SPSS20.0对数据进行信度分析、决断值（CR）分析、各题项与量表总分的相关分析、探索性因素分析以检测量表项目编制的合理性。

1. 信度分析

信度（reliability）是衡量测量工具可靠性、一致性与稳定性的重要指标。从预测试信度分析结果来看（表3-6），量表的一致性系数为0.955，各个维度项目的一致性系数在0.784～0.918，说明整个量表具有较高的内在一致性，很可信。

表3-6　预测试信度分析结果

题项	学习需求满足程度（W1）	微视频与学习资源（W2）	学习互动（W3）	师生互动与学习支持（W4）	学习评价（W5）	29个项目量表总信度
α系数	0.784	0.879	0.901	0.918	0.888	0.955
题项数	3	8	6	6	6	29

2. 决断值（CR）分析

决断值（CR）分析可判别题项是否具有鉴别受试者反应程度的功能。本章研究以量表中各个题项总分最高的27%和最低的27%作为高分组与低分组界限，采用独立样本t检验方法，检测高低组的受试者在各试题平均数差异的显著性。从检测结果来看，29个题项的t检验结果均为p=0.000，均达到显著水平，由此表明29个题项可有效鉴别不同受试者认知程度，具有良好的区分度。

3. 各题项与量表总分的相关分析

在预测试过程运用同质性检验法，以检验题项与量表构念间的关系密切程度。如果量表的所有题项是在测量相同的构念或某种潜在特质，则个别题项与此潜在特质间应有中高度相关；如果个别题项与总分的相关系数没有达到显著水平，或者与量表总分低度相关（相关系数的绝对值小于0.4），表示个别题项与整体量表的同质性不高，最好删除。[①] 从数据处理结果来看（表3-7），每个题项参与量表总分的相关系数均大于0.4的标准，且均在0.01水平上显著相关，所以该量表的各个题项无须删除。

① 吴明隆．问卷统计分析实务：SPSS操作与应用．重庆：重庆大学出版社，2010：181.

表 3-7　预测试各题项与总分的相关系数

	h1	h2	h3	h4	h5	h6	h7	h8	h9	h10
总分 Pearson 相关性	0.527**	0.529**	0.583**	0.535**	0.598**	0.570**	0.579**	0.624**	0.633**	0.681**
	h11	h12	h13	h14	h15	h16	h17	h18	h19	h20
总分 Pearson 相关性	0.636**	0.695**	0.693**	0.681**	0.773**	0.690**	0.709**	0.770**	0.754**	0.740**
	h21	h22	h23	h24	h25	h26	h27	h28	h29	
总分 Pearson 相关性	0.713**	0.762**	0.763**	0.688**	0.689**	0.614**	0.737**	0.693**	0.748**	

* 为 $p<0.05$；** 为 $p<0.01$；*** 为 $p<0.001$；全书同。

4. 探索性因素分析

用直交转轴法的最大变异法，假定共同因子之间没有相关或相关很低，得到 KMO 的指标值为 0.927，大于 Kaiser 建议的 0.5 的临界值，且其值越接近 1，表示变量间的共同因素越多，越适合进行因素分析。因此，慕课开发量表预测所得数据适宜进行因子分析。Bartlett 球形检验的 χ^2=3690.612，df=406，p=0.000，表明题项变量间的关系极佳，拒绝原假设，即题项变量间适合进行因素分析。采用主成分分析法抽取到特征值大于 1 的主成分共有 5 个，即抽取到 5 个共同因子数，累计方差解释率为 66.475%（表 3-8），较为可靠。预测试结果表明：5 个因子与初步框架的设计相吻合。

表 3-8　预测试探索性因素分析结果

	成分				
	1	2	3	4	5
h4	0.675				
h5	0.687				
h6	0.765				
h7	0.686				
h8	0.729				
h9	0.555				
h10	0.548				
h11	0.628				
h18		0.657			
h19		0.758			

续表

	成分				
	1	2	3	4	5
h20		0.649			
h21		0.663			
h22		0.650			
h23		0.629			
h12			0.668		
h13			0.674		
h14			0.633		
h15			0.674		
h16			0.753		
h17			0.698		
h24				0.592	
h25				0.617	
h26				0.580	
h27				0.681	
h28				0.717	
h29				0.614	
h1					0.620
h2					0.847
h3					0.783
特征值	13.176	2.331	1.443	1.253	1.075
贡献率	45.434	8.039	4.975	4.321	3.706
累积贡献率	45.434	53.473	58.448	62.769	66.475

总之，通过信度分析、决断值（CR）分析、各题项与量表总分的相关分析、探索性因素分析的检测，量表项目的编制具有合理性。

（二）正式测试说明

在慕课开发量表正式测试中，以来自地方院校中使用过慕课学习的在校大学生为调查总体，以方便取样方式在该群体中选取 579 名调查对象进行测试，剔除无效问卷后获得有效问卷 547 份（问卷有效回收率为 94.5%），使用数据分析软件 SPSS20.0 和 Mplus7.0 进行信度分析、探索性因素分析、验证性因素分析。

1. 信度分析

从信度分析结果（表 3-9）来看，量表的一致性系数为 0.955，各个维度测题的一致性信度为 0.771 ～ 0.915，说明整个量表具有较高的同质性。

表 3-9 正式测试信度分析结果

比较项	学习需求满足程度（W1）	微视频与学习资源（W2）	学习互动（W3）	师生互动与学习支持（W4）	学习评价（W5）	29 个项目量表总信度
α 系数	0.771	0.865	0.883	0.915	0.881	0.955
题项数	3	8	6	6	6	29

2. 探索性因素分析与验证性因素分析

本章研究随机将数据进行分半，分别做探索性因素分析与验证性因素分析，目的是对正式测试的数据进行结构探索，并对结构效度进行检验。

（1）探索性因素分析

运用数据分析软件 SPSS20.0 对 274 份数据进行探索性因素分析，慕课开发量表 KMO 的指标值为 0.958，Bartlett 球形检验的 χ^2=9822.758，df =406，p=0.000，表明题项变量间的关系极佳，题项变量间适合进行因素分析。将分半数据采用主成分分析法抽取 5 个共同因素，其维度特征值分别为 12.613、2.363、1.355、1.211、1.016，其贡献率分别为 43.492、8.148、4.671、4.175、3.812，其累计贡献率分别为 43.492、51.640、56.311、60.487、64.299，累计方差解释率为 64.299%，探索结果与预测试的 5 个因子模型一致。

（2）验证性因素分析

验证性因素分析旨在对问卷量表的结构进行结构效度检验。运用数据分析软件 Mplus7.0 对探索数据之外的 273 份数据进行验证性因素分析，以验证 5 个因子的拟合程度。从结果来看（表 3-10）：χ^2/df 为 2.429，表明样本协方差矩阵与估计协方差矩阵之间具有较好的相似程度，模型拟合较好；相对拟合指数 CFI、TLI 取值应界于 0 ～ 1，越接近 1，表示模型的拟合程度越好，当前模型的相对拟合指数均在 0.85 以上，均达有效指标；近似误差均方根 (RMSEA)、标准化残差均方根（SRMR）的取值均在 0.08 以下，小于 0.1，表示拟合指标达到统计学要求。

整体而言，验证性因素分析结果显示，慕课开发量表的五因素模型的各项

表 3-10 验证性因素分析模型参数估计表

χ^2	df	χ^2/df	RMSEA	CFI	TLI	SRMR
891.4	367	2.429	0.072	0.896	0.885	0.062

数据拟合指标均达到统计学要求，表明自编量表具有较好的结构效度，路径图如图 3-1 所示。

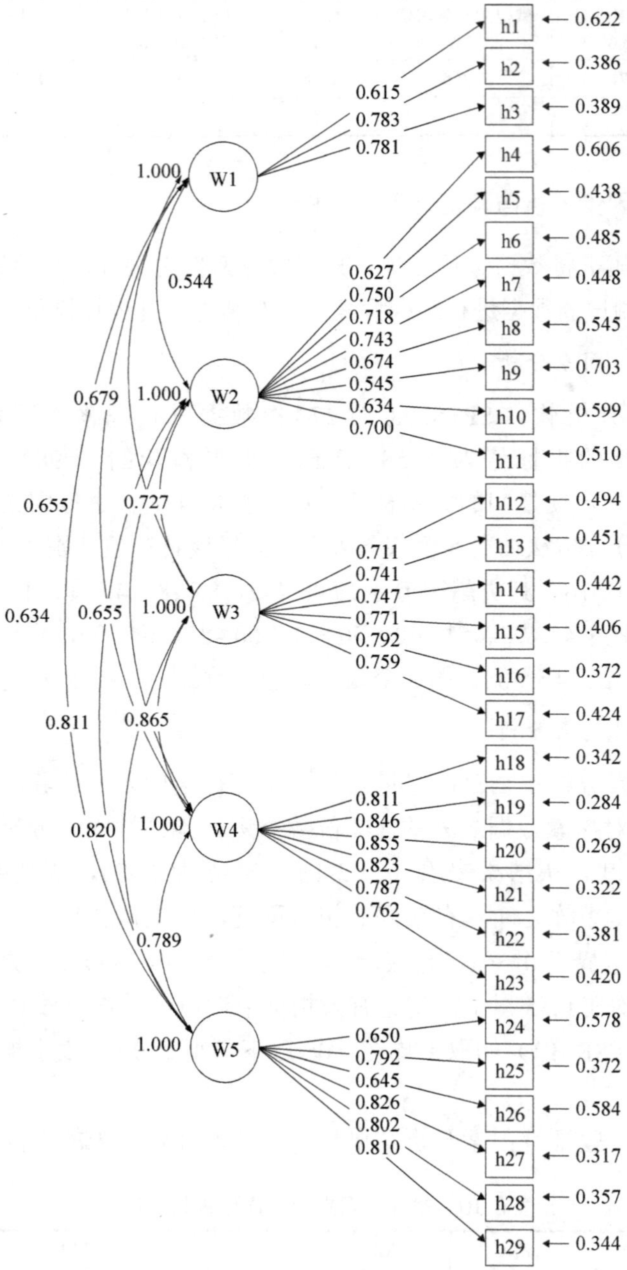

图 3-1　慕课开发量表五因素模型路径图

第二节　慕课开发现状分析

在前期对慕课教师与慕课学习者的咨询基础上，本章研究结合自编调查问卷、访谈调查，对慕课开发情况进行系统调查与分析。调查结果显示，慕课学习者具有自我学习导向；学习者期待教师了解学习需求；多数老师能考虑到网络学习特性切分知识点；课程教学活动以线上组织为主；在线论坛、QQ 群是核心的交互工具；学习进度记录工具是常见的学习支持工具；测验与评价兼有客观题与主观题，自动反馈较多。

一、学习者具有自我学习导向

慕课学习者具有自我学习导向：有自我导向的学习目的，且不同年级的大学生学习慕课目的不同；学习者有自我导向的学习方式。

（一）学习者具有自我导向的学习目的

调查 547 名慕课学习者的学习目的（表 3-11），对数据统计结果的总人次进行卡方检验得出 χ^2=802.766，p<0.001，表明各选项之间存在显著差异。由统计结果可见，选择慕课的学习者其主要的目的是：拓宽视野，扩大知识面（468 人次）；补充自己的专业需求（306 人次）；出于兴趣爱好（275 人次）；感受名校教师教学风采（271 人次）；了解学科前沿信息（250 人次）；体验慕课学习方式（227 人次）；希望与来自各地的学习者交流（192 人次）；增加求职机会（170 人次）等。

表 3-11　学习者的学习目的（N=547）

选项	响应		个案百分比（%）
	人数（人）	比例（%）	
A. 拓宽视野，扩大知识面	468	19.0	85.6
G. 补充自己的专业需求	306	12.5	55.9
C. 出于兴趣爱好	275	11.2	50.3
D. 感受名校教师教学风采	271	11.0	49.5
B. 了解学科前沿信息	250	10.2	45.7
H. 体验慕课学习方式	227	9.2	41.5
E. 希望与来自各地的学习者交流	192	7.8	35.1
F. 增加求职机会	170	6.9	31.1
I. 获得慕课证书	112	4.6	20.5
J. 考研需要	78	3.2	14.3

续表

选项	响应		个案百分比（%）
	人数（人）	比例（%）	
K. 学校或老师的硬性要求	81	3.3	14.8
L. 其他	27	1.1	4.9
总计	2457	100.0	449.2

注：此题为多选题。

结合人口学维度对在校大学生的慕课学习目的进行卡方检验，在性别、学校类别、专业类别、证书数量维度与学习目的均无显著性差异，而与年级存在显著性差异（χ^2=58.837，p=0.004），不同年级不同的差异如表 3-12 所示：四个年级均非常关注“拓宽视野，扩大知识面（A）”，此外，大一、大二、大三更加关注“补充自己的专业需求（G）”，而大四更加关注“兴趣爱好（C）”；其次，大一更加关注“了解学科前沿信息（B）”，大二更加关注“兴趣爱好（C）”，而大三、大四更加关注“名师风采（D）”。

表 3-12　不同年级学习目的差异

年级	A	B	C	D	E	F	G	H	I	J	K	L
大一	117	73	53	69	56	50	87	52	33	31	15	8
大二	102	39	64	54	32	30	65	48	8	10	24	5
大三	151	87	88	91	71	63	98	76	43	15	21	9
大四	98	51	70	57	33	27	56	51	28	22	21	5

注：此题为多选题。

（二）慕课学习者具有自我导向的学习方式

调研慕课学习者的“学习情况”，将数据统计结果的总人次进行卡方检验得出 χ^2=262.906，p<0.001，表明各选项之间的差异是显著的（表 3-13）。从统计结果可知，人次最多的选项是学习者“根据自己的学习目标选择需要的内容与资源”（394 人次），其次是“灵活安排慕课学习时间”（357 人次）、“按照自己的学习情况制定学习进度”（302 人次），以及“灵活安排学习慕课的地点（208 人次）”等。进一步结合性别、学校类别、年级等人口学变量进行卡方检验，均无显著性差异。由此可说明，作为慕课学习者的在校大学生是以个人学习目标为导向，有灵活的学习方式。

表 3-13　不同学习者的学习情况（N=547）

比较项	我灵活安排慕课学习时间	我灵活安排学习慕课的地点	我根据自己的学习目标选择需要的内容与资源	我按照自己的学习情况制定学习进度	我在慕课学习中时常存在孤独感
频数	357	208	394	302	65
个案百分比(%)	65.3	38.0	72.0	55.2	11.9

注：此题为多选题。

访谈了解到不同学习者采用了不同的慕课学习方法。例如，有学习者说：

我的慕课学习方法是在课程影片放出来后，先一次性把教学视频完整地观看下来；接下来再阅读《史记》的有关章节，查看注释，对迷惑的地方再次观看教学视频。多次观看教学视频同时翻阅《史记》及相关资料，并和他人进行讨论。

有的学习者采用另外的方式：

我选择了“产权与债务：法律与经济学概论”（Property and Liability：An Introduction to Law and Economic），该课程与我所学的法学课程相关，我每周会在周末的时候集中一段时间看视频，然后做作业，就这样坚持六周，终于把课程学完了，拿到了证书。

（三）学习者对慕课开发满意度具有差异化

本章研究通过对慕课开发量表数据分析，发现不同年级、专业类别、获得证书数量的学习者对慕课开发满意度具有差异，由此也表明慕课学习者的多元化与复杂性。

具体来说，本章研究对慕课开发量表数据进行单因子多元方差分析，研究多个因变量在某一自变量的不同水平上是否存在差异，并对差异达到显著水平（$p<0.05$）者，再使用 Tukey 法进行事后多重比较。具体如下：

大学二年级组与其他组相比较，在五个维度的满意度均较低（表 3-14）。

理科组与其他组相比较，在学习需求满足程度、微视频与学习资源两个维度的满意度较低（表 3-15）。

没有获得证书的大学生与其他组相比较，在学习需求满足程度、学习互动、师生互动与学习支持、学习评价维度的满意度均较低（表 3-16）。

表 3-14 不同年级大学生对慕课满意度的方差分析结果

因变量	SS	*df*	平均平方和	*F*	事后比较（Tukey）
学习需求满足程度（W1）	150.076	3	50.025	4.263**	大一＞大二 大三＞大二 大四＞大二
微视频与学习资源（W2）	524.246	3	174.749	3.967**	大一＞大二
学习互动（W3）	582.009	3	194.003	5.517***	大一＞大二 大三＞大二 大四＞大二
师生互动与学习支持（W4）	733.446	3	244.482	6.359***	大一＞大二 大三＞大二
学习评价（W5）	491.712	3	163.904	5.112**	大一＞大二 大三＞大二
总分	10814.871	3	3604.957	6.557***	大一＞大二 大三＞大二

表 3-15 不同专业类别的大学生对慕课满意度的方差分析结果

因变量	SS	*df*	平均平方和	*F*	事后比较（Tukey）
学习需求满足程度（W1）	82.842	2	41.421	3.499*	工科＞理科
微视频与学习资源（W2）	287.530	2	143.765	3.238*	文科＞理科
学习互动（W3）	200.808	2	100.404	2.805	—
师生互动与学习支持（W4）	3.860	2	1.930	0.049	—
学习评价（W5）	174.005	2	87.002	2.670	—
总分	2751.889	2	1375.944	2.441	—

表 3-16 获得不同证书数量的大学生对慕课满意度的方差分析结果

因变量	SS	*df*	平均平方和	*F*	事后比较（Tukey）
学习需求满足程度（W1）	233.883	2	116.941	10.116***	1 门＞无 2 门及以上＞无
微视频与学习资源（W2）	142.349	2	71.175	1.593	—
学习互动（W3）	904.157	2	452.078	13.101***	1 门＞无 2 门及以上＞无
师生互动与学习支持（W4）	419.756	2	209.878	5.388**	1 门＞无 2 门及以上＞无
学习评价（W5）	211.261	2	105.630	3.249*	1 门＞无
总分	7189.243	2	3594.621	6.472**	1 门＞无 2 门及以上＞无

（四）学习者有弃课行为

调查慕课学习者是否有弃课行为，结果显示236人次（占43.1%）选择“是”，而311人次（56.9%）没有弃课行为。将此统计结果结合人口学变量进行卡方检验，弃课行为与性别、证书数量均无显著性差异，而与学校类别（χ^2=11.767，p=0.003）、年级（χ^2=46.830，p<0.001）、学科类别（χ^2=7.188，p=0.027）具有显著性差异。具体的差异情况是：学校类别中，其中211和省部共建高校的学习者弃课行为（120人次）多于非弃课行为（116人次），而一般本科学校学习者的弃课行为（96人次）少于非弃课行为（172人次）。不同年级学习者弃课的差异情况是：大学二年级与大学四年级的弃课行为多于非弃课行为；而大学一年级与大学三年级的非弃课行为多于弃课行为。不同学科学习者的弃课的差异情况是：在学科类别中，理科的弃课行为多于非弃课行为；而文科与工科的非弃课行为多于弃课行为。由此可见，不同学校类别、年级与学科类别在弃课行为的分布上各有不同。

进一步追问弃课原因，选项人数有显著性差异（χ^2=190.370，p<0.001）（表3-17），这表明弃课原因是不同的。其中，基于学习者自身的原因主要是“没有足够的时间”（124人次）、“学习自制力不足”（103人次）、“我只需要掌握课程中的部分内容”（65人次）、“英语水平不足”（51人次）、“我难以适应网络学习方式”（42人次）；基于慕课因素相关的是“微视频形式单调、乏味”（72人次）、“微视频教学缺乏吸引力”（62人次）、“学习中遇到困难得不到及时帮助”（59人次）、“师生互动少”（53人次）、“缺乏对学习活动的设计”（43人次）、“学习中存在孤独感”（42人次）、“作业难度大”（41人次）、“课程内容与课程简介不符”（35人次）等，进一步结合5个人口学变量（性别、学校类别、年级、学科、获得证书数量）进行卡方检验，均无显著性差异，这说明地方高校大学生在弃课原因上有一致的认识。

由此可见，在大学生弃课的原因中，自我导向的学习目标是重要因素，除此自身因素之外，课程因素中微视频的形式与教学、不能得到及时帮助、师生互动、缺乏学习活动设计、孤独感、作业难度等是主要原因。此统计结果也间接表明，学习者自我导向的学习目标与慕课开发是一种割裂，学习者难以在课程实施与评价过程中获得个性化学习需求，从而导致中途放弃慕课。

表 3-17　大学生中途放弃慕课的原因（N=236）

选项	响应		个案百分比（%）
	人数（人）	比例（%）	
L. 没有足够的时间	124	14.9	52.5
N. 学习自制力不足	103	12.4	43.6
E. 微视频形式单调、乏味	72	8.7	30.5
B. 我只需要掌握课程中的部分内容	65	7.8	27.5
D. 微视频教学缺乏吸引力	62	7.5	26.3
G. 学习中遇到困难得不到及时帮助	59	7.1	25.0
H. 师生互动少	53	6.4	22.5
M. 英语水平不足	51	6.1	21.6
F. 缺乏对学习活动的设计	43	5.2	18.2
I. 学习中存在孤独感	42	5.0	17.8
C. 我难以适应网络学习方式	42	5.0	17.8
J. 作业难度大	41	4.9	17.4
A. 课程内容与课程简介不符	35	4.2	14.8
K. 考试难度大	23	2.8	9.7
O. 其他	17	2.0	7.2
总计	832	100.0	352.5

二、学习者期待教师了解学习需求

在本章研究学生问卷中，调查慕课学习者认为“慕课需要做出改善”的方面，选项人次最多的是了解学习者需求（325 人次），其次是增加微视频教学感染力（278 人次）、适当运用多种教学方法（261 人次），其他从多到少依次是提供具有针对性的学习材料（241 人次）、合理设计微视频内容与时长（218 人次）、增加教师与学生互动（214 人次）、增加多样化和个性化的评价方式（209 人次）、教师及时提供帮助（202 人次）、增加线上学习活动（182 人次）、希望有线上的学习同伴（178 人次）、设置测验与作业难易梯度分级与设置论坛互动的激励措施（148 人次）等。结合人口学变量，经卡方检验，与性别、学校类别、年级、专业类别、证书数量均差异不显著。可见，学习需求、教师增加教学感染力、改善教学法、改善微视频以及师生互动、教师及时提供帮助，以及多样化和个性化的评价方式，均是慕课学习者期待改善的方面。

三、多数教师能切分知识点

调查开设慕课的教师关于微视频的切分与嵌入练习情况，73 位教师能够“考虑到网络学习特性，依据知识点的切分设计微视频”；36 位教师“在微视频中嵌入了在线测试”，但也有 17 位教师依然“延续传统的教学思路，仅缩短了视频时长”（图 3-2）。继续对统计结果结合人口学维度进行卡方检验，均无显著差异，表明这一结果在人口学维度均具有一致性的比例。

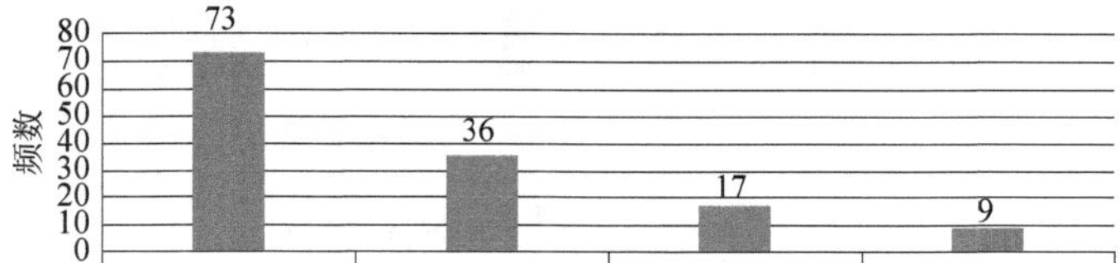

	考虑到网络学习特性，依据知识点的切分设计微视频	在微视频中嵌入了在线测试	延续传统的教学思路，但缩短了视频时长	微视频中没有设计在线测试
频数	73	36	17	9
百分比	93.6%	46.2%	21.8%	11.5%

图 3-2　微视频设计情况

在教师访谈中有教师表示：

为适应线上学习必须将课程切分为数个学习点，无法与课堂上一气呵成的学习气氛相比，这是可惜之处。

我的慕课总共有 5 周课程，制作了 161 个教学微视频以及 44 个教学文档，另外有 28 个讨论模块，以适应网络学习的特性。

四、课程教学活动以线上为主

统计开设慕课的教师“是否组织线下会面”，结果显示：有 56 人选择“否”（占 71.8%），仅有 22 人选择“是”（占 28.3%）。由此可见，慕课教学活动的组织以线上组织为主，将此统计结果与人口学维度相结合进行卡方检验，该结果与学校地区、职称类别、助教人数等均无显著性差异，而与学科类型具有显著性差异（χ^2=9.501，p=0.009）（图 3-3）：文科 23 人中组织线下会面的有 12 人（占 52.2%）；而理科 23 人中组织线下会面有 5 人（占 21.7%）；工科 32 人中有 5 人（占 15.6%）。可见，不同学科在组织线下活动上有差异：文科比例最大，理科次之，工科最少。

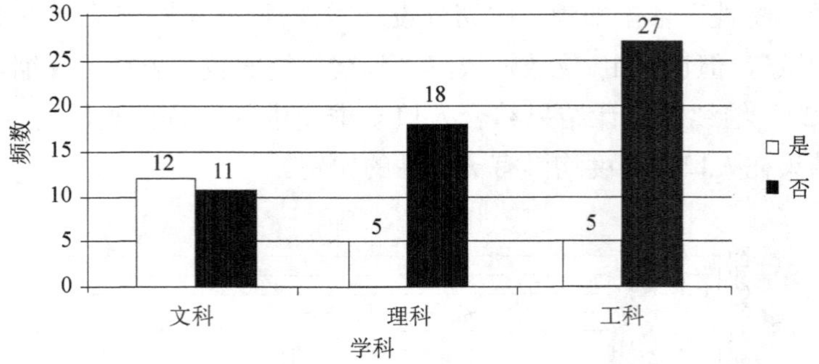

图 3-3　不同学科慕课线下会面的差异情况

五、在线论坛、QQ 群是核心交互工具

统计 547 名慕课学习者“讨论交流中常用的交互工具”，在统计结果的总人次上具有显著性差异（χ^2=1438.887，p<0.001），核心的交互工具是 QQ 群（429 人次）和课程在线论坛（293 人次），二者响应百分比累积达到 60.1%。与人口学变量结合进行卡方检验，尽管与不同性别、获得证书数量具有显著性差异（χ^2=17.753，p=0.038；Fisher 的精确检验，p=0.007），但 QQ 群与在线论坛均为核心交互工具。

统计教师或助教与学习者互动的交流工具，使用最多的交流工具是在线论坛（77 人次，占 98.7%），其次是 QQ 群（13 人次，占 16.7%），微博、Wiki、博客等选项人次较少。将此结果与人口学结合进行卡方检验，结果均无显著性差异，这表明在不同人口学维度均具有一致性的分布结果。教师访谈中有教师说出更倾向于使用在线论坛的原因：

> 我反对课程使用 QQ 群进行讨论，因为很多讨论的数据会流失，而使用平台中讨论区的功能，可以将前一期课程中的精华帖等内容带上去，课程中好的资源可以沉淀下来，可以发挥学习者的长处，留作后边开课再次使用。
>
> 课程前几期的开设，除了课程在线论坛之外，还用了 QQ 群开展交流，但是 QQ 群中数据难以迭代与分析，所以，后来只使用课程在线论坛，它能够实现几期不同数据的迭代，更加利于资源的生成与发展。

六、学习进度记录工具是常见的学习支持工具

本章研究了解除交流工具之外的学习支持工具，统计教师问卷的结果是，频次最多的是学习进度记录工具（63 人次），其次是搜索工具（17 人次）。其他

工具选择人次均较少：记笔记工具（8 人次）、在线实验室（7 人次）、Wiki（4 人次）、概念图工具（3 人次）、在线绘图工具（2 人次）、其他（8 人次）（图 3-4）。统计学生问卷，频次较多的是学习进度记录工具（364 人次）、搜索工具（334 人次）、记笔记工具（278 人次）、概念图工具（166 人次），其他工具选择人次均较少。可见学习进度记录工具是课程中常见的学习支持工具。

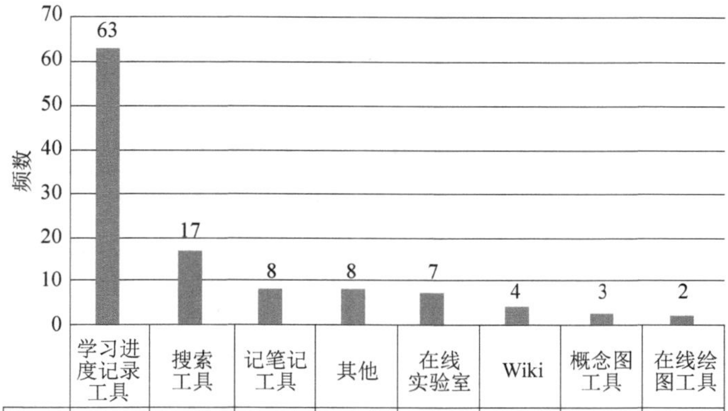

	学习进度记录工具	搜索工具	记笔记工具	其他	在线实验室	Wiki	概念图工具	在线绘图工具
频数	63	17	8	8	7	4	3	2
百分比	80.8%	21.8%	10.3%	10.3%	9.0%	5.1%	3.8%	2.6%

图 3-4　慕课提供的学习支持工具

七、测验与作业兼有客观题与主观题，自动反馈较多

当前慕课测验与评价类型兼有客观题与主观题，自动评价较多，通过对开设慕课的教师以及使用过慕课的学习者进行调查说明了这一点。

对开设慕课的教师调查测验与作业的类型与方式（表 3-18），在总人次上进行卡方检验具有显著性差异（χ^2=29.356，p<0.001），这表明各选项比例具有差异性。具体如下：有 38 人次选择了“测验是客观题，作业是主观题”，43 人次选择“客观题采用系统自动评价”，29 人次选择“主观题采用同伴互评”。该结果结合人口学维度进行卡方检验，均无显著性差异，表明在不同人口学维度具有一致性的比例分布。由此可见，在当前慕课的测验与作业中，多数情况是：从类型来看以测验是客观题，作业是主观题为主，评价方式中客观题以系统自动评价为主，该统计结果与学生问卷的统计结果具有一致性（表 3-19），并在总人次上具有显著性差异（χ^2=120.220，p<0.001）。由此表明当前慕课中测验与评价类型兼有客观题与主观题，评价方式以自动评价更多。

表 3-18 教师开设慕课的评价类型与方式（N=78）

选项	响应		个案百分比（%）
	人数（人）	比例（%）	
A. 测验与作业均是客观题	34	22.8	43.6
B. 测验与作业均为主观题	5	3.3	6.4
C. 测验是客观题，作业是主观题	38	25.5	48.7
D. 客观题采用系统自动评价	43	28.9	55.1
E. 主观题采用同伴互评	29	19.5	37.2
总计	149	100.0	191.0

表 3-19 学习者所学慕课的评价类型与方式（N=547）

比较项	响应		个案百分比（%）
	人数（人）	比例（%）	
A. 测验与作业均是客观题	162	15.8	29.6
B. 测验与作业均为主观题	111	10.8	20.3
C. 测验是客观题，作业是主观题	312	30.4	57.0
D. 客观题采用系统自动评价	253	24.6	46.3
E. 主观题采用同伴互评	189	18.4	34.6
总计	1027	100.0	187.8

第三节　慕课开发问题分析

结合教师问卷与学生问卷的调查结果，慕课开发在设计、实施、评价等方面存在不同程度的问题。主要表现在：从慕课开发观看，重静态预设轻开发过程；从具体开发情况看，慕课开发与学习需求不对称；慕课设计过度结构化，剥离了学习者主体性；学习资源生成性与差异性不足；慕课实施缺乏过程关注；学习评价主体与维度偏单一，且评价情境与差异体现不足。

一、慕课开发观重静态预设轻开发过程

从教师对慕课开发的认识来看，教师的慕课开发观更加偏重静态预设，而忽视课程实施过程。

调查开设慕课的教师“影响慕课开发效果的主要因素”，问卷统计结果显示，选项较多的因素依次是：微视频教学感染力（52 人次），学习需求分析（39 人次），微视频中教学方法的适当运用（37 人次），微视频知识点、时长的设计（35 人次）

及学习资源的设计（35 人次），然后才是与学习者积极互动（34 人次）、及时的学习帮助（29 人次）、线上学习活动（26 人次）、针对性的学习材料（21 人次）等（图 3-5）。

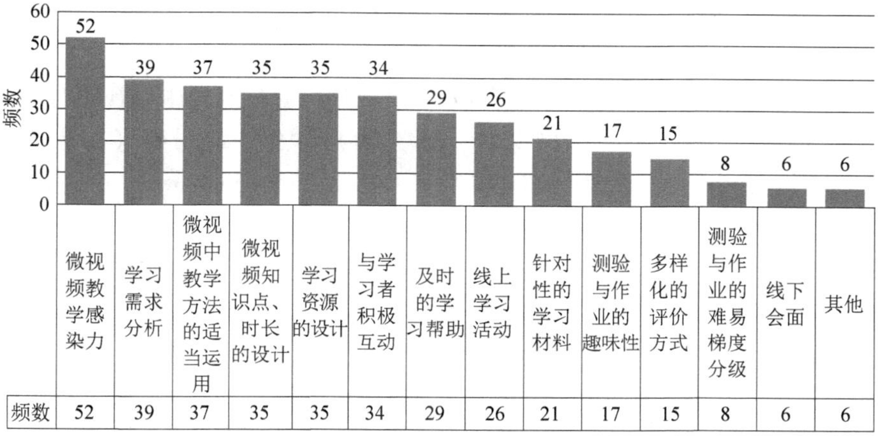

图 3-5　影响慕课开发效果的主要因素

由统计结果可见，在教师对慕课开发的认识中，对微视频设计、资源设计的重视程度远远多于对在线活动、在线学习支持的重视程度，教师的慕课开发观更加偏重静态预设，而忽视课程实施过程。将统计结果与人口学维度相结合进行卡方检验，无显著性差异，可见在不同学校地区、职称类别、学科类别等维度教师对此具有一致性的认识。访谈中有教师提到：

> 我觉得慕课的开发，内容很关键，主讲教师应该主要负责内容，而技术方面、课程实施过程中的交流等，都是助教的事情，助教是联系教师与学习者的桥梁。

需要说明的是，有 39 人次的教师认识到学习需求的重要性，但是在调查教师在慕课实施中的时间分配时，数据表明教师难以做到“了解学习者需求”[①]。

二、慕课开发与学习需求不对称

本书研究调研显示，学习者期待教师了解个体学习需求。但是，通过统计分析教师课程设计情况及学生的学习需求情况，发现微视频设计、教师回复等与学习需求存在信息不对称。

① 详见本章数据分析。

（一）教师的微视频设计与学习者需求不对称

微视频时长与每周微视频的数量与学习者需求不对称。

第一，在微视频时长上需求与现实有偏差。

在学生问卷中调查其“认为微视频合适的时长”情况时，占比较高的两个选项是 6 ～ 10 分钟（190 人次）与 11 ～ 15 分钟（166 人次），其次是 16 ～ 20 分钟、1 ～ 5 分钟、20 分钟以上（图 3-6）；而教师在课程开发中微视频时长情况，占比较高的两个选项是 11 ～ 15 分钟（32 人次）与 6 ～ 10 分钟（28 人次）（图 3-7）。

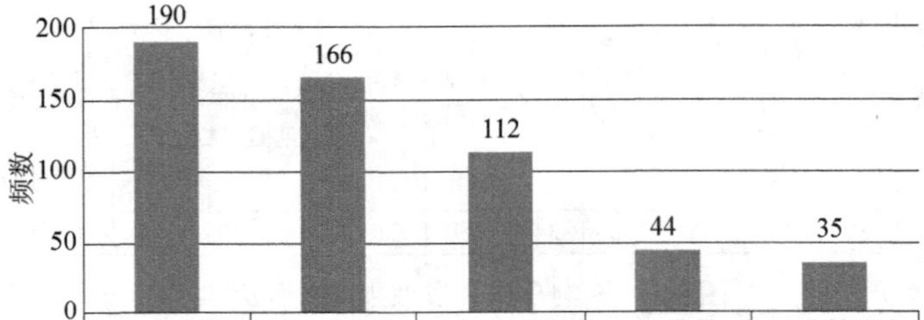

	6～10分钟	11～15分钟	16～20分钟	1～5分钟	20分钟以上
频数	190	166	112	44	35

图 3-6　大学生认为适当的微视频时长情况

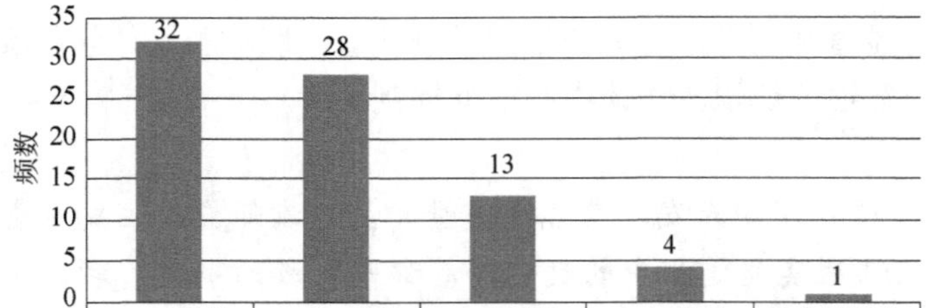

	11～15分钟	6～10分钟	16～20分钟	1～5分钟	20分钟以上
频数	32	28	13	4	1

图 3-7　教师开设慕课的微视频时长情况

由此可见，在教师与大学生对微视频时长的认识中，从选择频次来说均较为集中于 6 ～ 10 分钟与 11 ～ 15 分钟，但是大学生更加倾向于 6 ～ 10 分钟，而教师的课程设计更倾向于 11 ～ 15 分钟，这说明在微视频时长上需求与现实有偏差。

对学生问卷与教师问卷中该数据统计结果分别进行卡方检验。学生问卷统计显示在性别上具有显著性差异（χ^2=11.139，p=0.025），男生认为最合适的视频时长是 6 ～ 10 分钟（79 人次，占男生总数的 39.9%），而女生认为最合适的微视频时长是 11 ～ 15 分钟（114 人次，占女生总数的 32.7%）。另外，在教师问卷中，不同地区存在显著性差异（Fisher 精确检验，p=0.001）：东部地区学校的教师更倾向于 6 ～ 10 分钟（20 人次，占东部地区的 42.6%）；中西部地区的教师则倾向于 11 ～ 15 分钟（12 人次，占该地区的 50.0%）；台湾地区的教师更倾向于 16 ～ 20 分钟（4 人次，占该地区的 57.4%）。

由此可见，一方面，教师慕课的微视频设计时长与学习者需要的微视频时长有偏差；另一方面，学习者的差异情况也表明大规模的学习群体具有多元化的学习需求；而预设性、结构化的微视频，难以完全实现学习者的学习需求。

第二，在每周微视频数量上需求与现实有偏差。

调查每周微视频个数的情况，大学生希望每周发布的微视频个数较为集中的选项是 4 ～ 6 个（250 人次）、1 ～ 3 个（164 人次）（图 3-8），进行卡方检验在性别、获得慕课证书数量的维度上有显著性差异（分别是 Fisher 精确检验，p<0.001；Fisher 精确检验，p=0.07），但是期待的微视频个数的排序均首先是 4 ～ 6 个，其次是 1 ～ 3 个。然而，在调查教师在课程中微视频的情况时，首选是 4 ～ 6 个（28 人次），其次是 7 ～ 9 个（21 人次）（图 3-9），两项累积百分比达到 62.8%；且结合人口学变量进行卡方检验无显著性差异。

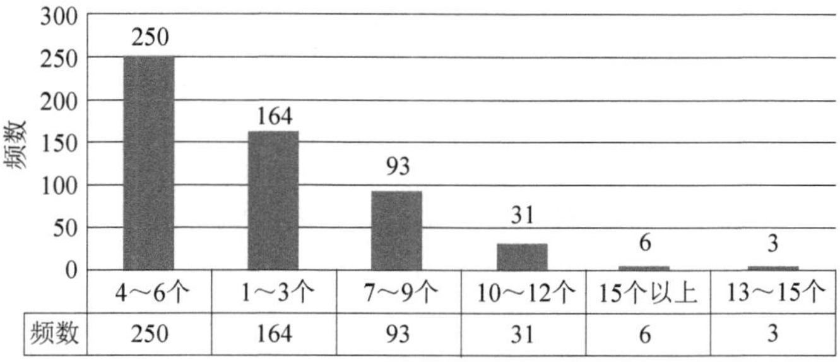

图 3-8　大学生期待的每周微视频个数

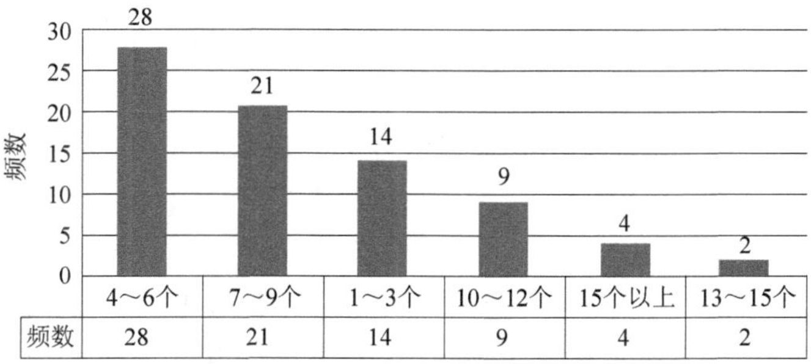

图 3-9　教师每周发布的微视频个数

由此可见，教师的微视频的时长、每周数量与学习者的需求的情况有偏差，而预设性设计难以满足不同学习者的需求。

在学生访谈中，学习者也表达了微视频时长的不足与期待：

课时时间长就很容易分神，希望课程设计更合理。

慕课视频时间过长，没有集中的时间进行学习，自主性差，与老师互动少，感觉不真实，希望可以合理安排内容和时长，增加趣味性。

（二）教师线上回复时间与学习者需求不对称

调查大学生可以接受的教师给予反馈的时间范围情况，其中190人次选择8小时以内，157人次选24小时以内，139人次选12小时以内（表3-20），总之，在24小时以内累积百分比达88.8%；而调查教师“通常给予回复的时间范围”，76位教师有回复学习者的行为，其中，能在8小时内回复的仅有22人次，12小时内回复的仅10人次，24小时以内回复的有19人次，与学习者的期待有偏差。进一步将此结果结合教师人口学变量均无显著性差异，说明开设慕课的教师在回复时间上具有一致性的做法。

表3-20　学习者对教师反馈的时间的可接受范围

选项	频数	百分比（%）	有效百分比（%）
8小时以内	190	34.7	34.7
12小时以内	139	25.4	25.4
24小时以内	157	28.7	28.7
36小时以内	25	4.6	4.6
48小时以内	36	6.6	6.6
合计	547	100.0	100.0

由此可见，更多的学习者期待教师能在24小时内获得反馈、回复，但是教师实际的回复情况难以满足学习需求。

总之，慕课开发在学习者学习需求方面存在偏差。教师在谈到这一问题时表示：

慕课面对的学生层次不一，课程的设计和组织相对较难。

某些教学内容的表现力不如课堂教学，难以掌握所有学习者的掌握情况。

前期的调研与准备不够充分，导致教学目标与学习者的学习需求不匹配，从而影响了教学活动的开展和课程的效果。

由此可见，这一问题既是学习者期待解决的问题，也是在当前开发思维下难以解决的难题。

（三）个性化学习需求满足程度偏低

从慕课开发量表学习需求满足程度维度的均值统计结果来看（表 3-21），3 个题项的均值均小于 4，维度均值为 10.41，尤其是定制“个性化的学习路径”的均值只有 3.19。由此可见，学习者对学习需求满足程度的整体满意度不高，对个性化学习需求需要进一步关注。

表 3-21　学习需求满足程度（W1）题项与维度的平均得分（N=547）

题项 W1	M	SD
h1 课程开始学习前，有了解我学习情况的调查	3.58	1.379
h2 根据我的学习起点能力，教师为我定制了个性化的学习路径	3.19	1.406
h3 课程学习过程中，教师注重了解我真实的学习需要	3.64	1.386
总均分	10.41	3.456

注：1 代表非常不符合；2 代表不符合；3 代表有些不符合；4 代表有些符合；5 代表符合；6 代表非常符合。

三、慕课设计的过度结构化剥离了学习者主体性

慕课上线之后，存在微视频难以及时调整、学习者的在线学习数据记录难以发挥课程调整的功能等问题，这表明慕课设计过于结构化，甚至固化，剥离了学习者的主体性。

（一）微视频难以及时调整，过度结构化

调研开设慕课的教师发现，当前多数微视频在课程上线之前已经“全部录制”（47 人次）；有 16 位教师选择“一边上线一边录制，但不会根据上线反馈情况调整”，仅有 15 位教师的微视频“边录制边上线，并根据上线反馈情况适当调整”。由此可见，累积达 63 人次（占 80.8%）的微视频均完全来自预设的课程设计，难以根据学习情况反馈调整。将该统计结果结合人口学变量进行卡方检验，与职称类别具有显著性差异（χ^2=6.143，p=0.046）。具体表现在：教授职称选项人次的占比趋势与当前相符，而副教授中“调整”人次略高于“不受上线反馈情况的影响”（图 3-10）。由此可见，在同样侧重于上线之前“全部录制”的情况下，

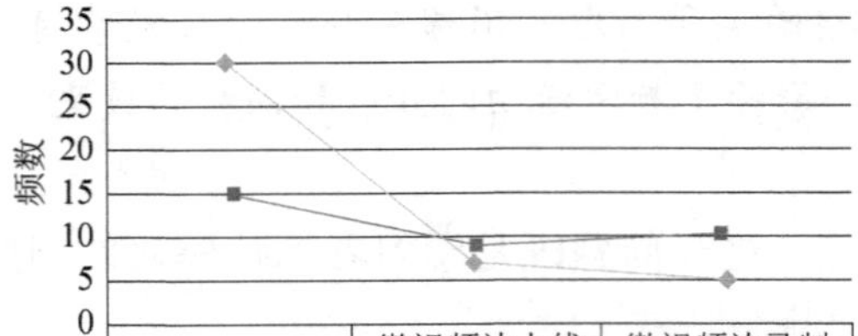

	在课程上线之前已全部结束录制	微视频边上线边录制，但不受上线反馈情况的影响	微视频边录制边上线，并根据上线反馈情况适当调整
—◆—教授（42人）	30	7	5
—■—副教授及其他（34人）	15	9	10

图 3-10　不同职称教师录制微视频的差异

注：有两位教师职称缺失。

教授在微视频录制过程中的调整倾向更加弱化。

在教师访谈中，有教师谈道：

> 在运行中及时更新视频内容是很有意义的，但是对教师来说很有难度。

（二）在线学习数据记录未充分发挥慕课设计调整功能

慕课平台记录的在线学习痕迹是了解学习者在线学习的重要途径之一。调查教师显示，64 位教师（占 82.1%）选择使用在线数据，而 14 位教师（占 17.9%）不使用。对于 64 位使用在线数据的教师进一步追踪其用途，统计结果显示，24 位教师为“为下一轮的课程设计提供参考”，23 位教师“作为了解学习者的重要依据”，8 位教师选择“作为微调课程设计的重要依据”，仅 5 位教师选择“作为提供针对性资源的重要依据”。

统计结果表明：尽管部分教师使用在线学习的数据记录，但是在线学习数据记录并未充分发挥课程设计微调及针对性资源设计的功能，相对来说，更侧重于为下一轮的课程设计提供参考。进一步结合人口学变量进行卡方检验，统计结果显示在不同地区具有显著性差异（Fisher 精确检验，p=0.009）。具体情况是：东部地区集中于“作为了解学习者的重要依据”（17 人次）和“为下一轮课程设计提供参考”（15 人次）；中西部侧重“为下一轮课程设计提供参考”（8 人次）；台湾地区主要是“作为了解学习者的重要依据”（3 人次）（图 3-11）。

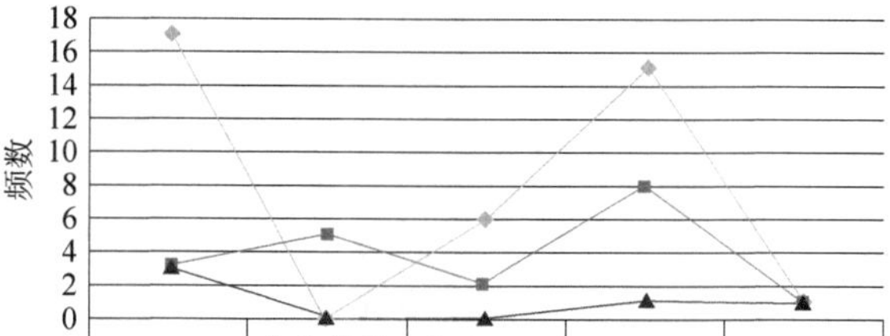

	作为了解学习者的重要依据	作为提供针对性学习资源的重要依据	作为微调课程设计的重要依据	为下一轮的课程设计提供参考	其他
东部（39人）	17	0	6	15	1
中西部（19人）	3	5	2	8	1
台湾（5人）	3	0	0	1	1

图 3-11 不同地区学校对在线数据用途的差异

在访谈中，学习者也表达了对慕课设计的期待：

慕课设计最先考虑的应是学习者，学习需求一定要充分了解；开发过程中，重要的是课程设计，应随时关注学生的学习进度，不断对课程进行改进。

四、学习资源生成性与差异性不足

学习资源生成性与差异性不足。主要表现在：预设性资源、结构性资源远多于补充性资源、生成性资源，助教人数少的课程尤为严重；另外，资源针对性、差异性不足。

（一）预设性资源、结构性资源远多于补充性资源、生成性资源

分别对开设慕课的高校教师及使用慕课的大学生调查除微视频之外的学习资源情况。教师问卷数据结果显示：教学 PPT（56 人次）、书目清单（46 人次）、资源链接地址（33 人次）、讲义（32 人次）远远多于补充性视频资源（20 人次）、优秀学生作业（8 人次）、补充性音频资源（7 人次）（图 3-12）。尤其是优秀学生作业作为典型的生成性资源，仅有 8 人次选择。这一数据表明，学习资源的预设性太强，生成性不足。将此结果结合学校地区、职称类别和学科门类进行卡方检验，结果均无显著性差异，则表明慕课学习资源的类型在这些维度上没有差异。但是，统计结果在助教人数维度差异显著（Fisher 精确检验，p=0.045）。统计结果显示：助教人数多的课程，在优秀学生作业、补充性视音频资源等生成性资源

上的情况（累积 28 人次）优于助教人数少（累积 7 人次）的课程（图 3-13）。

学生问卷的统计结果显示，课程资源的形式主要集中于预设性资源，具体来说：教学 PPT（429 人次）、资源链接地址（316 人次）、讲义（279 人次）远高于补充性视频资源（241 人次）、优秀学生作业（135 人次）、补充性音频资源（121 人次）（图 3-14）。结合人口学变量进行卡方检验，检验结果均不显著，则说明大学生所学的慕课在资源类型上具有一致性的结果。因此，尽管慕课资源类型丰富，但是预设性资源远远多于补充性资源、生成性资源。

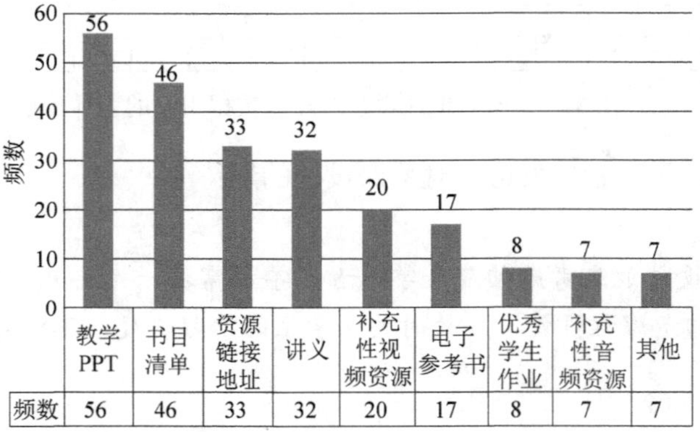

图 3-12　教师开设慕课的学习资源情况（除微视频外）

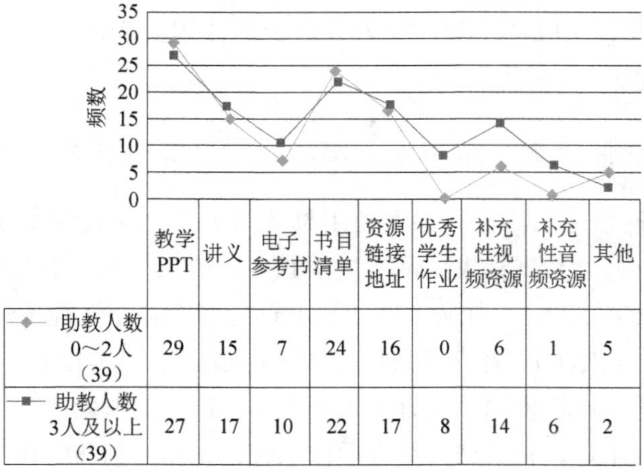

图 3-13　不同助教人数在学习资源上的差异

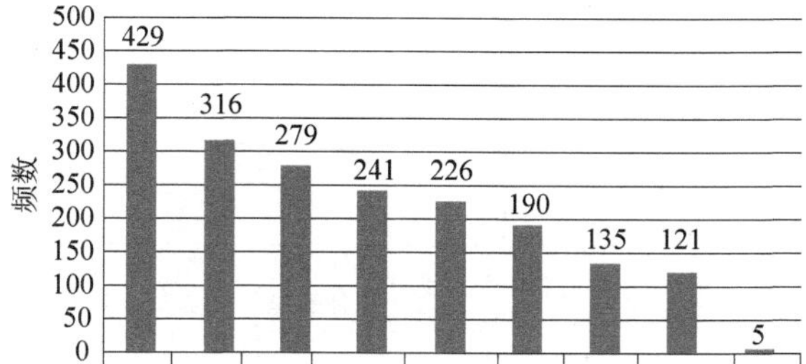

	教学PPT	资源链接地址	讲义	补充性视频资源	电子参考书	书目清单	优秀学生作业	补充性音频资源	其他
频数	429	316	279	241	226	190	135	121	5

图 3-14　大学生所学慕课的资源情况（除微视频外）

（二）资源针对性、差异性不足

对教师开设慕课的课程资源的针对性情况的调查结果显示：63 人次选择了“学习者面对的是同样的学习材料”，而能够“针对学习中集中存在问题，提供相应的学习材料”以及“为不同的学习者群体提供分层学习材料”分别仅有 19 人次和 16 人次（图 3-15），可见统一发布的学习资源缺乏针对性与差异性。将此结果进一步与人口学变量结合进行卡方检验，结果显示：在职称类别、助教人数和学科门类等均无显著性差异，而与学校地区存在显著性差异（Fisher 精确检验，p=0.019）。主要表现在：东部地区与台湾地区选项人次的占比趋势与当前相符，而中西部地区针对性材料不足的问题更加凸显（图 3-16）。可见，在“学习者面对的是同样的学习材料”均占绝对优势的情况下，中西部地区针对性材料更弱。

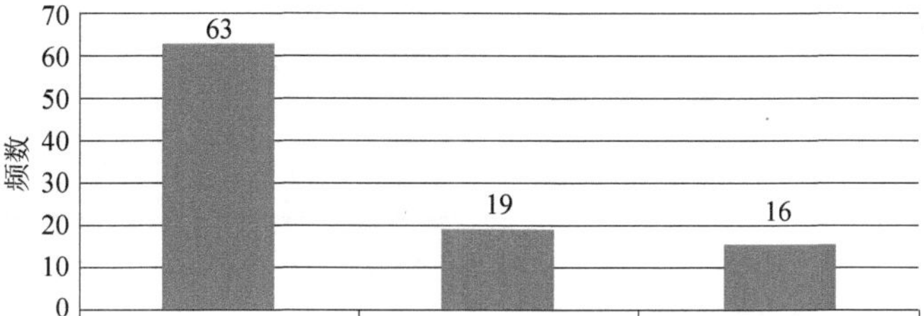

	学习者面对的是同样的学习材料	针对学习中集中存在问题，提供相应的学习材料	为不同的学习者群体提供分层学习材料
频数	63	19	16

图 3-15　学习资源的针对性情况

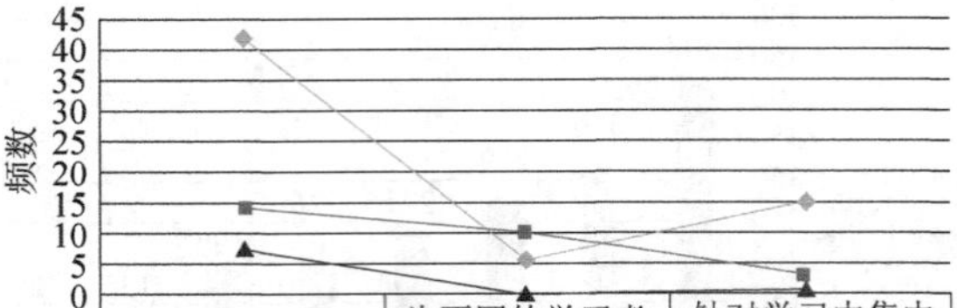

	学习者面对的是同样的学习材料	为不同的学习者群体提供分层学习材料	针对学习中集中存在问题，提供相应的学习材料
东部（47人）	42	6	15
中西部（24人）	14	10	3
台湾（7人）	7	0	1

图 3-16　不同学校地区的资源针对性的差异情况

此外，通过慕课开发量表微视频与学习资源维度的均值统计结果来看（表 3-22），在资源针对性与生成性方面须提升。该维度均值为 34.83，略大于“有些符合”（4 分）的平均得分 32 分，但小于“符合”（5 分）的平均得分 40 分，尤其在“推荐资源”（h9）、“整理学习过程中的资源”（h10）方面满意度较低。由此可见，学习者对微视频与学习资源的针对性、生成性等满意度仍有提升空间。

表 3-22　微视频与学习资源（W2）题项与维度的平均得分（*N*=547）

题项 W2	*M*	*SD*
h4 微视频时长适合我的学习需要	4.36	1.213
h5 微视频的知识点切分合理	4.47	1.111
h6 微视频的内容适合我的学习需要	4.45	1.114
h7 微视频中的在线测试能帮助我及时巩固所学	4.49	1.112
h8 我能在课程的补充材料中找到符合我认知需要的学习资源	4.43	1.062
h9 教师曾为我推荐适合我需要的学习资源	4.10	1.310
h10 教师注重学习过程中产生的资源的整理与发布	4.24	1.167
h11 我喜欢微视频中老师的授课方式	4.28	1.220
总均分	34.83	6.691

五、慕课实施缺乏过程关注

调研发现，慕课实施缺乏过程关注。具体来看，在慕课实施中，教师偏重慕课实施之前的预设，对实施过程缺少时间投入；学习互动积极性有待提高；学习支持服务不够，师生互动频次不高，回复及时性不够；教学形式与教学活动单一，未体现学科教学法。

（一）教师偏重预设准备，实施过程缺少时间投入

问卷统计教师在慕课开发过程中的时间分配情况，统计结果显示教师在慕课实施过程中缺少时间投入。时间分配从多到少依次是：录制课程视频（43 人次），准备学习材料（19 人次），与学生交流、答疑（9 人次），测验与作业设计（3 人次），了解学习者的学习需求（2 人次）与组织教学活动（2 人次）（图 3-17）。结合人口学变量进行卡方检验，该结果与学校地区、职称类别、助教人数和学科门类均无显著性差异。由此可见，教师花费时间最多的环节是前期的“预设”准备，而在课程实施过程中，如与学生交流答疑、组织教学活动、了解学习者的学习需求等方面严重缺乏时间的投入。

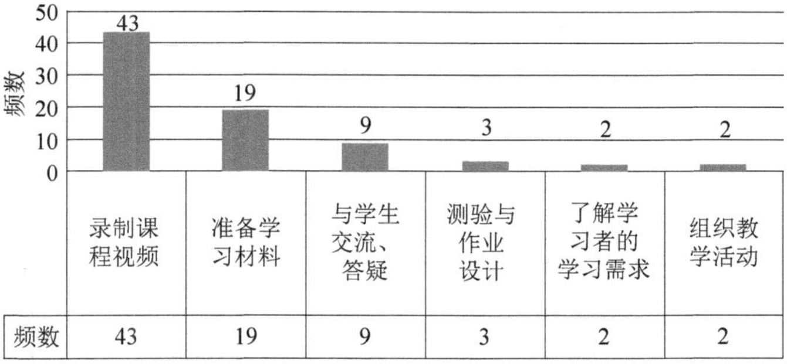

图 3-17　教师慕课开发的时间分配

需要说明的是，在慕课开发的时间分配上，仅 2 人次选择“了解学习者的学习需求”，尽管教师认为学习需求是影响慕课开发的重要因素，但是，在实际开发过程中难以做到关注学习者的学习需求，而慕课学习者在慕课开发中最期待此项，这也从侧面显示了慕课开发与学习者需求的不对称。

（二）学习者之间的互动积极性有待提高

从慕课开发量表中学习互动维度的均值统计结果来看（表 3-23），维度均值为 24.18，略大于“有些符合”（4 分）的平均分 24 分。具体来看，该维度中题项 h12、h13、h14、h17 的均值较低，即学习者参与讨论、分享、合作及收到回复的满意度较低，4 个题项分值的分布情况如表 3-24 所示：4 个题项的“不符合”倾向（1 ～ 3 分）的累积百分比分别达到 38.4%、31.1%、36.2%、31.1%；将 4 个题项“符合”倾向得分的百分比进行比较发现，各题项比例均是 4 分比例 >5 分比例 >6 分比例。由此可见，在学习者互动方面除了对“互动讨论促进知识理解”的认可度稍高外，积极参与、分享、回复、合作以及讨论氛围方面的满意度需要提高。

表 3-23　学习互动（W3）题项与维度的平均得分（N=547）

题项 W3	M	SD
h12 我经常参与课程讨论	3.85	1.339
h13 我能及时分享我的观点	3.98	1.325
h14 其他学习者能及时回复我的问题	3.87	1.222
h15 课程论坛的讨论氛围积极活跃	4.10	1.219
h16 与学习者的互动讨论能促进我对知识的深度理解	4.36	1.191
h17 我会主动与其他学习者合作来解决学习问题	4.01	1.256
总均分	24.18	6.003

表 3-24　学习互动（W3）中 h12、h13、h14、h17 的得分情况（N=547）

题项	分值	频数（人）	百分比（%）
h12	1～3	210（累积）	38.4（累积）
	4	148	27.1
	5	131	23.9
	6	58	10.6
h13	1～3	170（累积）	31.1（累积）
	4	170	31.1
	5	145	26.5
	6	62	11.3
h14	1～3	198（累积）	36.2（累积）
	4	177	32.4
	5	126	23.0
	6	46	8.4
h17	1～3	170（累积）	31.1（累积）
	4	171	31.3
	5	146	26.7
	6	60	11.0

（三）慕课实施过程中的学习支持服务不够

1. 教师课堂引导频次不高

统计教师对学生课堂引导情况，仅有 38 人经常参与，有 29 人偶尔参与，有 5 人极少参与，有 6 人从不参与。将此结果结合人口学维度进行差异检验均无显著性差异，表明不同地区学校、不同职称以及不同学科类型的教师对课堂讨论引导的频次不高。

在教师访谈中我们也发现，教师参与互动并不多，有的教师甚至将其归为助教的责任。例如有老师认为：

技术方面、课程实施过程中的交流等，都是助教的事情。

我没有参与过学生互动，都是助教参加。

我主要负责前期的课程结构、课程内容的设计；而互动、作业支持几乎都是由助教来完成，我不参与学生互动。

2. 教师回复学生不及时

统计教师回复学习者的情况，76 位教师有回复学习者的行为。其中，能在 8 小时内回复的仅有 22 人次，12 小时内回复的仅 10 人次，24 小时以内回复的有 19 人次，36 小时以内回复的有 10 人次，48 小时以内回复的有 15 人次（图 3-18）。将此结果与人口学维度结合进行卡方检验，均无显著性差异，这表明不同人口学变量的教师均难以实现对学习者的及时回复。

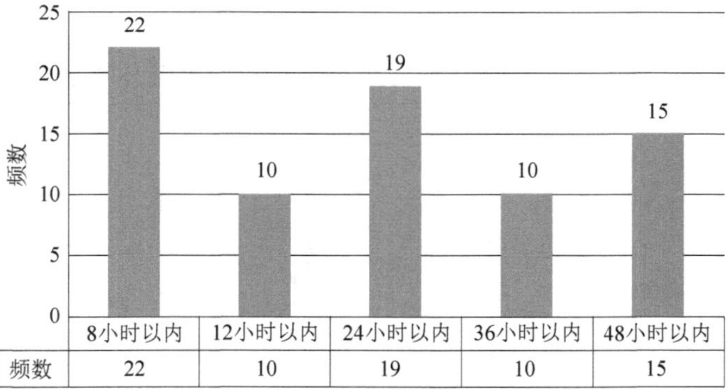

	8小时以内	12小时以内	24小时以内	36小时以内	48小时以内
频数	22	10	19	10	15

图 3-18　教师回复学习者的时间范围

3. 助教答疑频次需提高

根据教师的了解，助教为课程学习者提供答疑的情况是：47 位教师的助教能“经常参与”，22 位教师的助教能“偶尔参与”，1 位教师的助教“极少参与”，有 4 位教师的助教“从不参与”。从统计结果来看，尽管助教答疑的频次高于教师，但还有待于提高。将此结果结合人口学变量进行卡方检验，与助教人数具有显著性差异（Fisher 精确检验值为 10.074，p=0.016）：助教人数多，则经常参与答疑或提供帮助的比例越大。具体来说，助教人数为 3 人及以上者其“经常参与”

的课程门数为 28 门，高于 0 ～ 2 人助教人数的课程（19 门）；同时，“从不参与”情况，0 ～ 2 人助教（4 门）多于 3 人及以上的人数（0 门）（图 3-19）。

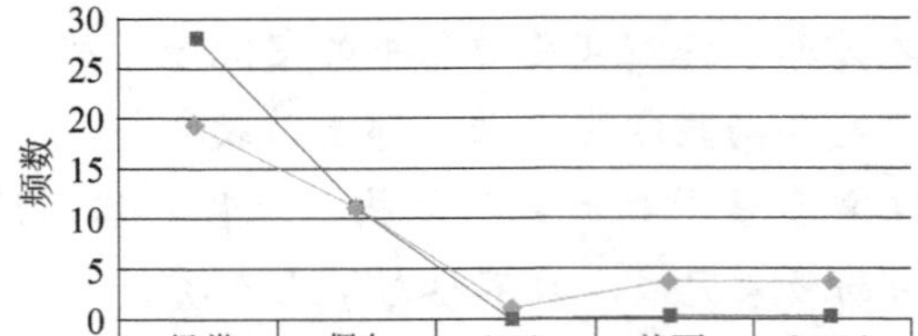

	经常参与	偶尔参与	极少参与	从不参与	我不太清楚
0～2人（共39人）	19	11	1	4	4
3人及以上（共39人）	28	11	0	0	0

图 3-19　不同助教人数提供答疑或帮助的差异

此外，从慕课开发量表师生互动与学习支持维度均值统计结果来看（表 3-25），师生互动与学习支持的程度需要提高。维度总均值为 24.17，略大于“有些符合”（4 分）的平均分 24 分，“不符合”倾向程度较高的是师生互动频次（h21）、助教的及时帮助（h20）等，师生互动的频次、及时性、对学习的引导等均需要提高。

表 3-25　师生互动与学习支持（W4）题项与维度的平均得分（N=547）

题项 W4	M	SD
h18 教师或助教经常参与课程讨论	4.11	1.204
h19 教师能及时给予我所需要的学习帮助	4.10	1.267
h20 助教能及时给予我所需要的学习帮助	3.98	1.283
h21 师生互动频次高	3.83	1.316
h22 教师会经常组织问题答疑	4.06	1.231
h23 教师或助教会引导、激发我参与讨论	4.09	1.203
总均分	24.17	6.291

我们在访谈调查中亦发现互动中的问题。例如有教师谈道：

在课程讨论中不容易深层次互动。
与学习者的互动太少，学习者之间的互动也太少。

学习者也表达了互动缺乏、对学习支持的不足的学习体验，例如：

我当时冲着北大的名校效应选的慕课。在学习中遇到的主要问题是困难得不到及时的反馈，在论坛当中发一个帖，老师助教一般不回复，助教可能是忙于做课程，他不太关注群里面说的是什么，一般是让群里无控制地讨论。

我学了北京大学的翻转课堂教学法、浙江大学的JAVA基础、浙江大学的博弈论、网易云课堂的财务分析等。我认为，在线学习的两大魅力在于教师的视频课件和讨论区的研讨与评论。但是有的课程学习资源枯燥乏味，并且出现知识重复现象；教师的讲授缺乏足够的吸引力；对于学习者的学习支持比较缺乏，更没有及时的交流机会及反馈机会。

教师很少能够参与到我们的讨论区当中，不能就我们的讨论给予一定意见。

学习过程孤独，缺少真实的互动讨论。

有时遇到困难不能及时得到解决，发帖得不到回复。

（四）教学形式与教学活动单一，未体现学科教学法

我们分别调查开设慕课的大学教师和使用慕课的大学生学习者，以了解教学形式与教学活动。统计微视频的授课形式，结果显示，教师有76人次选择“讲授”，远远高于讨论（15人次）、对话（12人次）、访谈（4人次）等形式的频次（图3-20）。经卡方检验这一结果在人口学变量无显著性差异，即不同地区学校、职称类别及学科门类等均以讲授的方式为主，未体现出不同学科教学法。大学生有456人次选择讲授，远远高于讨论（268人次）、对话（210人次）、访谈（128人次）等形式的频次（图3-21），结合人口学变量的卡方检验结果表明，授课形式在学校类别、专业类别等方面均无显著性差异，表明慕课的微视频授课形式不存在学科差别。

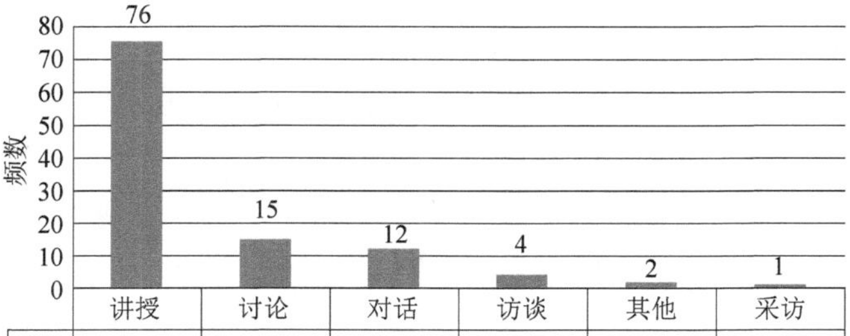

频数	76	15	12	4	2	1

图3-20　教师开设慕课的微视频授课形式

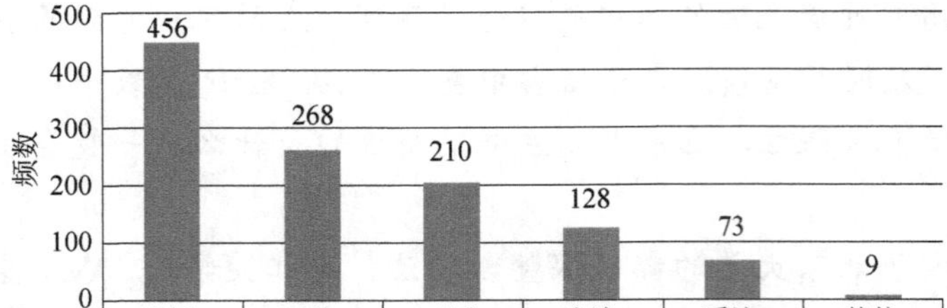

	讲授	讨论	对话	访谈	采访	其他
频数	456	268	210	128	73	9

图 3-21　学生所学慕课的微视频授课形式

在对学习者的访谈中，学习者也谈道：

慕课的授课方式需要大力改进，有的授课方式甚至比传统的授课方式更要死板。

我学了“JAVA”“博弈论”“翻转课堂教学法”等课程，有的课程每个视频做得非常好，但是在我学的过程中，老师讲课并没有吸引我。

有些课程教学形式单一，在学习两三次后容易丧失兴趣。

有些微视频讲解感觉很枯燥。

在课程学习进程中，课程主讲教师与学员互动较少，视频呈现形式单一，有时候视频过长。

本章研究通过教师与学生分别调研课程教学活动形式。结果显示，教师选项人次较高的是讲授（70 人次）、答疑（66 人次）、专题讨论（39 人次），占选项次数累积百分比的 73.2%，远高于问题探究（22 人次）、小组协作学习（16 人次）、学习展示（14 人次）、实践调查（6 人次）、闯关游戏（1 人次）。大学生选项人次较高的是讲授（395 人次）、答疑（323 人次）、专题讨论（277 人次）。而且，两项统计结果进一步结合人口学变量进行卡方检验，结果显示均无显著性差异，则表明不同的学科类别之间均未体现出明显差异。由此可见，慕课在实施中能够结合论坛开展答疑、专题讨论教学活动，但是，并未根据不同学科开展更具学科特色的教学活动。

总之，在慕课实施中，互动及教学互动的不足仍是慕课开发中的问题。学习者在访谈中也提出了此问题。例如，有学习者说：

我拿到了计算机科学、博弈论、编程语言、数据科学导论、机器学习等多门课程的合格证书，这种学习方式自由而且效率极高，但是，整体来看，在线学习的方式隔绝了师生互动，即使Coursera使用的嵌入视频的提问也仅仅是对学生学习情况的即时检测，教师根本无法根据学习者的反馈情况改变教学策略，慕课应该探索出学习者参与度高、互动性强的教学方式。

问题不能及时得到解决，比较死板，老师只是单纯讲授知识点，并不能很好地教会学生，教师也不知道学生的掌握情况。

六、学习评价主体与维度偏单一，情境与差异体现不足

从慕课开发现状分析来看，测验与作业兼有客观题与主观题，自动反馈较多，也反映了慕课评价主体单一；此外，慕课学习评价还存在过度注重知识性，忽视情境、差异性的问题。主要表现是：单维度的知识评价忽略情境及学科差异；结果与量化有余，而过程性、质性不足；测验与作业缺乏差异性是突出的问题。

（一）单维度的知识评价忽略情境及学科差异

统计测验与作业的内容设计情况，教师问卷统计结果显示有61人次选择“测验讲什么就考什么”;49人次选择“作业讲什么就考什么”，仅28位教师考虑了“与生活情境的结合”（图3-22）。将此统计结果结合人口学维度进行卡方检验，结果均无显著性差异，说明不同地区的学校、职称类别、学科门类等维度均有一致的结果。但值得反思的是，不同的文科、理科、工科之间具有不同特性，而单维度的“知识性”的测试，既忽视了学科差异，也忽视了与生活情境的联系。

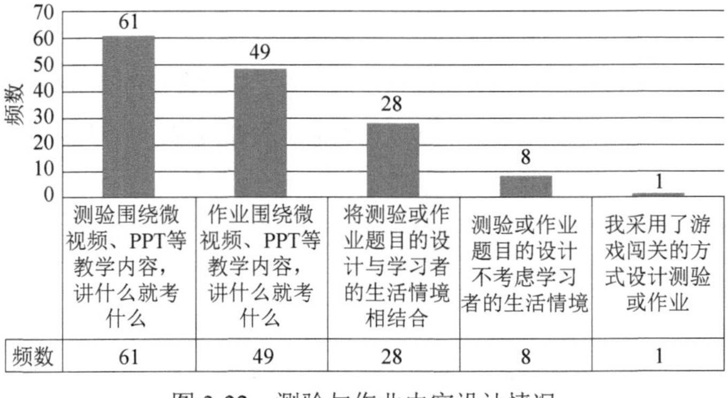

图3-22　测验与作业内容设计情况

（二）结果与量化有余，而过程性、质性不足

调查慕课的成绩构成，教师问卷的统计结果显示，70 人次选择期末考试，61 人次选择平时作业，52 人次选择单元测验，32 人次选择论坛发帖次数，25 人次选择期中考试，而只有 18 人次选择嵌入微视频的在线测试，16 人次选择论坛发帖质量，仅 2 人次选择 Wiki 贡献（图 3-23）。进行卡方检验，在学科类别上无显著性差异。由此可见，成绩构成以结果性、量化为主，而过程性、质性不足，尤其缺乏对学习者积极参与讨论的激励，体现慕课学习的过程性、激励性的质性评价方式等还需要提高。

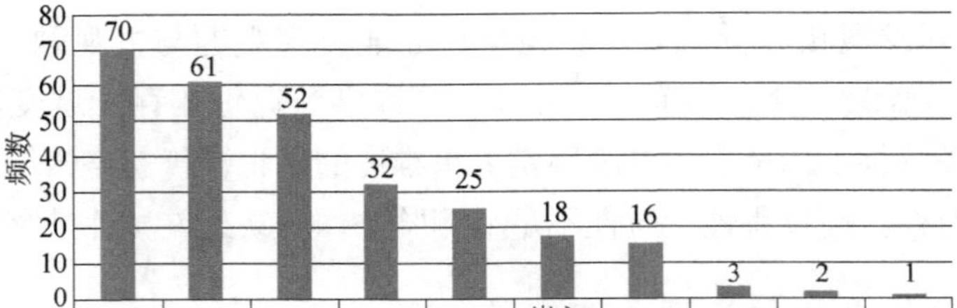

	期末考试	平时作业	单元测验	论坛发帖次数	期中考试	嵌入微视频的在线测试	论坛发帖质量	其他	贡献Wiki	附加题目
频数	70	61	52	32	25	18	16	3	2	1

图 3-23　教师开设慕课的成绩构成情况

（三）测验与作业缺乏差异性

调查对测验与作业设计的差异性情况，教师有 70 人次选择“所有学习者面对的是同样的测验与作业”，分别仅有 13 人次和 11 人次选择为学生“额外设计附加题目”和“难易梯度的分级”。将此统计结果结合人口学维度进行卡方检验，结果均无显著性差异，说明在不同地区的学校、职称类别、学科门类等具有一致性的结果分布。此统计分析结果表明，大规模的学习者面对同样的测验与作业，测验与作业忽略了个体差异性、多层次性。

但访谈学习者发现，学习者期待有不同层次的作业，例如有位拿到过多门慕课证书的学习者表示：

> 有的作业难度偏大，有的比较简单，如果能有不同层次的选择比较好。

也有学习者认为：

课程的评测太不公正了，每个人都能过，没有区分度。

有些课程评价方式没有考虑到学生的切身情况。

根据本人的课程学习情况来说，学习任务有些偏重，导致课程学习有些堆积。

希望老师根据学生学习的程度分组，而且作业安排根据学习程度的情况安排。

此外，从慕课开发学习评价维度均值统计结果来看（表 3-26），学习者对学习评价个性化、与生活情境的联系有待提高，在该维度 6 个题项中，满意度较低的是“测验难易梯度级别”(h26)、“与生活情境联系”(h25)，学习者对目标的检测、促进反思以及测验内容与教学内容的吻合程度等“符合”程度大于难易梯度的设计、与生活情境的联系。所以说，在学习评价中围绕学习者的个性化以及与生活情境的联系等方面均需要提高。

表 3-26　学习评价（W5）题项与维度的平均得分（N=547）

题项 W5	M	SD
h24 作业或测验的考查内容直接源于微视频或教学 PPT	4.30	1.187
h25 测验或作业的题目设计能与我的生活情境相联系	4.15	1.178
h26 测验或作业针对不同的学习者设置有不同的难易梯度级别	3.93	1.350
h27 我的同伴互评结果客观，值得信服	4.22	1.171
h28 同伴互评的方式能够促进我的学习反思	4.43	1.172
h29 学习评价能够促进我对我自己学习目标的检测	4.50	1.168
总均分	25.53	5.726

注：1 代表非常不符合；2 代表不符合；3 代表有些不符合；4 代表有些符合；5 代表符合；6 代表非常符合。

第四节　慕课开发问题的归因分析

本章研究围绕慕课开发中的现状与问题，继续对开设慕课的高校教师、使用过慕课的大学生进行访谈，并结合教师问卷与学生问卷的开放性问题及相关因素进行调查追踪，以探寻慕课开发问题背后的原因。综合分析，慕课开发主体失衡、传统课堂教学模式的影响、慕课开发中“关系”的断裂，以及学习支持服务与需求失衡是导致慕课开发问题的根本原因。

一、慕课开发主体失衡

从课程方案的制定、课程内容的选择、微视频与课程资源的制作，到课程实施与评价的过程，均需要慕课教师团队的参与，毫无疑问，慕课主讲教师及团队构成了慕课开发主体。但是，慕课学习者是具有自我学习导向的学习群体，有自我导向的学习目的、学习内容、学习方式，他们是自主、自治的学习主体，在慕课的主动参与过程中构成慕课开发主体。然而，教师作为慕课开发主体，俨然以“主宰”之态，忽视学习者慕课开发主体的角色，遮蔽了学生课程，这是慕课开发出现问题的原因之一。

一方面，在慕课开发过程中，教师忽视学习者的学习需求。学习需求是学习者基于学习经验而形成的学习目标、个性化学习路径的反映，更是学习者作为自主学习主体的体现。学习者在慕课开发中最为期待的就是对个体学习需求的满足，意愿强烈，但是教师在慕课开发过程中却难以关注到这一点，因此出现了慕课开发与学习者学习需求的不对称。在教师访谈中，有的教师却将预设的“学习需求”贯穿慕课开发始终。例如：

> 慕课中人数众多，在教学设计时，只能根据大多数学习者来进行教学，不可能适应每一位学习者。
>
> 我开设的这门课程是一门通识课，对学习者没有特殊的要求，只要接受过中学阶段的历史教育，并有浓厚兴趣的学习者都可以选这门课程。因此，这就是我理解的学习者起点，我也是基于这个进行课程的设计，在课程中没有特别考虑不同学习者多元化、多层次的需求，但也会根据作业、反馈情况适当调整课程。我也会参加学生的论坛，但是参加不多。

另一方面，尽管设计在课程开发中不可或缺，但是教师过度关注设计而忽视了学习者在慕课开发过程中的对话、交往，从而使学习者成为接受的“客体”，忽视了学习者主体发挥。例如教师在访谈中谈道：

> 做出一个好的慕课很不容易！需要认真规划设计、精心组织材料、科学划分知识点和录制高质量视频，快速应对教学过程中的解惑答疑，这些是维系课程能否长久立足、顺利发展的条件和因素。
>
> 教师的课程设计非常重要，根据一些教学理念，学习者的学习需要从产生疑问到学习新知，再到实践应用，再进行反思。但是在实践方面慕课

平台难以实现，所以，采用案例等替代性练习。

由此可见，教师充分发挥了团队的主体性、主动性，积极“设计”“组织”“应对”“采用案例”等以实现慕课开发，但是这仅仅是慕课开发的一部分，“设计”并非是固定的“跑道”，设计是为了更好地适应学习者，更好地生成。

问卷调查结果显示，过度的结构化设计、课程实施缺乏过程性以及学习评价过度注重知识性与评价结果。这些表现均充分肯定了课程开发中的预设、确定性因素，但是忽视了学习者基于个体经验、个体履历的参与、建构与创造，隐含的是慕课开发中强权的表现：学习者并非真正拥有课程的发言权、建构权，并非真正发挥学习者的主体性。

因此，慕课开发主体失衡导致在慕课开发中剥离了学习者，未充分认识到学习者的主体性以及独特性，淹没了慕课学习者的学习兴趣、学习履历、个人理解与建构，使慕课开发彰显了教师主体的课程理解，而弱化了学习者体验的课程理解。结果导致微视频、嵌入式测试、测验与作业等词汇近乎成为慕课开发的代名词①，而这种状态下，恰恰形成了以一对多的大规模的知识传递，将学习者排除在课程之外，导致学习者的“失语”。慕课学习者是推动慕课动态开发、动态生成的最根本动力，他们亦是慕课开发主体之一，对课程的意义生成、文化建构具有能动性和发言权。教师作为慕课开发者为学习者建构提供了必要的学习起点，而重视学习者需求、重视学习者的课程参与、赋予学习者话语权，以及教师与学习者在慕课开发中对话、反思是慕课开发中不可或缺的部分。

二、传统课堂教学模式的影响

慕课的教与学均基于线上组织，包括授课、作业、答疑、考试等，是一种师生分离、学生分离的虚拟情境，与传统课堂教学模式中的面对面教学存在本质差异。但是，在慕课开发中，教师受传统课堂教学模式的影响，复制或模仿传统课堂教学模式并应用于慕课开发中，导致慕课开发认识与实践的偏差。

典型的表征是教师将微视频的发布等同于慕课实施，过度重视慕课实施之前的准备工作，将慕课开发等同于微视频的发布、课程资源与课程测试题的上线，将传输工具的使用与教学方法、教学活动混为一谈①。例如在教师访谈中有教师谈道：

---

① 冯永华，刘志军．慕课开发的问题、成因及改进路径：基于开设慕课的高校教师调查．现代远程教育研究，2016，(6)：82-92.

在慕课的开发中还需要进一步实践，在制作微视频过程中，模仿与学生当面教学情景是一个难点，在视频开发过程中非常花费时间。

以上反映教师仍然关注“模仿”多于对新环境需求的追求。另外，访谈中教师对自己开发慕课最满意的地方，也是集中于内容、视频、作业等，例如有教师反映：

对基于案例知识点比较满意，并将学习者群体采用一种折中的认识方式，设计大多数学习者需要的案例；利用虚拟问答，以学伴设计反映学习者关心的问题，进行替代性的实践。

对两次作业的音频互评以及上传的方言标本比较满意，学习者参与的热情很高。

对微视频的设计、制作比较满意。

对教学内容比较满意。

微视频、资源、作业等是慕课开发的一部分，它们为课程开发的发生提供了情境，但不能等同于慕课开发。尽管微视频中的授课兼具慕课实施意味，但它不能等同于慕课实施，否则忽视了慕课开发的在线实施过程；而基于平台支持的“听讲 + 测验”不能等同于在线教学活动，否则忽视了基于情境的教学法，忽视了学习支持服务；这种认识窄化了课程开发的内涵，导致慕课开发中出现了教师“与学习者的互动太少”，“学习者之间的互动太少”，“缺乏对讨论的激发”，“缺乏深度互动”等现象。

在学生访谈中，学习者表达了对此问题的诉求：

我学了学堂在线财务分析与决策等，觉得慕课有一些不足之处：虽然课程的载体不同于传统课堂，但很容易出现“新瓶装旧酒”的情况，没有产生根本的转变；需要注重在线答疑，及时解答学习者提出的问题；要注意根据课程内容和授课对象合理设置课程视频的时长；应加强与学习者的互动，让学习者参与到课程中。另外，对于慕课学习者来说，也有一些要求：提高知识水平、明确学习目的、参加学习小组、合理安排学习时间与学习进度等。

慕课是一个为学习者提供的开放的网络学习课程，但并没有在根本上改变传统的教育方式，只是把视频放上去，作业可以进行互评，跟老师基本上没有任何的交流，有问题时也没有办法解决。自觉能力差的学生都没有办法完成学习。

慕课学习过程中，课程对自己吸引力不大，完全靠自己的毅力让自己坚持学下来；视频时间过长，比如有的老师，一门课程的视频有时超过40分钟，很难完全坚持下来；课程互动过少，有问题得不到及时回应。

由此可见，我们需要反思在虚拟环境中应该如何认识并开展慕课开发，简单的模仿或复制难以适应大规模学习者的学习需求以及教与学环境的需求，忽视了慕课开发的建构性、过程性、情境性。

三、慕课开发中“关系”的断裂

慕课开发过程中“关系”的断裂是慕课出现问题的原因之一。一方面，慕课开发中要素、活动之间“关系”存在断裂；另一方面，慕课发展路径存在“关系”断裂。

（一）慕课开发要素、活动之间“关系”的断裂

教师、学习者与慕课目标、内容、实施、评价构成了慕课开发要素与活动，它们并非孤立的“实体”，而是动态的关联。慕课开发是教师、学生与课程活动进行调适与互动的过程，其本质是在关系互动中创造课程新文化的过程[①]，评价作为课程中不可或缺的一部分，正是不断修正课程的过程性意义。然而，在慕课开发中，过度关注“教”传输“课程目标”，忽略了“学”理解“过程体验”，断裂了慕课开发中的“关系”。

具体表现有：教师预设课程目标既是慕课开发目标，亦是学习者必须达到的终点，外在于过程、先于经验，忽视了学习者内生性学习目标，学习者是在已知知识中被省略与剔除的部分，将事物的意义与学习者发现自身的意义相割裂；课程内容是教师预设的知识，独立存在于认知者之外，而与学习者的经验、直觉、情感无关；知识只能被发现，但是不能被创造，忽视了学习者对文本的解读与意义的阐释；慕课实施等同于微视频的发布，忽视了在线“学”的活动，简化了慕课实施；慕课评价等同于慕课目标的实现与否、课程实施的成功与否的测量，是预期目标的“忠实”与“对照”，忽视了对学习过程、学习情境的关注。

① 冯永华，刘志军．慕课开发的问题、成因及改进路径：基于开设慕课的高校教师调查．现代远程教育研究，2016，(6)：82-92.

这些表现导致学习者、教师、目标、慕课开发活动等均成为割裂的“碎片化”实体，慕课开发过程中忽视学习需求。在调研中，有主讲教师认为，难以关照大规模的学习者群体的学习需求，完全按照自己的课程设计方案实施。这实际上是学习者与课程活动之间、教师与学习者之间、课程活动之间等关系断裂的表现，“过程”变异为“流程”，学习者游离于课程、目标游离于过程、评价游离于学习者以及课程整体演化的失衡等。课程设计、课程实施、课程评价等之间难以对话与调整，既忽视了学习者的学习需求，又忽视了开放性的网络特性以及慕课开发的开放性、过程性、情境性，导致技术与人本的对峙。

总之，若课程设计、课程实施、课程评价等与学习者的学习需求难以适应，则断裂的“关系”碎片缺失了网络“连通”的核心意义。

（二）慕课发展路径的“关系”断裂

慕课发展经历了 cMOOC 与 xMOOC 两种形态。慕课以 cMOOC 形态诞生，实现了“开放”历程的历史积淀与升华，构建了过程性、生成性课程模式；而 xMOOC 的诞生成就了“慕课元年”，慕课以一种新的形式在全球范围内广泛传播，适应了网络环境下不断增加学习需求的满足。然而，前者“在实践中的教学效果和学习效果不佳[①]”，而后者也遭遇开发困境。

但是，历史绝不能被视为必须记忆的一系列事件，而应作为了解现在以及通向未来的机会[②]。cMOOC 凸显了课程实施中的过程性、转变性，xMOOC 凸显了课程实施中的预设性、积累性。二者内在关系的断裂导致预设、积累与过程、转变的本原性联系的断裂，也使当前的慕课开发遭遇到技术主义与人本主义的冲突，忽视了慕课的丰富性、复杂性。因此，慕课开发应在慕课发展历史内在联系中不断完善。

四、学习支持服务与需求失衡

慕课开发对主讲教师及教师团队、慕课平台技术等提出了更高的要求，而学习支持服务与需求失衡是导致慕课开发出现困境的原因之一。

第一，教师团队支持不能满足学习者个性化的学习需求。

慕课开发不但要求慕课教师能够具备一定的学术魅力、教学素养，而且对

① 李曼丽，张羽，叶赋桂．等．解码 MOOC：大规模在线开放课程的教育学考察．北京：清华大学出版社，2013：92.

② 帕特里克·斯莱特里．后现代时期的课程发展．徐文彬，孙玲主等译．桂林：广西师范大学出版社，2007：41.

教师团队提出了更高的要求。在调研中，教师普遍反映，开设一门慕课从前期规划、整体设计到课程录制，再到后期制作，以及组织在线互动与问题解答等，需要投入大量人力和时间。例如，有教师反映：

> 我这门课程从设计、实施到评价过程，我都参与了，并且每天都要花费2个小时积极参与课程论坛，尽量亲自回答学习者提出的问题，因为学习者一定是想得到老师的亲自回复；助教在这个过程中也有参与，但助教不能替代老师，我参与得更多。
>
> 工作量太大，需要一个团队的精诚合作，内容更新后的视频更新是下一步面临的重要问题。
>
> 文学课程的评价非常依赖发表观点式的题目，但是学习者人数一多，对于批改作业的助教与教师来说负担极大，而且难以增加合适的助教。

本章研究调查问卷的统计结果也显示，助教人数多的课程，为学习者答疑或提供帮助优于助教人数少的课程，但是，缺少必要的教师团队支持则导致教师许多设想难以实施。而学习者恰恰对个性化学习目标的实现、学习方式的指导、深度讨论交流、及时的信息反馈以及丰富的教学活动有极大的学习需求。例如：

> 慕课不比面对面学习，还是有较深的孤独感，团队支持是很重要的力量；在慕课学习中遇到的困难是问题得不到及时的解决，希望老师可以在统一的时间回答问题，这样便于学习者对自己学习进度进行及时的调节。教学内容要有足够的吸引力，激发学生的学习兴趣，教学过程根据学习者的反馈进行调整，期望能够和老师实时沟通，很快解决我的疑惑。

因此，教师团队支持不足与学习者个性化的学习需求的矛盾也是导致慕课开发问题的原因之一。

第二，平台支持不能满足课程需求、学习者的学习需求。

在调研中，教师反映：

> 柔性的人文课程，不太适应慕课平台上那种精细化的作业程式，老师需要多想办法加以合理利用，也希望平台能够改善。
>
> 因受限于目前授课平台的功能，课程活动设计还未能达到期望，希望未来能逐步改善平台。

平台需有更大兼容性，比如对于绘图部分难以展现。

目前平台尚不支持用户自定制慕课，希望增加此项功能。

还有老师反映，慕课平台“支持工具少”，“不支持音频对话”，“互评培训中不能上传音频文件”，“难以实时互动”等。

另外，当前慕课讨论区不利于学习者建立网络学习空间，不利于保存同伴“关系”，也影响了深度互动的发生。同时，问卷调查也显示除了学习进度记录工具之外，其他支持工具较少。从学科角度而言，不同类型的课程有不同特色，更加需要差异性、专业性的支持工具；从学习者角度而言，更加需要能够支持个性化学习目标实现、个性化路径形成的工具。因此，平台支持不足也影响了慕课开发的过程。

第四章

理论寻径：两种课程视域的融合

解决慕课开发问题、建构慕课开发，既需要理论引领，也需要实践指导，需要超越单一的视角。泰勒原理所体现的课程开发与课程理解两种课程视域构成了课程研究的基本图景，二者共同为解决慕课开发中理论与现实问题提供了理论基础——泰勒原理作为课程开发的经典表达，为慕课开发提供了科学支撑；课程理解以一种辩证的立场为课程发展寻求新的生存空间与内在生命力，为慕课开发提供了方法论依据。两种课程视域具有不同的研究假设与主张，分别为慕课开发提供不同层面的指导。两种课程视域融合于慕课开发是解决慕课开发问题的根本需要。在视域融合指导下，以有机的视角正视慕课开发的复杂性，实现慕课开发中的课程理解与反思。基于视域融合，我们需要对慕课开发进行理论分析，以关联的逻辑品格澄清慕课开发中转变、生成过程的复杂机理，以个性化学习明确慕课开发的价值取向，以慕课开发样态呈现视域融合的慕课开发表征。

第一节　泰勒原理与课程理解：慕课开发的科学支撑与方法论依据

一、泰勒原理：慕课开发的科学支撑

美国课程理论专家、评价理论专家泰勒（R. W. Tyler）在《成绩测验的编制》（*Constructing Achievement Tests*）一书中确立课程评价的原理，在《课程与教学的基本原理》（*Basic Principles of Curriculum and Instruction*）一书中确立课程基本原理。两条基本原理相互依存构成了泰勒原理。但是，课程基本原理涵盖并发展了原先的评价原理，因此，人们常常将泰勒原理等同于课程基本原理。泰勒原

理是课程研究中的经典模式，它建立了现代课程理论架构，为长期以来无序的课程编制提供了实践模式，促进了课程编制的规范化、科学化、制度化，是课程理论研究中无法回避的课程研究原理，它以课程开发的视角为慕课开发提供了科学支撑。

（一）泰勒原理的主要内容

泰勒原理是以确定四个基本问题为起点，这几个问题是在编制任何课程与教学计划时必须回答的——学校应该达到哪些教育目标？提供哪些教育经验才能实现这些目标？怎样才能有效地组织这些教育经验？我们怎样才能确定这些目标正在得到实现？[①]

其中，目标贯穿于整个课程的设计与评价过程，是课程开发的起点与终点。泰勒并不试图直接回答这些问题，但他提出了研究这些问题的方法和程序。泰勒认为，这四个问题须按照当前顺序进行排列，才能系统回答课程开发的问题，因为所有后面问题的回答都取决于前面问题的答案，在此基础之上形成了课程开发的基本原理，我们通常将其归纳为四个步骤：确定教育目标、选择学习经验、组织学习经验和评价结果（图 4-1）。

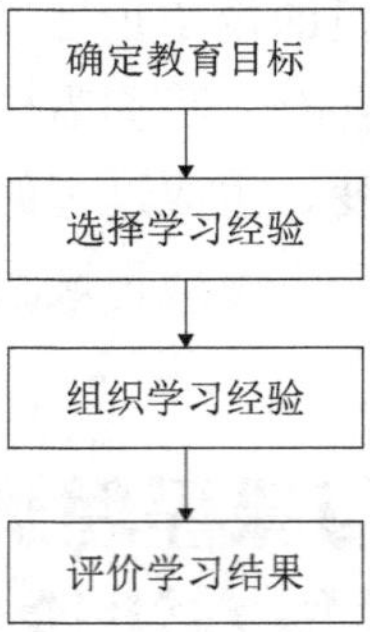

图 4-1　泰勒原理示意图

资料来源：瞿葆奎，施良方．泰勒的《课程与教学的基本原理》：兼述美国课程理论的兴起与发展 // 拉尔夫·泰勒．课程与教学的基本原理．施良方译．北京：人民教育出版社，1994：35.

确定教育目标是泰勒原理的出发点，是整个课程编制过程中最为关键的一步，也是理解泰勒原理的核心关键，它是选择学习经验、组织学习经验以及评价结果的准则与基本依据。泰勒认为，确定教育目标应考虑对学习者本身的研究、对校外当代生活的研究以及学科专家的建议，根据这三个来源分析而获得的一般

① 拉尔夫·泰勒．课程与教学的基本原理．施良方译．北京：人民教育出版社，1994：导言 2.

性教育目标，需要运用教育哲学和学习心理学两个“筛子”筛选出“少量非常重要的目标”，[①]采用行为和内容的形式是目标陈述的最有效方式[②]。

选择学习经验是实现教育目标的基本手段。泰勒认为，学习经验不等同于一门课程所涉及的内容，也不等同于教师所从事的各种活动，而是指学习者与他对作出反应的环境中的外部条件之间的相互作用。[③]泰勒提出了选择学习经验的五条原则：学生必须具有使他有机会实践这个目标所隐含的那种行为的经验；学习经验必须使学生由于实践目标所隐含的那种行为而获得满足感；学习经验所期望的反映，是在学生力所能及的范围之内的；有许多特定的经验可用来达到同样的教育目标；同样的学习经验往往会产生几种结果。[④]同时，他强调学习经验应能够培养学生的思维技能、获得信息、形成社会态度以及培养兴趣。[⑤]

组织学习经验是为了使教育经验产生累计效应，并使之互相强化。泰勒提出，学习经验的组织必须符合连续性、顺序性和整合性的基本准则。连续性是指直线式地重申主要的课程要素；顺序性强调把每一后继经验建立在前面经验的基础之上，同时又对有关内容做更深入、广泛的探讨；整合性是指课程经验的横向联系。[⑥]

评价是泰勒原理中不可或缺的一环。泰勒认为，评价过程实质上是一个确定课程与教学计划实际达到教育目标的程度的过程，是一个确定实际发生的行为变化的程度的过程。同时，评价包括评定学生的学习行为，可以运用多种评价方法，如纸笔测验、观察、交谈、问卷、作品、记录等。[⑦]所以，通过评价能够检验课程计划的实现程度，有助于发现课程设计的缺陷，促进课程与教学计划的不断改进；同时，通过评定学生的学习行为，促进学生的学习与对学生的指导。

总之，泰勒原理以目标为核心，贯穿于课程开发的始终，经由目标确定、选择与组织经验及评价目标实现程度四个环节，提供了一个系统的课程研究的开发模式，它被公认为是现代课程开发理论的奠基石[⑧]。泰勒原理重在回答“如何做”，指向课程开发实践，并将评价引入课程开发过程，通过评价可实现目标、内容的改进与完善，建立了课程开发的基本架构。泰勒原理侧重于一项课程计划

---

① 瞿葆奎，施良方．引言 // 拉尔夫•泰勒．课程与教学的基本原理．施良方译．北京：人民教育出版社，1994：18.

② 拉尔夫•泰勒．课程与教学的基本原理．施良方译．北京：人民教育出版社，1994：37.

③ 拉尔夫•泰勒．课程与教学的基本原理．施良方译．北京：人民教育出版社，1994：49.

④ 拉尔夫•泰勒．课程与教学的基本原理．施良方译．北京：人民教育出版社，1994：51-53.

⑤ 拉尔夫•泰勒．课程与教学的基本原理．施良方译．北京：人民教育出版社，1994：53-65.

⑥ 拉尔夫•泰勒．课程与教学的基本原理．施良方译．北京：人民教育出版社，1994：67-68.

⑦ 拉尔夫•泰勒．课程与教学的基本原理．施良方译．北京：人民教育出版社，1994：85-87.

⑧ 刘志军．走向理解的课程评价：发展性课程评价理论探索．北京：中国社会科学出版社，2004：30.

从无到有、从不完善到完善的具体操作程序，为课程开发提供了“处方”性实践，具有操作性。泰勒原理已经在事实上成为一种课程的元叙事[①]，成为现代课程开发的一种经典原理。

（二）泰勒原理对慕课开发的启示：重视课程设计与评价

泰勒原理提供了一个达到预定课程目标的操作程序，注重课程设计与评价。它为慕课开发提供了理性的实践框架与逻辑思想方式，使我们认识到慕课开发中目标、内容的选择与组织、评价的不可或缺性，课程设计与学习评价成为慕课开发不可或缺的部分。此外，泰勒原理对学习经验的关注也为慕课开发对学习者的认识提供指导。

1. 慕课开发应具有理性的实践框架

泰勒原理围绕四个问题提出了课程开发的解决方法与程序，它重在为课程开发提供设计与评价的架构，并以目标导向促进课程计划的实施、教学效率的提高，赋予课程开发的“理性”框架。多尔曾说，“对人类来说，没有什么比目的、规划、目标的设定、实施与评价更为重要的了。在此泰勒是正确的”[②]。慕课开发属于课程开发的范畴，它终究需要在实践中体现，“只要有课程存在，就必然要进行课程编制和课程评价，泰勒原理不可替代”[③]。因此，泰勒原理为慕课开发提供了理性的实践框架与逻辑的思想方式，它使我们认识到慕课开发中目标、内容以及实施、评价的重要性，为慕课开发提供了一种理性架构。

但是，需要我们理性认识的是，泰勒原理过于重视课程预设的目标、课程的规划和设计、程序性的课程实施、课程目标达成度的评价，专注于预设的知识体系，忽视了学习者的主体性、课程开发的过程性和开放性等。所以，在课程研究的后续发展中，出现了对泰勒原理的批判与纠偏。而对于慕课开发而言，也需要多视角的指导。

2. 学习评价是慕课开发不可或缺的一部分

在课程发展史上，把评价引入课程开发过程是泰勒在课程研究中的一个创举[④]，泰勒也因此被誉为“教育评价之父”。泰勒将评价过程看作是一个确定课程

---

① 汪霞．课程研究：现代与后现代．上海：上海科技教育出版社，2003：28.

② 多尔．后现代课程观．王红宇译．北京：教育科学出版社，2000：241.

③ 喻春兰．从泰勒原理到概念重构：课程范式已经转换？：论现代课程范式与后现代课程范式之关系．教育学报，2007，（3）：34-40.

④ 刘志军．走向理解的课程评价：发展性课程评价理论探索．北京：中国社会科学出版社，2004：28.

与教学实际达到目标程度的过程，它是课程开发的整个系统运行的基本环节与基本保证。评价既是泰勒原理中的一环，又渗透在课程开发的每一个环节之中，渗透在编制计划、学习者的学习行为等过程中，它提高了课程开发的科学性以及对学生学习行为的判断。因此，学习评价是慕课开发不可或缺的一部分。慕课开发是动态的、不断演化的整体，评价能促进慕课开发在不断设计、实施过程中的不断修正、完善；同时，也促进对慕课学习者学习行为、学习过程、学习结果的反馈与评价。总之，评价为慕课开发的目标、内容、实施等提供了反馈信息与检验方式，在慕课开发中，评价的过程也是促进课程不断地调整和改进的过程。

3. 慕课开发应关注学习者起点

泰勒原理把对学生的研究作为教育目标来源之一的观点，指导我们在慕课开发过程中，尤其是内容选择、实施互动中，应注意对学生的需要、兴趣、学习特征等方面的研究。泰勒认为，“学习就是通过学习者对他所处的环境做出反应而产生的”，“经验涉及学生与其环境的相互作用”，学生是一个主动的参与者，“学生的环境的某些特征吸引着他的注意力，学生所做的，正是对这些特征的反映”。[①] 另外，在学习经验组织以及学习结果评价时，学习者的实际反应也是课程不断改进与发展的依据。慕课开发中，将慕课设计、实施、评价与学习者的学习情境或学习经验相联系，在相互促进中推动慕课开发。

尽管泰勒原理关注了学习者起点——学习经验、主动性，但并未脱离“跑道”的预设。它更加强调学习者在教育者所制定的“跑道”中的主动适应、主动参与，而学习者并不参与目标的确定、课程的设计与评价，这是我们在慕课开发中需要慎思之处。要做到真正解放学习者，慕课开发还需要其他课程视角的指导。

因此，在泰勒原理指导下，慕课开发围绕教师制定的课程目标，重视课程目标、慕课内容（微视频等学习材料）及学习评价，由课程目标导向预期结果，并通过测验、作业、考试等方式来检测学习者与课程目标的达成程度。学习者积极参与内容与资源的学习以及测验、作业与考试，但并不参与目标、课程设计等。教师是课程开发的主体，负责制定课程目标、课程设计，实施学习评价，学习者主要接受知识。这种模式重视课程设计，但忽略了在线交互及学习者的学习体验，忽视了课程开发过程、事件、情境及各要素之间的内在关系，因此，研究慕课开发还需要继续探寻理论路径。

---

① 拉尔夫·泰勒. 课程与教学的基本原理. 施良方译. 北京：人民教育出版社，1994：49-50.

二、课程理解：重构慕课开发的方法论依据

20世纪60年代末，人们认识到科学原理、技术模式难以解决课程领域的所有问题，将课程开发窄化为目标和结果的线性程序更难以解释课程的复杂性。以“泰勒原理”为代表的现代课程开发遭到批判，课程领域进入反思、冲突与转化的历程。其间，施瓦布（J. Schwab）提出“实践模式”，斯腾豪斯（L. Stenhouse）提出“过程模式”以对现代课程开发进行改造，增强课程实施的过程性，并对该过程中涉及的要素及其关系进行不断修正与评价，重视师生在课程开发过程中的主体性。而派纳（W. F. Pinar）则提出“概念重建”，彻底重构课程，致力于对传统课程研究进行一场“范式革命”。[①]经过概念重建之后，课程研究开始出现丰富的、复杂的多元视角，课程研究领域开始从“如何有效开发课程”向“如何理解课程”转变，形成课程理解学派。课程理解并不在于建构一种新的课程原理，而重在过程之中以多元理解与解释拓展课程的丰富性，展开多样化的课程探索。

（一）课程理解的学派与观点

课程理解把哲学话语与课程研究相结合，并没有形成统一的理论体系，但具有一致性立场——致力于消解传统的课程话语，解构宏大叙事，质疑工具理性及其稳定的宇宙观的哲学基础，反对同一与霸权，强调回归人文价值理性，崇尚多元与差异，以一种辩证的立场为课程发展寻求新的生存空间与内在生命力。因此，课程理解鼓励个体对课程进行本源性意义的重建与自传式的多元意义理解，重视个体经验与教育情境；强调课程是包含跑道本身的跑的过程，是多元化的文本，关注课程活动的不稳定性、非连续性、复杂性及个体思维的情境意义、有机的整体联系以及基于主体的自传式的独特视角的文本理解，昭示了一种“建构性、探究性的认知范式”[②]，侧重于从哲学层面对主体、文本、情境、意义等进行解读。

课程理解拥有多元的课程话语、众多研究学派。派纳的概念重建、弗莱雷（P. Freire）的反思性实践及多尔的建设性后现代课程观为慕课开发研究提供了更加适切性的视角，促进慕课开发的重构。

1. 派纳：主张个体自我意识的提升与存在经验的发展

派纳是概念重建流派的代表人物。概念重建旨在使课程研究从技术性的、

① 杨明全. 课程论. 北京：中国人民大学出版社，2016：191.

② 郝德永. 从本质主义到生成性思维：课程探究逻辑的后现代转换. 高等教育研究，2005，（5）：71-75.

实践导向的、非理论的和非历史的领域转变为理论化的、概念自主的，本质上是历史的、个体的和运动变化的领域。[①]派纳将课程置于社会、政治、文化、经济等广泛的背景之中来理解，将课程视为符号表征，是负载意义的文本，具有多元视角，联系个体的精神世界和生活体验、基于个人的视角去理解与解释课程符号所承载的意义，还课程以丰富的课程话语与多元意义。

派纳主张个体自我意识的提升与存在经验的发展，是概念重建学派中“存在现象学”课程理论的代表人物。存在现象学充分肯定个体的存在价值，强调个体对其“自我履历”的“概念重建”，指向“个体的解放”，这里的个体不再是抽象的象征，而是课程的中心；“解放”是一个永无休止的过程，“并不意味着某种已经完成的或者静态的结果”，[②]它是一个过程，是一个个体与文本、他人及个体自身展开相互作用的过程。

派纳从个体解放的角度，强调个体的生活经验和存在经验的重要性。派纳认为人是意义的诠释者和创造者，所有活动应从自我开始。课程是个体对自我经历（或者自传、自我履历、体验）进行概念重建的过程，是不同的体验的存在。其核心表现为“生活连续体”，包括文本、学生的及时反应、学生的个体经历。正是基于三者之间的相互作用，课程使文本转化为学生个体经历的一部分，并逐渐融于学生的生活经验之中。[③]派纳从词源学角度提出课程是“在跑道上奔跑”的过程，是一个过程、一种活动，一种“内心的旅行”[④]。派纳的课程重建充分肯定了学习者作为课程的中心，课程也是学习者主体性生成的过程。

2. 弗莱雷的反思性实践：追求人的解放

弗莱雷是概念重建流派中“批判课程理论”的代表人物。批判课程理论强调通过批判意识形态而达到社会公正，进而实现人的自主与解放，他们认为知识的形成不是单纯对外在实体的描述，而是朝向批判理解和解释心灵的自我知识。[⑤]实现人的“解放”是当前课程流派追求的目标。

弗莱雷提出了教育作为反思性实践的思想，重视人的价值、人性化。他认为人生活在一个他们不断再创造和改造的世界之中[⑥]。教育的终极价值在于寻求

① 汪霞．课程研究：从现代到后现代．湖南师范大学教育科学学报，2003，(1)：32-36.

② 汪霞．课程研究：现代与后现代．上海：上海科技教育出版社，2003：64.

③ 刘志军．走向理解的课程评价：发展性课程评价理论探索．北京：中国社会科学出版社，2004：35.

④ 汪霞．建构课程的新理念：派纳课程思想研究．全球教育展望，2003，(8)：40-44.

⑤ 陈伯璋．课程研究与教育革新．台北：师大书苑有限公司，1987：27.

⑥ 保罗·弗莱雷．被压迫者教育学(30周年纪念版)．顾建新，赵友华，等译．上海：华东师范大学出版社，2001：46.

解放，在于培养学生的主体意识与社会批判精神。弗莱雷提出，实现批判性意识需借助于反思性实践。反思性实践主要由反思和行动构成，二者同时发生，批判性反思也是一种行动，它们是相互联系、不可分割的统一整体，行动与反思共同构成实践。[①]在“反思性实践”中，人是建构的主体，因为“只有人是实践的，这种实践是知识与创造的源泉，人的改造性活动具有创造性”[②]。为实践与反思搭建桥梁的是对话，对话是一种创造性行为，是一种主体行为，也是以世界为中介的人与人接触。[③]只有建立在平等、信任、批判性思考等基础之上，对话才是一种双方平行的关系。因此，课程成为行动过程与反思过程的统一，对话不仅存在于师生关系、社会关系之中，课程的计划、实施与评价相互作用的过程也是一个“对话”的过程。弗莱雷重视人的存在性、创造性，最终指向人的解放。弗莱雷的“反思性实践”思想对批判的课程开发有很大影响。[③]甚至有学者认为，批判课程理论的课程本质可概括为一种“反思性实践”（praxis）。[④]

3. 多尔的后现代课程观

多尔被认为是后现代课程观的集大成者[⑤]。他构建后现代课程模体，描述了以丰富性、回归性、关联性、严密性及相互融合为基础的课程体验过程。多尔更强调课程的如下属性。

1）课程是一个开放的系统，具有自组织与转变的特性。多尔认为，课程是一个开放的系统，本质是转变性；变化而非稳定是他们的实质。[⑥]挑战、干扰与分裂构成了转变过程的必备条件。

2）课程具有过程性。多尔从发展、对话、探究、转变等过程性角度而不是从内容或材料的角度来界定课程。课程不再被视为固定的、先验的“跑道”，而是师生共同探索的过程，“每一个实践者都是课程创造者和开发者”[⑦]，每一个结束都是一个新的开始，每一个新起点都历史性地与其过去相联系；而学习则成为意义创造过程之中的探险。课程采用隐喻的描述方式引发对话，“开放的、互动的、共同的会话是构建后现代课程的关键”[⑧]。

---

① 保罗•弗莱雷 . 被压迫者教育学（30 周年纪念版）. 顾建新，赵友华，等译 . 上海：华东师范大学出版社，2001：68-71.

② 保罗•弗莱雷 . 被压迫者教育学（30 周年纪念版）. 顾建新，赵友华，等译 . 上海：华东师范大学出版社，2001：48.

③ 刘志军 . 走向理解的课程评价：发展性课程评价理论探索 . 北京：中国社会科学出版社，2004：36.

④ 张华 . 课程与教学论 . 上海：上海教育出版社，2001：28.

⑤ 刘祥辉，程家福 . 从泰勒到多尔：后现代课程观的解读及启示 . 继续教育研究，2008，（5）：151-153.

⑥ 多尔 . 后现代课程观 . 王红宇译 . 北京：教育科学出版社，2000：19-21.

⑦ 多尔 . 后现代课程观 . 王红宇译 . 北京：教育科学出版社，2000：23.

⑧ 多尔 . 后现代课程观 . 王红宇译 . 北京：教育科学出版社，2000：11.

3）课程是一个具有复杂性的有机整体，是关系的存在。课程系统中各组成部分不再相互独立，而是相互联系，以系统整体的关系视角来界定课程的整体意义，在动态的、协商的、创造的过程中整合主体 / 客体、心灵 / 身体、课程 / 人、教师 / 学生、我们 / 他们的关系。①

多尔构建了后现代课程模体“4R”。“4R”分别是指丰富性（richness）、回归性（regression）、关联性（relevance）、严密性（rigidity）。② 其中：①丰富性描述了课程具有不同的深度、意义和层次，课程具有多种可能性或多重解释性，需要在学生、教师、文本之间不断地予以协调；②回归性描述了开放框架的过程中，以终点为新的起点，呈现一种螺旋式上升的状态，对话与反思是促进回归发生的重要条件；③关联性描述了教育联系与文化联系，关注课程结构的内在联系与学习者的历史、语言与地域的关联，使课程在历史背景、文化背景的多样性中，基于对话与反思，不断寻求意义；④严密性描述了在不确定性、多元化、解释性、开放性基础上的严密，意味着在文本交互、与他人对话中有目的地寻找不同的选择方案、关系和联系。

（二）课程理解的立场与课程要素

派纳的概念重建、弗莱雷的反思性实践及多尔的建设性后现代课程观有不同的学术观点，但透射出的课程主张具有一致性立场：重视主体参与的课程实施。

1. 课程重视个体经验与主体性，指向人的“解放”

课程理解将人看作具有能动性的主体，是意义创造者、建构者，重视人的体验、反思、主动参与，注重自我意识的存在和提升，并通过自我反思与对话走向个体的自主与解放，实现人的主体性。

派纳的概念重建与弗莱雷的反思性实践均指向人的解放。前者重视人的存在性和创造性，强调个体自身对其自传进行概念重建的能力，课程在个体共享自传性叙述的基础之上，“成为重构个体生活观、价值观的过程”③。后者主张人是知识、意识形态与文化的创造者，并通过人的自我反思的行为对知识进行批判，进而实现个体的自我解放。“解放”意味着“从外在于个体的存在中获得独立”，它整合了自主与责任④，学习者自主参与课程、建构课程、创造课程，并在自我

① 多尔. 后现代课程观. 王红宇译. 北京：教育科学出版社，2000：83-88.
② 多尔. 后现代课程观. 王红宇译. 北京：教育科学出版社，2000：250-261.
③ 帕特里克·斯莱特里. 后现代时期的课程发展. 徐文彬，孙玲，等译. 桂林：广西师范大学出版社，2007：6.
④ 张华. 课程与教学论. 上海：上海教育出版社，2001：29.

反思与对话中获得解放。多尔的后现代课程尊重主体理解的文化、地域背景与差异，强调课程是通过参与者的行为和相互作用而形成，所有课程参与者均是课程的开发者、创造者，并将教师作用描述为“平等者中的首席”，既使得教师角色得以重建，又表明学习者是学习参与的主体、意义建构的主体。

2. 课程是多元价值的文本

课程理解将课程视为多元价值的文本，不同的认识主体可从不同的价值意义解读。派纳指出，课程既指实践的事情，又提升其符号潜能，从仅仅是学校材料转向符号表征，并从政治的、种族的、自传的、现象学的、神学的、国际的、性别的等不同视角对课程符号进行理解，呈现了多元化的课程话语。课程成为多元价值解读的文本，通过文本解读，解构既有的“宏大叙事”，还课程以丰富的意义，为多元的理解与解释拓展空间。[①] 弗莱雷从社会的、文化的视角对课程进行诠释，主张课程在行动中反思，在相互作用的世界中进行，是师生共同创造意义的过程。[②] 多尔认为课程是开放的、转变的系统，课程成为一种经验转化的过程，个人反思和基于反思的共同讨论是这种课程的关键成分[③]，是课程的核心与转变的本质，课程成为创造和重新创造我们和我们的文化的工具[④]。

3. 课程是“复杂的会话”

课程理解认为课程是教师与学生自主进行课程创造的过程，是“复杂的会话”。派纳认为课程是“放在交互的活动及自我、他人及课程之间的协议”[⑤]，教师与学生在个体经历、自我意识、自我反思、自我建构基础之上开展“复杂对话”，进而在个体自我反思与知识批判中达到主体的自由与解放。课程作为一种反思性实践，即意味着课程在社会的、文化的背景中进行社会性建构的过程，课程通过师生在对话、反思之间的概念重建，而实现对自我、对他人、对文本以及对世界的把握与理解。多尔认为“保持会话继续”，是开展课程过程的必要条件，是转变自组织的过程，没有对话就没有转变；它包括了教师、学生与文本之间的对话，以及课程主体的自我对话，并鼓励、要求教师和学生自由地通过相互作用

---

① 威廉·F. 派纳，威廉·M. 雷诺兹，帕特里克·斯莱特里，等 . 理解课程：历史与当代课程话语研究导论（上）. 张华等译 . 北京：教育科学出版社，2003：15-16.

② 刘志军 . 走向理解的课程评价：发展性课程评价理论探索 [M]. 北京：中国社会科学出版社，2004：35-37.

③ 多尔 . 后现代课程观 . 王红宇译 . 北京：教育科学出版社，2000：139-140.

④ 多尔 . 后现代课程观 . 王红宇译 . 北京：教育科学出版社，2000：181-188.

⑤ 袁桂林 . 派纳论“概念重构”和“理解课程”. 外国教育研究，2003，(1)：1-8.

发展自己的课程。[①]

4. 过程是课程的本质属性

课程理解将课程作为动态的实践与反思的过程、师生在共同交往中形成的生活世界、在教学情境中生成的教学事件。派纳认为，课程已成为一个动词，它是一种行动、一种社会实践、一种个人意义以及一个公众希望……在转变我们的同时也转变自身[②]……是透过自身生命体验和自觉的一种生活历程。[③]弗莱雷认为课程是一种创造意义的过程，是一个行动的过程，是行动与反思动态相互作用的过程。多尔认为课程是师生共同建构的复杂的过程，而建构模体中的"回归性"更是融入了个人的反思及课程的螺旋生成过程，在课程经验转化的过程中没有固定起点与终点，二者相互转化、不断生成。因此，课程是复杂对话的过程，是创造意义的过程，是参与者共同建构的过程。

5. 注重知识生成的情境性

课程理解主张以"活"的知识来解释世界，将课程置于社会、文化、历史等背景之上，与个体的精神世界、个体的教育性经验以及生活体验相联系，进而理解与诠释课程意义，促进知识生成。派纳推崇"自我履历"的课程，尊重个体的社会历史情境，重视在具体情境之中意义与行为的交融，实现课程参与者创造性的发挥。弗莱雷认为，反思性实践应产生于人们所处的具体而现实的实践环境和真实的问题之中。在"情境中"构筑了现象学的"生活世界"，理论和实践才能挂钩，意义和行为才能交融，人的学习才能发挥其创造性和有丰富的意义。[③]多尔强调课程发展的实践性，教与学需要基于实际处理，并从自身局部的"存在方式"来考察，需要以一种"具体的、特定的……无限地受情境影响的因而对意外的变化具有高度反应性"的方式来处理[④]。

由此可见，课程理解昭示了一种建构性、探究性的课程观，强调课程实施过程，是一种对意义和价值主动追求的"心路历程"。教师与学生真正成为课程主体，并允许他们基于个体履历在对话之中创造出更加复杂的学科秩序与结构，从而实现个体的自我重建、自我意识与社会意识，实现在过去、现在和未来基础上的理解。课程理解视域下课程是教师、学习者、文本在情境中对话、建构生成多重意义的过程，教师、学习者、文本、情境构成了课程基本要素，要素之间互

---

① 多尔．后现代课程观．王红宇译．北京：教育科学出版社，2000：231-240.

② 威廉 F. 派纳，威廉•M. 雷诺兹，帕特里克•斯莱特里，等．理解课程：历史与当代课程话语研究导论（下）．张华等译．北京：教育科学出版社，2003：868.

③ 袁桂林．派纳论"概念重构"和"理解课程"．外国教育研究，2003，（1）：1-8.

④ 多尔．后现代课程观．王红宇译．北京：教育科学出版社，2000：231-238.

动、交织，其核心指向人的解放（图 4-2）。情境是课程理解发生的场域，对话是个体与自我、个体与他人、个体与社会、个体与文本之间的互动，教师、学习者均是课程理解的主体，并在教师理解与学习者理解的协商中指向学习者的解放。教师理解包括对学生的理解、对文本的理解、对情境的理解及自我理解；学生理解包括对教师的理解、对其他学习者的理解、对文本的理解及对情境的理解；多方主体在理解、对话与协商中构建课程的丰富的意义，并通过对话反思、关联寻求课程的多样性。课程理解指向学习者个性的“解放”，解放意味着个体获得独立，是一种自主而负责的状态，只有通过自我反思的行为（即自我回归自身的行为）解放才是可能的。因此，解放所指向的是主体的诞生，其核心是对主体赋予权力[①]。

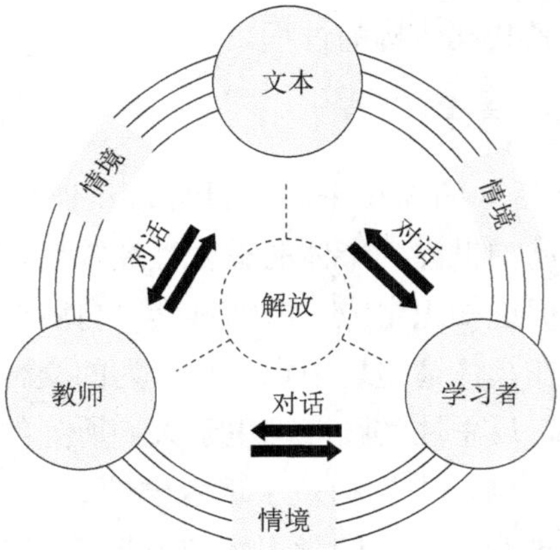

图 4-2　课程理解下的课程要素及关系

总之，课程理解透射了课程实施的过程与课程主体的主体性发挥，使慕课开发研究突破了单纯课程开发的程序论证，将课程置于文化、社会、种族等背景上，以有机的、整体的视角联系主体、过程、情境、对话、反思来促进多元理解。尽管课程理解挑战了泰勒原理体现的课程开发，但课程开发并未令其走向式微，因为课程研究需要理论反思与实践反思的结合。

（三）课程理解对慕课开发的启示：重视慕课实施

在课程理解指导下，慕课开发重视课程实施的过程，重视教师、学习者、文本、情境的基本要素，并指向学习者的“解放”，慕课开发成为开放的、非线性的、有机的过程，是大规模学习者共同“奔跑”形成的动态实施过程。课程理

① 张华．课程与教学整合论．教育研究，2000，(2)：52-58.

解为慕课开发提供了方法论意义上的指导：慕课开发应注重有机的关系联结；注重发挥主体性，注重对话与反思；注重开放性与过程性的转变；重视情境的创设；重视自组织的发生。

1. 慕课开发应注重有机的关系联结

课程理解重视情境与意义的关系、课程要素之间的关系，以及个体与他人、个人与课程的关系等。任何关系的断裂都将影响课程的生态发展。在课程演进过程中，没有继承，课程理论就会断裂；没有创新，课程理论就会枯竭①。因此，慕课开发应理性看待历史和现状，并以批判继承的态度审视慕课开发的未来；慕课开发应重视教师与学习者的对话、慕课开发要素与慕课开发活动的联结、碎片与逻辑的统一、慕课开发环境中时间与空间的协商、慕课对话中意义与情境的关联、慕课文本与学习者的境遇、资源预设与生成的关联、慕课实施中显性事件与隐性内涵的关联等，实体之间的联系构造了关系，关系之间的协商形成了生态。慕课的开放性、复杂性、变革性正是体现在关系的互动与生成之中，也缔造了慕课理论与实践之间的联结。

2. 慕课开发应发挥主体性，注重对话与反思

从以“泰勒原理”为代表的课程开发到课程理解的发展，均关注到了课程中“人”的问题，但相对于泰勒原理中抽象的人、社会的人而言，课程开发更加关注具体的、个体的人，以个体的“解放”旨在回归主体性，突出学习者的自主、自由、责任、反思，鼓励学习者在主动参与中进行自传性反思、多元解释、主动性建构以及情境理解。慕课开发应发挥学习者的主体性，视学习者为课程文化的创造者，注重学习者在各自个体履历、文化背景、学习体验以及情境中对课程文本的自传式理解，在全面理解文本的过程中认识自我；使学习者与教师拥有平等的权利，教师成为“平等中首席”的促进者，在教师与学习者的对话中，提升学习者个体对自我历史进行概念重建的能力，促进学习者对课程的多元理解与反思，在此基础之上，建立教师、学习者、文本之间的对话，促进学习者与自己、与他人、与情境相互联系能力的发展，使课程成为行动与实践性反思的统一。

3. 慕课开发应注重开放性与过程性的转变

课程理解将课程理解为一个开放过程，并在过程中鼓励变化，注重转变，

① 靳玉乐．探寻课程世界的意义：课程理论的建构与课程实践的慎思．北京：北京师范大学出版社，2014：132.

则慕课开发重视“奔跑过程”中动态生成的过程，包括课程目标、文本、情境、事件、意义。慕课开发应该在开放的过程中，关注主体、文本、情境之间复杂对话，实现动态的慕课设计、慕课实施以及协调性的慕课评价，使慕课开发成为开放性、关联性以及生成性的融合过程。所以，过程性是实现动态慕课开发的基本需求，也是学习者实现解放、意义转变与生成的需要。

4. 慕课开发应重视情境的创设

注重情境是课程理解赋予课程开发的基本特性之一。课程理解视课程为不确定、情境性、价值负载的文本，具有开放的、多元的解读视角，课程主体在各自的历史、文化背景中对课程文本进行理解，根据自己的履历与经验去建构。慕课开发应重视情境的创设，培育与创设促进生态的、知识共享的情境，以促进课程主体在各自履历情境之上的意义建构。

慕课主体浸润在一个超越时空的信息世界中，但“不管是在线、面对面抑或两者俱备，学习和知识都需要一个民主的、多样的环境”[①]，课程情境的创设促进学习者有意义的课程建构。学习者是知识的体验者与创造者，学习是“对不断变化的实践的理解与参与”，学习“是整体的、不可分割的社会实践，是现实世界创造性社会实践活动中完整的一部分”[②]。真实的学习活动、真实的实践场域、学习共同体的社会性参与等，均构成了情境创设的基本途径。允许学习者通过多种方式（传递性学习、自发性学习、获得性学习和附加性学习）、多种活动（如自我展示、辩论与对话）和多种设备（计算机、移动设备）在多层面上进行对话与意义建构，以实现“浸入式”情境的学习。

5. 慕课开发应重视自组织的发生

课程理解将课程看作一个开放、非线性、有机的系统，干扰、问题或混乱使系统处于不稳定性状态，而系统再次进入高层次的秩序化需要自组织为再发展提供动力。因此，慕课开发应重视自组织发生，促进课程主体反思、行动与对话的发生，促进课程的转变与生成。

在网络环境下，学习是网络结构中自组织学习所形成节点的重构与联结过程。对于个体而言，构建个人学习网络比拥有知识更加重要；对学习社区而言，在学习网络的形成过程中，知识的去中心化以及分布式认知颠覆了以往由专家、教师所主导与控制的连通。而开放式、自主式的学习允许学习者个体以自我决策

① 乔治·西蒙斯．网络时代的知识和学习：走向连通．詹青龙译．上海：华东师范大学出版社，2009：42.
② J. 莱夫．情景学习：合法的边缘性参与．王文静译．上海：华东师范大学出版社，2004：2-3.

的方式连通知识，学习成为一种自组织的网络连通过程，学习者在复杂网络之中自主建立连接、自觉协作、自发构建网络，进行持续的学习活动，“社会化是连通性的给养”①。所以，慕课学习从个体而言有学习者自我组织的学习过程；从社会性群体而言，又是学习者将内部知识网络与外部知识网络进行连接的自组织过程。不同需求的学习者构成了知识网络的过滤器、中介者与建构者，他们构成个人学习网络的构建者、组织者，同时也是所处社区的社会性网络的重要节点，形成知识的分布式结构形态。重视慕课学习社区的自组织学习过程，注重学习者自我反思以及课程主体的对话，注重培养、存储、引导和利用外部网络的“知识流”，是促进以个性化网络学习为中心的社区知识网络连通与聚合的关键。

综上所述，课程理解指导下的慕课开发以慕课实施为主，教师、学习者、文本、情境构成了慕课开发的基本要素，并指向学习者的解放。慕课开发在学习者主体的理解、诠释与反思下，是一种开放的、动态的、有机的生成过程，学习者自觉以个人经历去体验、理解、建构，并与教师、其他学习者、文本进行对话，共同的会话是促进意义转变的关键；目的产生于生成之中，学习结果又是推动学习者发展和慕课开发的新起点，文本在理解与诠释中不断生成；同时，各要素之间相互关联，学习者的个人经历被编入慕课开发的过程。因此，课程理解为慕课开发提供了一种问题解决的方法论，从课程的关联、开放、有机、过程、动态看待慕课的复杂性，为慕课开发提供理论指导。

第二节　两种课程视域的融合：促进“理解”的慕课开发

泰勒原理与课程理解均产生于不同的时代背景，二者具有不同的研究假设与主张，解决不同层面的课程问题。但是，我们不能就此判断二者是“对立两极”或“相互取代”。实际上，两种课程视域的融合是慕课开发的根本需要，而融合泰勒原理与课程理解的视域于慕课开发，我们需要将实体与过程的思维观、预设与生成的目标观、“蓝本”与“文本”的内容观、忠实与创生的实施观、过程协调与结果判断的评价观融合于慕课开发。

① 乔治·西蒙斯. 网络时代的知识和学习：走向连通. 詹青龙译. 上海：华东师范大学出版社，2009：63.

一、视域融合是慕课开发的根本需要

（一）解决慕课开发困境需要视域融合

斯腾豪斯说："不管人们是否赞同'泰勒原理'，也不管人们持什么样的哲学观点，如果不探讨泰勒提出的四个基本问题，就不可能全面地探讨课程问题。"[①] 慕课开发从本质而言属于课程开发的范畴，对于课程开发，泰勒原理是把课程理想变为课程现实的不可或缺的一环，也是课程从理论到实践的必经之路。[②] 但是慕课作为一种特殊的课程形态，集大规模、开放性、在线性于一体，并以大规模学习者的聚集与重组营造了自由、分享、合作的参与式文化，它的复杂性、多重性需要我们以多元的、有机的、开放的视角看待慕课开发。

在课程研究中如果只注意其中的某一个层次而完全无虑其他，就见不到课程全貌，存在扭曲课程本质的隐患。[③] 对于慕课开发，欲解决慕课开发中的困境，不仅要解决怎样开发的问题，还应解决价值立场与意义追问的问题；不仅要解决慕课开发要素、开发活动的问题，还应探寻主体、要素、活动之间的关系问题；不仅要解决教师课程的问题，还应建构学习者课程的问题。慕课开发既是实践的过程，也是多元主体反思的过程。因此，解决慕课开发困境，既需要逻辑架构，又需要创造性的合理想象；既需要尊重实体的存在，又需要兼顾课程主体的需求、反思以及对过程、关系的诠释。因此，我们需要融合科学方法与哲学方法，融合两种课程视域的优势，以有机的视角正视慕课开发的复杂性与多重性，既见"树木"又见"森林"，促进课程理想与课程现实的融合，实现课程理解中的慕课"开发"。

（二）克服两种课程视域下慕课开发的局限需要"融合"

泰勒原理指导下的慕课开发与课程理解下的慕课开发各有局限，二者优势互补与融合，方能呈现课程开发全貌。

尽管泰勒原理为慕课开发提供了一种理性的、逻辑的思想方式，以"处方"式的实践方案，建立了评价与目标、内容不可分割的联系；但是泰勒原理更加侧重于课程设计，并未重视课程的实施过程，泰勒原理指导下的慕课开发亦关注预定课程目标与操作程序，学习者经验与学习需求被排除在外，忽视了慕课开发过

① 转引自施良方 . 课程理论：课程的基础、原理与问题 . 北京：教育科学出版社，1996：169.

② 喻春兰 . 从泰勒原理到概念重构：课程范式已经转换？：论现代课程范式与后现代课程范式之关系 . 教育学报，2007,（3）：34-40.

③ 刘志军 . 走向理解的课程评价：发展性课程评价理论探索 . 北京：中国社会科学出版社，2004：21-22.

程、事件、情境及各要素之间的内在关系，遮蔽了慕课开发的丰富性与复杂性。所以，僵化、封闭以及缺少反思的慕课开发需要在泰勒原理指导的基础之上汲取建构性观点，谋求基于人本价值的开放与多元理解。

而在课程理解指导下，慕课开发完全在“奔跑”中，以开放、动态的姿态演变，没有界限。从理论上讲，完全失去边界可能失去了课程的严密性；从实践上讲，课程理解指导下的慕课开发，有一定的理想主义，理论指导多于实践研究，缺乏适切的行动方案，难以在实践中操作。所以，理想主义的慕课开发需要在课程理解基础之上探寻适切的课程实践的行动方案，使课程理想成为课程现实。

派纳在预测课程时说，课程理解的最终目的是对课程与课程事件赋予新意义，但是如果真正使这种意义实现则需要通过课程开发过程。所以课程理解是指向于课程与课程开发过程的根本转变，而不是文字游戏。[①] 因此，课程在教师与学习者对课程事件理解过程中形成新的意义，而要真正实现这种意义则一定需要借助于课程开发。如果全盘否定泰勒原理的指导，则慕课开发可能陷入封闭循环；如果完全没有边界，则失去了慕课开发的“严密性”。因此，只有理性认识课程开发，才能重构课程理解的开放性、复杂性与转变性。慕课开发需要从泰勒原理与课程理解的内在融合统一中寻找结合点，实现“严密”中的开放。

（三）理性看待“开发”与“理解”

我们应该排除对“开发”与“理解”的误解，并非一提到“开发”就意味着控制理性下的程序，提到“理解”也并不意味着就是理想化的课程。二者是不同课程品格的体现，在慕课开发中需要“理解”，慕课开发既要着眼于人本价值的理论支持，又需要通过“开发”过程实现价值意义；保留宏大叙事合理的课程要素，重视课程开发过程中的差异性、异质性、不确定性等，在实践中探讨关系、过程、意义与多样性，实现理解；在理解中重塑实践，真正澄清课程开发的面貌，只有在慕课开发中融合开发与理解，寻找恰当的结合点才能真正实现主体“理解”中的慕课“开发”，促使慕课开发的改善。

二、视域融合指导慕课开发

泰勒原理与课程理解能够在慕课开发研究中实现视域融合：将泰勒原理重视课程设计、评价的视域与课程理解重视课程实施的视域进行融合，使设计、实施与评价在开放性的过程中成为相互依存、相互作用的整体，进而在慕课开发实

① 袁桂林．派纳论“概念重构”和“理解课程”．外国教育研究，2003，（1）：1-8.

践中探讨关系、过程、意义与多样性，促进理解；在多元的慕课理解中反思慕课开发事件，重塑慕课开发实践，实现在“‘开发’中包含着‘理解’，在‘理解’中赋予课程事件的新意义”[①]的动态互联。

融合泰勒原理与课程理解两种课程视域于慕课开发，我们需要将实体与过程的思维观、预设与生成的目标观、蓝本与文本的内容观、忠实与创生的实施观、结果判断与过程协调的评价观融合于慕课开发。

（一）实体与过程的思维观融合于慕课开发

泰勒原理是以实体思维作为哲学基础的。实体概念的提出者亚里士多德认为，实体是“固定不变的作为其他东西的主体、基础、原因、本质，并先于其他东西而独立自存的东西”[②]，即实体是不依赖于其他存在物而独立存在的客观实在，是一切事物的存在基础和万物生成的本原[③]。实体思维下课程被解读为维护实体知识的“跑道”。课程理解主张过程思维观，它源于怀特海的过程哲学。怀特海认为，过程是宇宙的本体，是万事万物存在的基本形式。构成宇宙或自然界的是由性质和关系构成的有机体。有机体经由过程生成，而过程又借于具体事物而显现其存在。实在性即是过程性。简言之，过程就是本体，实在就是过程。[④]所以，过程思维注重各实体之间的关系，将课程视为有机性、关联性、生成性、转变性、复杂性的过程，课程在互动和关联中生成与转变。

将实体与过程的思维观融合于慕课开发，意味着在慕课开发中科学精神与人文价值的融合、预设知识论与生成知识论的融合、存在要素与关系的融合等，统整慕课开发与慕课理解问题、课程结构与课程建构问题，“跑道”与“奔跑过程”问题等，使慕课既有存在又关乎生成，在课程视域融合的依存与互补中创造新型慕课文化。

（二）预设与生成的目标观融合于慕课开发

泰勒原理中课程目标处于课程开发中心，贯穿于课程开发始终，它是课程开发的起点，并引领课程内容的选择、组织，也是课程评价的依据。预设的、明确的课程目标引领，能促进在实践操作中有效的课程开发。课程理解亦有目标，它将课程作为建构性、关系性的过程，目标由课程主体在课程实施的过程中生

---

① 袁桂林．派纳论“概念重构”和“理解课程”．外国教育研究，2003，（1）：1-8.

② 彭虹斌．从“实体”到“关系”：论我国当代课程与文化的定位．教育研究，2006，（1）：73-77.

③ 刘欣．范式转换：课程开发走向课程理解的实质与关系辨析．教育研究与实验，2014，（1）：52-57.

④ 靳玉乐．探寻课程世界的意义：课程理论的建构与课程实践的慎思．北京：北京师范大学出版社，2014：236.

成，并在课程主体之间的对话与反思中实现或调整，它具有生成性、开放性与不确定性，目标的产生与实现过程亦是课程建构与生成的过程。

将预设与生成的目标观融合于慕课开发，体现了预设与动态生成的融合、确定性与不确定性的融合、教师理解与学习者理解的融合。在慕课开发中，既需要目标指引课程开发的方向，促进课程设计持续不断的完善，又需要增强目标的开放性、生成性，发挥学习者在慕课实施过程的主体性、创造性，在参与中实现学习目标，实现主体的“解放”。

（三）蓝本与文本的内容观融合于慕课开发

泰勒原理将课程内容视为知识，如学科知识、学校材料等，强调的是价值中立的如实描述，强调作者的意图或原义。尽管泰勒原理也提倡将课程内容与学习者经验联系起来，但是经验局限于预设与封闭之中，是非理性因素之下的经验纳入到理性因素之下的规范之中，依然是现代的理性价值和秩序。

课程理解认为课程内容具有建构性，是学习者在学习活动中反思与转变已有经验的过程，是个体诠释意义的文本，成为“多层面的开放的意义结构”[①]，真正超越了学科知识、教学科目等，并打破作者中心论，学习者也是作品意义的建构者、理解者，是意义阐释的主体。课程内容是师生在交流与互动中不断创生的意义，并在体验中不断发展与建构，成为丰富的、鲜活的、动态生成的、开放的文本。

将蓝本与文本的内容观融合于慕课开发是人本价值的回归。课程内容在课程问题中占据重要的位置，系统化、逻辑化的知识自身就是学习者理解的文本，它构成了学习者意义诠释的基础与情境；但它并不排斥开放、动态的文本生成，学习者在序列性的文本解读中，发挥主体性，在交往与互动中基于个体履历不断促进新意义的生成，真正实现课程文本的建构性、丰富性。

（四）忠实与创生的实施观融合于慕课开发

泰勒原理中的课程实施倾向于忠实取向——将课程实施过程看作忠实执行课程方案的过程，追求最大化的课程计划的意图，实施成功与否取决于接近课程计划的程度；教师成为课程计划的忠实执行者，而学生是课程知识的“被灌输者”。课程实施则是沿着固定轨道、程序化、线性执行的流程。

课程理解则只注重课程实施，且强调在具体情境中教师与学生共同参与教育实践，共同诠释与创造，在对话中促进学习者主体个性的自由与解放，实现课程实施与教学的内在融合。所以，课程理解的课程实施充满理想化，它是一个动

① 张增田，彭寿清．从“蓝本”到“文本”：当代课程内容观的转变．教育研究，2011，（11）：95-98.

态的、非线性的、不可预知的过程。

忠实与创生的实施观融合于慕课开发，实际是教师理解课程与学习者建构课程的统一，它并非限制了学习者在课程实施过程中主体性、创造性的发挥，而是在课程计划提供的文本中，经过师生共同的理解与解释，使之转化为情境中的教育经验，实际上是一个教师与学习者在民主的交往过程中共同协商与建构的过程。融合二者在慕课开发中的优势，促进了教师与学习者两大课程主体之间平等的对话、协商以及对文本的理解与创造，实现了计划文本与创生文本的统一。

（五）结果判断与过程协调的评价观融合于慕课开发

泰勒原理使评价成为课程开发不可或缺的一部分，泰勒原理中的评价是确定课程计划实际达到教育目标的程度的手段，旨在检验课程的成功或失败，更加注重结果判断，并促进课程的再设计、再编制、再评价。课程理解中的评价是“共同背景之中以转化为目的的协调过程”，它更加强调了评价的过程性；并且是教师与学习者“共同进行、相互作用”，二者并非评价者与被评价者的对立；此外，课程理解赞同将评价作为一种反馈，在交流与生成之中的反馈，多尔解释为“做—批评—做—批评”这一循环过程中的组成部分。[①]所以，它侧重于人文化的质性评价方法，不同主体均拥有平等的地位，并强调其观点交互，发挥评价的协调性、过程性与差异性。

将过程协调与结果判断的评价观融合于慕课开发，体现了量化评价与质性评价、科学性评价与人文性评价的融合。在慕课开发的评价中，发挥教师与学习者的主体性、参与性，兼顾评价标准与多元化协商，兼顾量化评价与动态的开放评价，为学习者提供精准的反馈服务；使评价成为沟通教师与学习者、沟通慕课开发要素与开发活动的反馈方式，在慕课开发主体、要素与活动之中不断协调，促进慕课动态开发。

总之，泰勒原理以科学化的方式建立课程开发的程序，推动了慕课开发实践的可操作性；课程理解以哲学话语扩大了慕课开发研究的视野，将两种课程视域内在融合于慕课开发，构成了慕课开发的逻辑架构与多元化理解的融合，使慕课开发在保留宏大叙事的课程活动的同时，重视课程理解中教师、学习者、文本与情境的意义生成，课程设计、实施与评价在开放性的过程中成为相互依存、相互作用并迭代生成的整体，进而在慕课开发实践中探讨关系、过程、意义与多样性，在多元化的慕课理解中反思慕课开发事件，促进学习者个性化建构，在开放性、差异性、不确定性中重塑慕课开发，实现“跑道”与“奔跑”过程的有机统一。

---

① 多尔 . 后现代课程观 . 王红宇译 . 北京：教育科学出版社，2000：247.

第三节　视域融合下的慕课开发理论分析

泰勒原理体现的课程开发视域与课程理解视域的融合为慕课开发提供有机的、整体的视角，促进慕课开发在基于主体理解的、多元的、复杂会话中进行课程设计、实施与评价。基于关联的隐喻是慕课开发内在的逻辑品格，促进个性化学习是慕课开发的价值取向，开放的慕课开发环境、凸显个性化学习的学习支持服务、动态生成的课程文本、非线性连通的运行过程，以及多元化的学习评价是视域融合下慕课开发样态。

一、慕课开发的逻辑品格：基于关联的隐喻

视域融合使慕课开发指向关联，为慕课开发提供了有机的、整体的、系统的视角：慕课开发在课程开发的架构中进行理解，揭示了学习者的主体性，关照人在慕课开发过程中的差异性以及主体之间的联结性；指向主体的解放，在主体、要素、活动相互联系与协调的过程中展开对话、生成，呈现有机性、开放性、生成性、转变性。这种内在相互关联的整体观就如全息摄影一样——整体的信息包含在每一部分之中，部分被展开为整体，它避免了二元对立的传统逻辑，超越了割裂、疏离与对峙，而指向关联。关联促使慕课开发兼顾事实与价值、客观与经验、预设与生成、开发与理解的连续性。

关联隐喻成为慕课开发的内在逻辑。其核心是承认人的主体性及人与人之间的联结性，并以整体、有机的视角观照碎片化与逻辑性的统一，观照意义、情境与事件的联结，使要素、活动之间关联而构造关系，关系之间协商而形成生态，缔造动态、开放、互动、生成的慕课开发网络。关联的逻辑品格揭示了开放时空的影响，使学习者成为慕课开发网络中关联的存在，使慕课开发过程成为基于“关系”的存在。

（一）关联揭示了开放时空的影响

关联的隐喻使我们认识到，慕课开发系统的演变不再是以时间为自变量的线性累积，时间是促进慕课动态演变的动态变量。慕课开发的时空超越了传统时空的线性与物理空间，从非线性与虚拟维度解构了控制逻辑，打破了基于时间自变量的线性累积与秩序，解构了物理学习空间的封闭性，冲破了笛卡儿钟摆式[①]的、基于中心的平衡态的运动过程。而非线性的时空转变构成了慕课开发中意义

① 在“笛卡儿钟摆”里时间是连续的、独立的自变量，笛卡儿钟摆仍然是一种基于平衡态的运动过程，是“中心化”的体现。

转化的基础。在动态时间变量的作用下，系统内部各要素、事件、情境的变化均会反馈至系统，包括教师、学习者、文本及其交往、分享的过程等，从而影响慕课开发系统的稳定。借用赫伦和斯梅尔的描述，“变化”是相对于早先状态的状态变化而不是相对于时间的时间变化。[①]那么，慕课开发已不是“钟摆模式”，而是各要素、事件、情境在关系、非线性的演变中的涌现过程，是意义、理解的转化与生成过程，在过程中实现开放、复杂的慕课开发。

（二）关联使学习者成为开发网络中关联的存在

关联承认了学习者的主体性，他们是学习主体；同时，学习者在主动参与中又是慕课开发主体。学习者在多元文本理解与对话交往中，与他者、文本、情境产生有意义的关联，学习者获得个性化转变，也为慕课开发提供开放性的建构。

慕课学习者是具有“背景性”的个体，即由自己的历史、语言、地域等界定对话的基础，慕课学习发生在全球范围之内。关联的逻辑品格，正是承认了人的主体性、能动性，将不同学习背景、不同地域、不同风格的学习者作为关联的存在而不是“物”的存在，形成多元的文化模体。在这一庞大、多元而复杂的文化模体中，学习者在慕课理解过程中主动探究，并借助于课程讨论区、学习社区等社会性交互将自我反思与社会性讨论相关联，以自我体验与协商建构的方式建构学习过程的意义，形成了源于地方特性而又汇聚于全球的生态网络，形成个人与社会相联系的意义结构。它体现了“文化性、学术性经验同儿童学习经验的共同性与连续性”[②]相联结的基本过程，使得个人体验、共享建构的意义和理解得以拓展。

所以，学习者作为关联的主体存在，在有意义的对话中，进行学习者之间、学习者与教师之间的协调，进而使意义在协调过程中生成，也使得慕课开发得以建构，学习者在参与中发挥了慕课开发主体的角色。弗利纳认为，作为整合“教育”和“意义”关系的课程，具有创生性、社会自主性和身份关系。[③]那么，慕课开发在基于主体的意义与关系的实践中，成为个体目标转化的路径，与预先制定的“跑道”相比，其课程实施重点并非执行与控制，而是更关注“跑”的过程以及大规模“跑步者”共同奔跑时的意义联系，进而形成课程的集体涌现模式。“跑道”在学习者的奔跑过程中形成，组织和转化在学习活动中涌现，“跑步者”亦是慕课开发者，与“跑道”与“奔跑”过程成为连续统一体。

---

① 弗利纳．课程动态学：再造心灵．吕联芳，邵华译．北京：教育科学出版社，2013：99.

② 佐藤学．学习的快乐：走向对话．钟启泉译．北京：教育科学出版社，2004：122.

③ 弗利纳．课程动态学：再造心灵．吕联芳，邵华译．北京：教育科学出版社，2013：153.

（三）关联使慕课开发过程成为基于关系的存在

关联使学习者成为关联的存在，使慕课开发过程成为基于关系的存在，使慕课开发成为意义、关系和过程的复杂的统一体，建构了慕课开发的真实存在方式，形成基于关联的关系网络，使实体之间的关系更为重要。黑格尔曾说："凡一切实存的实物都实存于关系中，而这种关系乃是每一实存的真实性质。因此实际存在着的东西不是抽象的孤立的，而只是在一个他物之内的。唯因其在一个他物之内与他物相联系，它才是自身联系；而关系就是自身联系与他物联系的统一。"① 关联能帮助我们从关系中把握慕课开发的基本属性。

践行慕课关系应注重慕课开发各实体之间的关联逻辑。从宏观格局来说，重视课程目标、内容、实施以及评价等实体在开发过程中的动态关联；从微观实施来说，重视学习者自组织建构与他组织支持服务之间的关联。

1. 重视课程目标、内容、实施以及评价等实体的动态关联

慕课开发的课程目标、课程内容、课程实施以及课程评价是基于过程的，彼此关联的、动态的关系存在，不是静态的线性框架与流程，而是慕课运行中动态互联的整体。

多尔认为，在开放的系统中，课程目标既不是精确的也不是预先设定的，而应是"一般性的、生成性的，并鼓励创造性的、互动的转化"②。在慕课开发中，教师对课程目标的预设，构成了学习者、学习内容在开放课程开发过程中聚集的基础。我们应注重慕课目标与学习目标的互动与转化。学习目标内在于学习者的学习过程，它连接了课程目标与学习过程，使课程目标与学习目标二者以学习者为中心相互协调、相互适应。而发生在学习过程之中的师生交互、学习者交互等人际交互与人机交互则构成课程实施的节点与焦点，人际知识网络的连接为经验的反思性再组、重构和转变提供了机会，实现了课程文本的动态生成。同时，学习评价是课程开发中不可或缺的组成部分。除技术支持之外，我们更需要从教育层面了解学习者多样化的学习需求，并尊重其多元诉求，尊重课程目标与学习目标的转化与调适，凸显慕课学习评价的差异性、过程性、情境性，发挥评价在学习过程中的导向、激励、诊断、调节的功能，促进学习者成长，使之真正成为"共同背景之中以转变为目的的协调过程"③。

所以，慕课开发围绕课程文本、人际互动与人机互动，关注教与学情境的

① 黑格尔．小逻辑．贺麟译．北京：商务印书馆，2005：281.

② 多尔．后现代课程观．王红宇译．北京：教育科学出版社，2000：21.

③ 多尔．后现代课程观．王红宇译．北京：教育科学出版社，2000：247.

动态性与过程性，课程目标、组织形式、在线互动等联系，构成反思与回馈的螺旋上升，课程内容、在线活动、教学方法、学习支持服务、学习经验等皆随境遇而发展，从而走向过程与关系的内在逻辑。慕课开发在动态发展变化中，不断指向未知的演进，课程要素之间的动态关联使学习者的意义、存在、创造融入课程之中。

2. 重视学习者自组织建构与他组织支持服务之间的关联

自组织建构与他组织支持服务的关联促进慕课开发动态演变。多尔曾预言："如果有一个后现代主义教育模式涌现……它会以自组织概念为核心。"[①] 慕课开发为学习者的自组织发生提供路径，是学习者跑步过程以及众多跑步者一起跑步时所涌现出的集体模式，而在这个过程中同时需要学习者和教师一道"清扫这块土地"。

慕课"通过共同的话题或某一领域的讨论将教师和学习者连接起来"[②]，教师、学习者是慕课开发网络中具有生命力的节点。一方面，学习者可以依据自我需求而进行创建与决策，即使"没有外力规划或推动，整个系统自发性地产生某种组织性行为"[③]，即自组织；另一方面，教师以"平等者中的首席"参与学习互动，为学习者提供针对性的指导与帮助等他组织学习支持服务。自组织建构与他组织支持服务在学习者探究过程中相互交织。安德森（T. Anderson）等指出，在基于社区的学习探究中，学习经验的形成受到社会临场、教学临场和认知临场的影响，并与学习者的认知、在线教学、教师与学习者之间的社会性交互相互交织、相互影响，以此形成探究社区模型[④]（图 4-3）。

由此可见，学习者基于个体经验持续反思与构建，以及社区交互中学习同伴、师生之间的会话与情感支持，还有教师提供的学习支持服务影响了学习者的自组织建构。学习支持服务包括了对学习者自组织建构的全过程、全维度的支持，从围绕学习者需求的设计，到活动开展过程的促进与引导，以及对学习者提供个性化的反馈无一不渗透学习支持服务。

所以，在慕课开发中，自组织建构的过程与他组织支持的过程相互关联。学习者需要获得支持，除了对教师的认可和信任外，还需要体验自己取得进步的感觉，需要与教师和其他学习者形成互动；[⑤] 教师及时、个性化的学习支持服务

① 弗利纳．课程动态学：再造心灵．吕联芳，邵华译．北京：教育科学出版社，2013：146.
② 李青，王涛．MOOC：一种基于连通主义的巨型开放课程模式．中国远程教育，2012，(3)：30-36.
③ 刘徽．多元开放取代单向独白：读多尔的《后现代课程观》．现代教学，2005，(10)：54-56.
④ 莫勒，修特．无限制的学习：下一代远程教育．王为杰译．上海：华东师范大学出版社，2015：123-124.
⑤ 张伟，王海荣．MOOC 课程学习体验及本土化启示．现代远距离教育，2014，(4)：3-9.

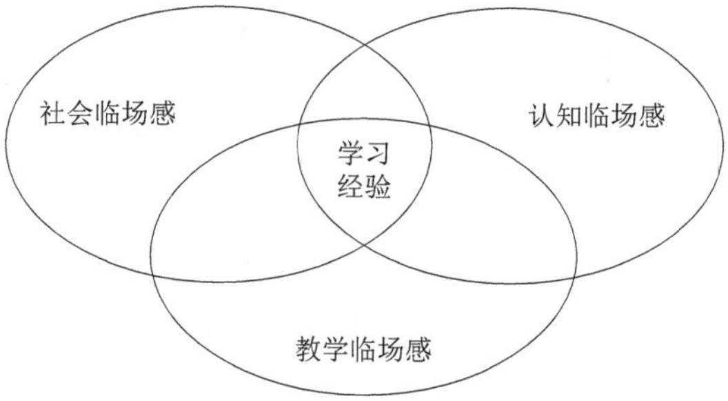

图 4-3　探究社区模型

资料来源：莫勒，修特．无限制的学习：下一代远程教育．王为杰译．上海：华东师范大学出版社，2014：123-124.

是发生有效互动的关键。在开放、共享的环境中，教师与学习者个人知识网络在互动中被编入社区交流，与此同时，社区中讨论交流的知识又被反馈给教师或学习者，知识在多样化、差异性、网络化的导与学中被激活，新的内容在情境中不断生成、聚集、分享，形成不断增强的网络化知识联结。

总之，慕课开发构成了主体性的课程开发，是教师和学习者共同参与的“奔跑的过程”。自组织建构与他组织的学习支持服务的关联构成了慕课动态开发的基础。教师理解的课程与学习者体验的课程在关联中生成、升华，慕课开发成为一种转化的过程，在丰富的、开放的、多层次的关联中，实现人本价值的提升。

二、慕课开发的价值取向：促进个性化学习

课程开发是一项复杂的、系统的实践活动，它以价值为先决条件。慕课开发在本质上亦是一种价值创造活动，它涉及课程开发中教师与学习者的实践活动。价值取向关系主体的认识方式，它影响着课程开发的方向——课程主体具有怎样的课程价值观，影响其“怎么样”“凭什么”进行课程开发与实践的问题，影响课程目标、课程内容、课程实施、课程评价等课程活动的定向与调控。因此，澄清慕课开发的价值取向，既是慕课开发的前提条件，又是慕课开发的内在依据，它是沟通慕课开发的丰富伦理意蕴与实践路径的中介与桥梁。

（一）价值与价值取向

1. 价值

价值是一个含义丰富的概念，既有经济学、社会学的解释，也有哲学领域的解释。一般对价值的研究通常从哲学话语体系中价值论的角度进行研究。目前，学界对价值的理解可总括为客体说、主体说、主客体关系说三种。客体说主

要从客体的角度认识价值，这种理解认为价值具有绝对性，是独立于主体之外的属性或实体，强调价值的客观性。主体说主要从主体的角度认识价值，这种理解认为价值是主体单纯的意向或选择的结果，强调价值的主观性。主客体关系说主要从主体与客体之间的互动与逻辑关系进行理解，认为从单纯的客体角度或主体角度均难以构成价值，而主体-客体的关系存在才能构成价值，强调价值的关系性。由此可见，主客体关系说表明价值既离不开主体，也离不开客体，它存在于主体-客体的相互作用之中，二者之间是一种关系范畴。价值是从主客体的关系中产生，它“规定了人们思考价值问题的角度和范围”①。这是一种特殊的关系，包括认识关系、实践关系，并以此为基础“存在或渗透于实践、认识关系之中，同时又具有相对独立性，对实践和认识关系发生巨大的反作用”②。

在本书中，我们采用主客体关系说，将价值定位于主体-客体之间需要与满足的关系，这种关系既包括认识关系，也包含实践关系。慕课开发的价值体现的是慕课开发活动主体需要的满足和客体满足主体需要的统一，主体包括慕课开发活动中的教育者（教师、助教等）、学习者等，他们之间的价值目标应该谋求基本的统一。因此，慕课开发的价值也是一种关系性存在。

2. 价值取向

价值取向作为价值论中的重要范畴，学界对其认识主要有以下三种观点。第一，价值取向是某种倾向，如“价值取向指主体在价值选择和决策过程中的一定的倾向性”③。第二，价值取向是价值标准，如价值取向是“指某一人所信奉的，而且对其行为有影响的价值标准”④。第三，价值取向是一种行为趋向，如价值取向是“在价值选择过程中决定采取的方向”⑤，“价值取向就是最终决定做什么好或怎么做好，或者说，从价值、从好坏的角度决定做什么或怎么做”⑥。综合来看，价值取向是来自于主体的价值意识与价值选择，具有一定的定向意义，它决定了人们的思想、价值活动的方向；同时又是“价值标准在活动中的运用和外在表现”⑦，兼具价值标准外在表现的功能。

因此，本书结合价值、价值取向的分析，认为价值取向是价值主体在价值

① 袁贵仁．价值学引论．北京：北京师范大学出版社，1991：47.

② 袁贵仁．价值学引论．北京：北京师范大学出版社，1991：44.

③ 李德顺．价值学大辞典．北京：中国人民大学出版社，1995：286.

④ 汝信．社会科学新辞典．重庆：重庆出版社，1988：401.

⑤ 马志政．哲学价值论纲要．杭州：杭州大学出版社，1991：339.

⑥ 刘永富．关于价值取向的几个问题．见王玉樑，岩崎允胤．中日价值哲学新论．西安：陕西人民教育出版社，1994：403.

⑦ 袁贵仁．价值学引论．北京：北京师范大学出版社，1991：351.

活动中所表现出的心理或行为的倾向，它体现了价值主体需要与课程活动属性之间的统一，帮助人们在认识与实践之中进行价值选择。

（二）慕课开发价值取向的内涵与意义

1. 慕课开发价值取向的内涵

本书在价值取向内涵的基础上，将慕课开发的价值取向界定为价值主体在慕课开发活动中所表现出的心理或行为的倾向，它体现了慕课开发的价值主体需要与课程活动属性之间的统一。慕课开发价值取向决定了慕课开发过程中开发主体的思想、价值观念、价值活动的倾向或选择，是课程开发主体在处理慕课开发中的矛盾、冲突或者关系时所做出的选择，以实现主体在慕课开发活动中所追求与向往的价值理念与价值目标。

慕课开发价值取向具有关系性、实践性的基本特征。关系性揭示了慕课开发过程中课程开发主体与价值客体相统一的属性，是客体满足主体需要、主体客体化、客体主体化相统一的属性，是主体与客体相互联系的属性；实践性表明了慕课开发的价值取向不仅仅是课程开发主体的认识倾向，更是一个实践的过程，它指慕课开发是课程开发主体与价值客体在实践活动过程中相互作用的过程，是课程开发价值取向与课程开发实践的关系写照，也是关系性的实践体现——主体需要、动机的满足是主体实践活动的内化物；价值客体是实践活动的外化产物，也是在实践中客体主体化的过程。

2. 慕课开发价值取向的意义

慕课开发的价值取向对慕课开发有引导作用，影响了慕课实践中课程主体的价值倾向以及慕课开发环节。

首先，慕课开发价值取向能帮助课程主体在认识与开发实践中进行价值选择。慕课开发价值取向反映了课程主体所追求或期望的价值目标，也反映了课程主体对慕课开发活动的认识、对自身需求的认识。当慕课开发主体以某种价值观审视慕课开发活动时，则将决定其为何、如何进行慕课实践活动，在实践活动中体现了课程主体的价值理念与价值目标，对慕课实践活动具有价值规范与导向作用；但如果主体不能正确认识课程及需求，则可能在课程价值的选择过程中偏离正确轨道，进而导致课程运作过程的偏差。所以，对慕课开发价值取向的正确认识，不仅是对课程活动的认识，更是慕课开发实践的需要——慕课开发实践活动需要慕课价值取向的指导与规范。

其次，慕课开发价值取向对慕课开发中目标、内容、实施、评价等有至关重要的影响。课程开发价值取向影响课程与教学目标的确定，决定了课程与教学目标究竟是普遍性目标取向、行为性目标取向、生成性目标取向或表现性目标取向。课程开发价值取向影响内容组织。不同价值观念下，课程内容的组织具有不同的倾向，影响从学科知识、当代社会生活经验或者学习者的经验中选择的倾向性。慕课实施与慕课评价同样受慕课开发价值取向的影响。课程实施是交织着理与情、事与理等多重复杂因素的活动，课程实施过程中存在诸多变量。[①] 在不同慕课开发价值导向下会影响其实施究竟是忠实取向、相互适应取向或课程创生取向等。而评价是人们的有意识活动的一个表征，课程评价是对课程活动进行价值判断的过程[②]，是课程活动的有机组成部分，慕课评价亦是如此。慕课评价是一种价值判断的过程，不同的慕课开发价值取向影响其在慕课评价中所体现的特定的价值观，也影响着评价活动的具体模式及操作取向。

因此，慕课开发价值取向是影响慕课实践活动过程的重要因素。不管课程设计者、执行者是否认识到自己的课程取向，他们都会“在课程设计或具体的教学中表现出与其课程取向相一致的行为”[③]。慕课开发者在追求自己所理解的慕课开发价值与意义的前提下，寻求慕课开发伦理意义与实践的一致。所以，慕课开发主体在慕课开发过程中明晰自己的价值取向是一个值得重视的问题。

（三）当前慕课开发价值取向研究及评析

当前学界对慕课开发价值取向的研究尚缺乏更为明确的定向，多是从慕课相关研究展开讨论，还需要进一步做出澄清与解读。

学界较多关注以学为本的慕课价值观。有学者明确提出了慕课以学为本的观点。黄璐等认为，慕课建设应设计以学习者为中心的课程，提升慕课质量及学习者学习效果。[④] 张鹜远认为，慕课注重教师与学习者之间的互动以及学习者的学习体验，还原“学”的本质，并且转变教师角色从授课者到激励者、启发者。[⑤] 瞿振元认为，学习者对于慕课的自主选择性、学习进度的自我把控性，体现的正是以学为本的教学价值取向。[⑥] 王志军等认为，慕课将控制权交给学生，使学习

① 刘旭东．现代课程的价值取向研究．兰州：西北师范大学博士学位论文，2000：10.

② 刘志军．走向理解的课程评价：发展性课程评价理论探索．北京：中国社会科学出版社，2004：40.

③ 马云鹏．国外关于课程取向的研究及对我们的启示．外国教育研究，1998，（3）：38-43.

④ 黄璐，裴新宁，朱莹希．MOOCs 课程质量影响因素的实证研究．现代远程教育研究，2017，（5）：78-86.

⑤ 张鹜远．“慕课”（MOOCs）发展对我国高等教育的影响及其对策．河北师范大学学报（教育科学版），2014，（2）：116-121.

⑥ 瞿振元．以 MOOC 发展为契机促进信息技术与高等教育深度融合．中国高教研究，2014，（6）：1-4，22.

方式、交互方式发生重大改变，尤其强调学习者的主体地位，强调发挥学习者与同伴互助的价值与作用。[①]有学者隐含表达慕课以学为本的观点。例如，朱敬和Morris提出，慕课应该加强多元化设计，帮助学习者完成文化身份的多元重构，提高跨文化学习绩效。[②]

此外，也有学者从提高慕课质量、促进慕课学习角度提出关注个性化学习。例如，Stracke认为，慕课的质量应该考虑和评估学习者个性化目标和学习者的学习目的，促进不同学习者实现学习目的和有针对性的学习结果，并根据学习者个性化学习目标、学习反思，为学习者提供个性化的学习路径。[③]杨乐认为，慕课存在价值最大化的必然要求是支持并促进学习者的个性化学习过程和学习结果。[④]任友群等认为，慕课为实现个性化学习开辟了新途径。[⑤]杨玉芹和焦建利认为，慕课要获得可持续发展，必须满足学习者的个别化目的，支持个别化学习路径。[⑥]

由此可见，学者对慕课开发价值观的研究多是从慕课、慕课建设、慕课质量、慕课学习过程等角度，关注到了学习者发展、以学为本、个性化学习等。价值取向是理性层面的行为选择，决定着价值选择，影响着价值标准的选定。[⑦]慕课开发价值取向作为主体的价值意识与价值选择，仍然需要更加明确的定向与阐述。综合当前研究，本书提出促进个性化学习是慕课开发的价值取向。

（四）以个性化学习为旨向：慕课开发价值取向

课程价值取向中重要的问题之一是"为了谁"，它是对课程价值对象的反思，[⑧]也是在课程设计、实施与评价中慎思的问题，是课程目标确定、课程内容选择以及课程实施等价值判断的前提。慕课开发包含了慕课设计、实施、评价等课程运作的全过程，它渗透了教师的经验主张与学习者的理解，我们需要在慕课设计、实施与评价全过程中慎思价值对象。

泰勒原理体现的课程开发与课程理解两种课程视域的融合指导慕课开发中

① 王志军，陈丽，郑勤华 . MOOCs 的发展脉络及其三种实践形式 . 中国电化教育，2014，(7)：25-33.

② 朱敬，Morris N. MOOCs 跨文化学习需求层次论：文化身份的多元重构 . 现代远程教育研究，2017，(4)：32-38.

③ Stracke C M. The Quality of MOOCs：How to Improve the Design of Open Education and Online Courses for Learners?.International Conference on Learning and Collaboration Technologies（LCT）. 2017：285-293.

④ 杨乐 . MOOC 环境下学习者个性化学习模型的建构 . 当代教育科学，2016，(9)：40-42.

⑤ 任友群，赵琳，刘名卓 . MOOCs 距离个性化学习还有多远：基于 10 门国内外 MOOCs 的设计分析 . 现代远程教育研究，2015，(6)：3-10，29.

⑥ 杨玉芹，焦建利 . MOOC 学习者个性化学习生态设计框架 . 电化教育研究，2014，(8)：32-37，56.

⑦ 徐玲 . 价值取向本质之探究 . 探索，2000，(2)：69-71.

⑧ 刘小红 . 中国现当代幼儿园课程价值取向的流变与反思：基于课程文本的分析 . 重庆：西南大学博士学位论文，2013：276.

建构关系、过程、意义与多样性，两种课程视域均关注到“人”。例如，泰勒原理中关注到学习者经验、学习者主动性、学习者适应性等，但是它并未达到真正的个性解放；课程理解彻底从学习者的存在经验、自我意识以及反思、批判等方面追求个性解放，使学习者成为独立、自主、自由的个体，实现了人的主体性回归。“解放”的根本目的在于最大限度地发展个体的潜能，促进个体的充分发展。①两种课程视域融合指导慕课开发，使慕课开发既包括宏大叙事，又包括基于学习者主体性建构而形成的微型叙事，从结构、解构到建构，学习者才是价值关照的对象。慕课学习者具有多元化的背景、履历、风格等，尊重差异性，促进学习者个性的充分发展既是慕课开发的基本出发点，也是技术回归教育本质的体现。慕课要获得持续性发展，必须支持学习者的个性化学习模式。②

促进学习者个性化学习是慕课开发的价值取向。个性化学习是以尊重学习者个性差异为前提，旨在促进学习者个性发展的一种学习范式。③慕课学习者具有自我学习导向，具有自主学习目标，慕课学习是基于个体的自主选择。以个性化学习为慕课开发价值取向，意味着在慕课开发中尊重多元化学习者的主体地位。尊重学习者作为自由、自主、自制的学习主体，尊重其学习追求的多样性、学习风格的独特性、学习方法的自主化、学习过程的差异性、学习成果的多样化，充分发挥学习者的主体性，激励他们在慕课开发过程中积极参与文本建构、主体对话，并进行文本创造、文本分享以及自我反思，在自我、他者以及文本的理解与互动中形成个性化学习路径，实现个性化学习目标。因此，慕课开发以个性化学习为价值取向是对学习者进行权力赋予，视学习者为意义的诠释者与创造者，所有慕课开发活动均从学习者的自我开始，强调学习者个体生活经验与存在经验的重要性。学习者在主动参与中理解、概念重建、反思，并在反思与对话中实现学习目标。

在慕课开发过程中，个性化学习意味着教师应重视学习者主体性，尊重学习者的个人履历、文本建构以及对慕课开发事件、过程、关系的诠释，在慕课开发过程中支持学习者的个性化学习。在慕课设计中，应为学习者提供差异化、多元化的“旅行”境脉，正视学习者个性化学习需求与学习目标，与学习者共同制定慕课愿景，将学习者体验纳入慕课设计。在慕课实施中，注重学习者的交往过程以及师生共同探寻意义的实践过程，形成教师、学习者、文本、情境之间的联

---

① 付光槐．基于解放旨趣的职前教师教育课程重构研究．重庆：西南大学博士学位论文，2016：79.

② 杨玉芹．MOOC 学习者个性化学习模型建构．中国电化教育，2014，(6)：6-10，68.

③ 高地．MOOC 热的冷思考：国际上对 MOOCs 课程教学六大问题的审思．远程教育杂志，2014，(2)：39-47.

结，注重不确定性的创生。在慕课评价中，以尊重学习者为前提，以人际支持方式、学习分析等技术支持方式随时进行差异化反馈，尊重多元化的学习结果。

所以，以个性化学习为价值取向的慕课开发，意味着教师是个性化学习的促进者，教师应以个性化支持促进学习者自主建构、协作建构。教师及时参与学习互动与反馈，基于学习者的个性化学习需求、在线学习行为，对学习者进行个性化诊断、反馈、预测以及个性化资源、个性化路径的推荐，促进学习者实现个性化学习目标。总之，以促进学习者个性化学习为价值取向，从根本上来说，承认了学习者的主体性、差异性，并将学习者作为主体之一与慕课教师团队共同推动慕课开发，这也与“解放”的价值追求一脉相承。

促进个性化学习的价值取向，是课程形态发展动因的彰显，是新技术下学习者诉求以及慕课开发内在追求的价值同构。从课程谱系看，凸显个性化学习需求是课程形态变迁的动因，慕课作为一种新型的课程形态，正是沿承与彰显了个性化学习；从开放教育资源运动谱系看，慕课作为新型的课程模式，其诞生的内因正是基于不断增加的个性化学习需求；从慕课开发的过程来看，实现个性化学习是学习者的内在现实诉求，是慕课开发的内在逻辑。

1. 凸显个性化学习需求是课程形态变迁的动因

课程形态演变的实质是不断追求的个性化学习需求的凸显，满足个性化学习需求是课程形态变迁的动因。从口耳相传的课程形态，到经典课程诞生了文字、造纸术，再到教科书形态，而在统一的大工业满足学习效率之后，越发凸显了个性化学习需求——不但在课堂教学中产生了一系列指向个体差异与需求的教学变革，例如道尔顿制、设计教学法和文纳特卡计划等，而且随着信息技术的不断发展，信息技术应用于教育从起步、应用到融合、创新也促进课程变革在朝向个性化学习演进。课程形态从音像制品到数字化形态的发展，实现了学习环境的虚拟化，学习者可自定时空；实现了内容的多媒体化、多元化，学习者可对此进行自主选择；突破了交互的单向性，实现了双向互动、多维互动；打破了课程的线性化，可以按需进行非线性的学习；更重要的是为师生之间的平等对话、自由交流营造了环境，使课程成为一种探究的过程，实现了学习者的内在觉醒与责任。所以，课程形态的演变是学习需求的彰显，并朝向个性化学习而变革。

慕课作为一种新型的课程形态，正是在开放教育资源运动的环境下，沿承与彰显了个性化学习的需求。所以，满足学习者的个性化需求正是新技术背景下慕课这一课程形态不断完善与丰富的根本动力。

2. 满足学习者个性化的学习需求是慕课诞生的内因

慕课的产生与网络技术、多媒体技术等信息技术的发展息息相关，正是信息技术的逐渐成熟促进了慕课与“以往的网络课程的技术性区别所在”[①]，信息技术的发展可以视为慕课诞生的外因。而促进慕课诞生、掀起慕课热潮的根本内因，则是它满足了来自世界各地，不同年龄、性别、种族等学习者的多元化学习需求。网络文化的开放性、多元性、民主性以及非权威主义，使慕课学习者不再是被“控制”的客体，学习者从客观性、被动性、依赖性转为主体性、能动性、独立性的存在，从“他主”走向自主与责任，他们带着各式各样的需求和目的展开学习，甚至“学习者不再纠结于是否是学位课，学分在此显得无关紧要”[②]。有学者认为，慕课“火”起来的核心原因之一是“任何人任何时候在任何地方，都可以免费学习名校名师的课程，给人们带来美好的憧憬……慕课展示了高等教育领域的一种愿景”[③]。

第一门慕课“连通主义与关联知识”（CCK08）正是以学习者个性化定制、自由创造与分享的方式促进个性化学习的实现。学习者自主选择学习时空、学习工具、学习内容，基于个人履历与学习目标以个性化定制的方式构建个性化学习路径、个性化学习评价，它正是个性化学习诉求的体现。慕课正是顺应了开放的网络时代不同学习者的多元化需求，满足了有自我提升、自我发展需求的学习者的学习需要，才应运而生。个性化地按需学习已经成为慕课开发的一种基本价值诉求，慕课开发需着手于定制化的、个性化的服务。

3. 实现个性化学习是慕课开发的内在逻辑与现实需求

从慕课开发过程来看，实现个性化学习是内在逻辑与学习者的内在诉求。课程的本体功能是培养人，一旦离开了这个本体功能，课程便不复存在。[④]慕课作为一种新型的课程形态，实现人本价值是其根本取向。从慕课开发本体而言，慕课开发在视域融合指导下，超越了传统课程开发的目标导向、教师主宰的线性程序；它基于开放、非线性的环境，在教师理解课程基础之上，更凸显了建构与探究本质——是学习者基于个体履历，在自我反思与互动交流中建构生成个体体验的过程。所以，慕课开发是教师理解的课程与学生体验的课程的融合过程，是

① 李晓明．慕课．北京：高等教育出版社，2015：20-21.

② 马武林，张晓鹏．大规模开放课程（MOOCs）对我国大学英语课程设置的启示研究：以英国爱丁堡大学 EDC MOOC 为例．电化教育研究，2014，(1)：52-57.

③ 李晓明．慕课．北京：高等教育出版社，2015：21.

④ 从立新．课程论问题．北京：教育科学出版社，2000：99-100.

计划课程与创生课程的融合过程，而体验课程与创生课程均依赖于学习者建构，学习者是推动慕课动态开发、动态生成的最根本动力，他们对慕课的意义生成、文化建构具有能动性和发言权。以学习者个性化学习需求为旨向，促进其课程参与、反思及对话，是实现慕课动态开发的内在逻辑。

另外，个性化学习是慕课学习者的内在诉求：学习者需要个性化定制与个性化反馈。一方面，学习者是自主学习的个体，满足个性化定制是学习者个体通向个性化学习的基本诉求。开放的时空与网络学习环境使学习成为具有一定学习意志、学习意图、积极的、自觉的、主动建构的实践过程，慕课学习是完全自愿的。在学习动机方面，学习者有个性化学习目的；在学习行为方面，学习者自主选择、自主组织；在元认知方面，学习者自我指导、自我监控和自我评价。因此，为学习者定制个性化服务，激励学习者的学习兴趣，促进学习者的自我调整与自我决策，是慕课开发的内在现实需求。

另一方面，学习者是网络缔结的节点，满足个性化反馈是丰富“节点”联结、促进网络连通的基本诉求。在网络空间中，网络化的个体之间以一种节点松散、交叉重叠、扁平连接的方式相互联系[①]，知识、教师、学习者构成学习网络的节点，它们之间在慕课开发过程中形成了关系性存在——个人知识网络在讨论中被编入社区交流，通过社区中讨论交流，知识又被反馈给教师或学习者，形成不断循环的网络化知识联结。个性化反馈能够丰富学习者这一“节点”的联结，促进其内在反思以及对学习网络的回馈，进而实现个性化学习与复杂学习网络、人际网络的缔结，动态推动慕课开发。

总之，慕课实现了政治学意义上的开放、民主。追求个性独立的自由气质、满足有自我提升的个别化需求，既是学习者的基本诉求，也是慕课开发旨趣所在——为学习者提供一种开放的、个性化的“旅行”路径，从“同一标准”走向“为个人设计”的定制学习服务。佩特指出，“……数码媒体对教育的真正贡献就在于它的灵活性……在将来的学习环境中，每一位学习者都是‘特殊的’”[②]。慕课开发正需要以个性化学习为旨向，从而促进学习者差异化的发展。

三、慕课开发样态的探寻

在视域融合指导下探寻慕课开发样态，有助于理解慕课开发过程中动态的、鲜活的、不确定的、可能性的共存与转变，澄清慕课开发样态。合理吸收泰勒原

① 邦克．世界是开放的：网络技术如何变革教育．焦建利译．上海：华东师范大学出版社，2011：328.

② 奥恩斯坦，贝阿尔-霍伦斯坦，帕荣克．当代课程问题．余强译．杭州：浙江教育出版社，2004：385.

理与课程理解两种课程视域的观点，慕课开发应具有开放的慕课开发环境、凸显个性化学习的学习支持服务、动态生成的课程文本、非线性连通的运行过程，以及多元化的学习评价。

（一）开放的慕课开发环境

慕课具有开放性的课程环境，让任何人在任何时间、任何地方能学到任何知识，使有学习需要的学习者自由访问课程，是一种开放式获取；与此同时，视域融合下的慕课开发，开放的环境始终在学习者个性化需要和探究之间保持有益的张力。开放意味着包容、超越、重构，内蕴着批判、反思、结构以及重构，并指向不断发展的动态过程。在开放的慕课开发环境中，教师与学习者共处于开放的系统之中，可以与外界进行交互，并接纳内部的反思、变化。从慕课开发外部条件来说，一方面，营造民主、平等的开放的氛围，促进慕课开发主体的对话与交往。教师与学习者在虚拟、开放的环境中，双方进行平等的对话与自由交流，并互相尊重与信任。学习目标由外在设定转为内部需求，学习过程由程式化转为个性化，教师由“驾驶员”转为促学者，学生由“驾驶员”主宰的旅客转为自我管理的学习主体。学习者按照个人的学习目标选择自己的学习进入方式、学习路径，自行决定作业与考试的完成时间与地点。学习者之间、学习者与教师之间自由地开展互动与交流，学习者在此过程中进行自我反思，慕课课堂成为一个“国际化的世界性课堂”[①]，学习者在开放、平等的学习秩序中，“不仅仅是创建意义，还在构建令其学习、意义得以持续创建的环境”[②]。

另一方面，重视开放经验的汇聚、融合，促进慕课开发主体的主体性、创造性发挥。泰勒原理体现的课程开发与课程理解的视域融合彰显了学习者主体性的发挥，重视学习者学习经验、反思与批判等，实则指向了学习者发挥主体性、不断超越自我。在开放的慕课开发环境中，学习者可利用交互工具与他人、与外界保持信息交互，讨论区是常用的交流工具。学习者开放获取所需数据和信息的同时，又通过互联网参与到实践社区中分享资源、创造资源，新信息在学习者之间、学习者与教师之间、学习者与资源之间无缝地互动与联结，形成开放经验的汇聚、融合。例如，Coursera 平台上的“社会心理学”（Social Psychology）[③]，其课程讨论区提供了自我介绍、视频讲座、阅读材料、作业、案例与应用分享，课

① 李曼丽 . MOOCs 的特征及其教学设计原理探析 . 清华大学教育研究，2013，（4）：13-21.

② 莫勒，休特 . 无限制的学习：下一代远程教育 . 王为杰译 . 上海：华东师范大学出版社，2015：153.

③ 该课程由美国卫斯理安大学（Wesleyan University）教师 Scott Plous 开设，被果壳网评为“单次选课人数最多的课程”，2013 年有 259969 人注册了该课程，学习者大约来自 200 个国家。详见果壳网专题“MOOC 课程之最”，网址：http://mooc.guokr.com/post/605256/.

程的一般讨论，与课程关联不大的社会讨论、学习小组，关于偏见与社会正义的特殊论坛、课程材料错误、技术问题等子论坛，以实现课程内学习者的交流。此外，课程学习者还有两个主要途径与外界保持信息流的沟通，其一是授课教师创建的“社会心理学网站”[①]，其二是借助于果壳网 MOOC 学院学习社区，进行点评、分享学习笔记、讨论课程等，实现了开放的信息流的沟通、聚集与融合。

（二）凸显个性化学习的学习支持服务

学习支持服务是以学生为中心的远程学习得以顺利进行的重要条件和保证[②]。凸显个性化学习的学习支持服务意味着，慕课开发的全过程应基于学习者的个性化学习需求，站在学习者的立场上，考虑学生需要学什么、如何学以及学习中遇到的问题等，进行个性化按需共享，“在适当的时间以适当的方式将适当的资源提供给学习者”[③]，为学习者提供指导、帮助和促进，形成学习者与课程的主动交互关系。

首先，凸显“个性化学习”的学习支持服务，慕课教师团队应及时提供包括人员的、信息的、资源的、工具的支持服务，在双向或多维交互中为学习者提供帮助。教师团队通常由一位或几位主讲教师与助教组成，如北京大学 2013 年秋季开设的“数据结构与算法”课程总共有 13 000 多人注册，教学团队由 10 位左右教师和助教组成。[④]在学习过程中，教师团队除了提供多样化学习资源（例如课件、动画、图表、视频、音频）之外，还应提供各种学习信息与工具，如课程通告、作业提醒、考试截止日期等导学信息，以及搜索引擎工具、在线实验室、概念图、记笔记等学习支持工具。例如学堂在线平台清华大学 Y 老师开设的“电路原理”（2015 秋）专门提供了电路原理课程的仿真解决方案。其一，下载 Multisim13 学生版；其二，提供基于网页版的电路仿真平台 CircuitLab，为学习者更好地理解课程提供支持服务。资源、信息与工具的及时提供，学习者自主实现个性化定制学习。

其次，最核心的学习支持是发生在师生之间、学习者之间的人际交流活动中的组织与引导。从教学交往的角度看，真正的师生交往应是自由的独立个人之间心心相印的生存交往，是成人世界与儿童世界的充满爱和信任的真诚、平等、

---

① 网址是 http://www.socialpsychology.org/.

② 朱祖林，陈丽．远程学习支持服务评价模型及指标体系的研究．中国电化教育，2007，(2)：42-45.

③ 王冬青．远程教育个性化学习支持服务研究．中国远程教育，2008，(8)：38-42，79-80.

④ 王卓，张铭．基于贝叶斯知识跟踪模型的慕课学生评价．中国科技论文，2015，(2)：241-246.

自由的交往。[①]在互动中，教师摒弃权威，针对不同学习者需求提供不同程度的认知支持、技术支持、情感支持等，他们“不再是决定学生应当做些什么，而是作为处于不断变化中的课程网络的一部分来发挥其影响力”，并“以一种非凡的创造性来应对各种教育情境”，[②]这样才能真实打动学习者。例如，学习者对“电路原理”的评论是

> 老师和助教团队很认真负责，经常出现在讨论版帮助大家回答各种问题，再也不用担心发帖没人理啦，而且发出有营养、高大上的好帖还会被快速置顶。
>
> Y老师很负责任，每次课程有5次线上答疑。学生、助教和老师在讨论区都很活跃，发的帖子很快就能得到回复。

这激励了学习者的学习热情，为学习者提供了认知、技术、情感等支持。

最后，为学习者推荐个性化的反馈资源，使“因材施教”成为可能。借助于基于数据的学习分析技术和互动情况，可向学习者反馈个性化的学习资源。在访谈“方言与中国文化”的R老师时，笔者了解到他主要采用三种方式向学习者反馈资源：第一，在本期课程开设中[③]，会根据学习者构成情况调整课程资源；第二，在课程论坛中，把学习者反馈的比较难的问题再进行讲解讨论，例如根据反馈增加讨论主题“什么东西影响方言的使用”（图4-4）；第三，在几轮课程开设过程中，会根据前一轮学习反馈情况调整当前课程内容与资源，不断更新与充实。另外，学习者在“慕课”的学习过程中将产生大量而复杂的数据，如观看微视频情况、完成在线测试与作业情况、课堂讨论情况等，这些在线学习行为数据被课程平台记录，借助于学习分析技术，慕课平台可实现对学习者学习状态的诊断、评测，帮助教师了解学习表现、学习过程、思维模式等，为实施针对性、个别化的学习干预提供支持信息，满足学习者差异化的学习需求。

（三）动态生成的课程文本

慕课有预先设计与组织的课程内容的聚集，如微视频、讨论主题、补充学习材料等，课程设计仍然是慕课开发中不可或缺的环节。但是，慕课开发不止于

---

① 张增田，彭寿清．从“蓝本”到“文本”：当代课程内容观的转变．教育研究，2011，（11）：95-98.

② 小威廉·E.多尔，M.杰恩·弗利纳，唐娜·楚伊特等．混沌、复杂性、课程与文化：一场对话．余洁译．北京：教育科学出版社，2014：332.

③ “方言与中国文化”已开设多期。

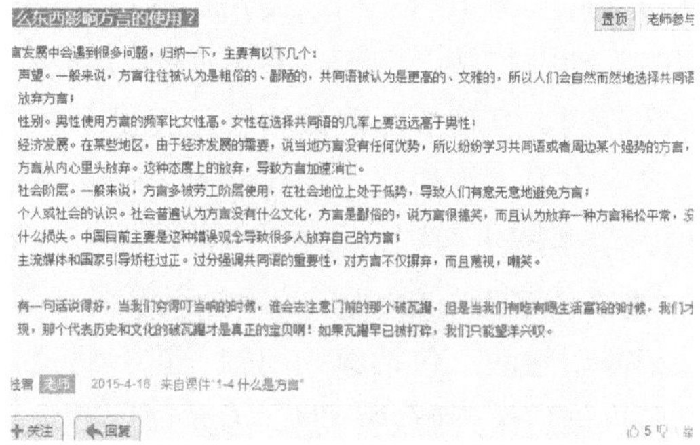

图 4-4 “方言与中国文化”难点反馈示例

预设资源的组织，其课程知识结构并非完全依靠外在实施与给予，而是有不断内在生成与发展的输送。“知识靠一次性的传授是行不通的，它需要通过我们的反思行为才能不断地扩展和生成”①，开放性课程开发环境与相同学习兴趣学习者的聚集，使课程内容的内在生成与发展成为可能。

学习者的聚集为课程文本的生成奠定基础。慕课使世界上具有相同兴趣、相同学习需求的学习者聚集在同一门课程中，这种聚集使慕课从技术支持的学习环境走向人本连通的学习经验，“每个人，不管物理空间有多远，在数字化上都有一个镜像（mirrored）同伴”②，它拓展了技术与人本共存的学习空间，聚集“更是一种通过共同的话题或某一领域的讨论将教师和学习者连接起来的方式”③，学习背景、文化背景、学习偏好各异的学习者成为知识网络沟通的联结点，任何一个联结点都具有无限的潜在经验，并具有无限的开放性，学习者超越知识的“消费者”，成为知识的“生产者”、设计者：复杂的、多元的社会性交互使每个联结点的学习经验都处于动态生成的转化与过程之中，他们在共同探究、讨论、互动中相互影响。尤其是基于课程论坛、Wiki 等方式的聚集形成的多样化的人际交流，它们使互不认识的团队成员有机会编辑、修改、评论同一个文档与资源，促进知识创新的发生。需要强调的是，教师的平等参与促进资源的动态生成。多尔指出：没有人拥有真理，但是每个人都有权利要求被理解。教师在平等的参与中仅仅是一种制度身份的象征，由知识的占有者转变为学习的引导者，由知识的传授者变为教学活动的组织者、协调者、助学者、促学者和评学者，一方面与学生之间展开着开放、民主、互动的会话；另一方面，引导着学习者在学习群体、学

---

① 刘徽．多元开放取代单向独白：读多尔的《后现代课程观》．现代教学，2005，（10）：54-56.

② 乔治·西蒙斯．网络时代的知识和学习：走向连通．詹青龙等译．上海：华东师范大学出版社，2009：64.

③ 李青，王涛．MOOC：一种基于连通主义的巨型开放课程模式．中国远程教育，2012，（3）：30-36.

习资源以及学习工具的支持空间中的互动，促使资源在师生之间、学习者之间以及学习者与内容之间的互动中扩展、增长，甚至成熟、创造、共享、重组、再聚集，不断螺旋上升。开放的、互动的师生共同会话使资源从聚集走向多维度、多层次的动态聚集与生成，学习不再局限于阅读文本，而是生成新的文本。

例如，由斯坦福大学蒂娜·西利格教授（Tina Seelig）在NovoEd平台上开设的“创意速成课”（A Crash Course on Creativity），该课程主要介绍一些工具，旨在激励个体或团队获得新想法，包括建构问题、进行质疑，并通过不断的团队讨论、沟通创意，以促进创造性地解决问题。因此课程要求学习者组建团队，以合作小组完成团队项目。课程在第三周开始团队项目，学习者在课程讨论区或以“站内信”的方式互相联系，基于课程项目组建协作团队，共同讨论方案、解决问题，详细的作品完成形式由每组成员讨论形成：有的小组再将组员分成更小的“子小组”，并各自产生一个作品进行汇总；有的小组是共同讨论可行方案，并讨论选出适合解决问题的方案，分工完成，最后汇总。每位小组成员在项目解决中均成为学习网络的缔造者与动态知识的贡献者。如第三课的团队作业主题是“如何重新利用口香糖”，教师提出要求“以全新的方式创造你喜欢的口香糖的‘价值’，激发口香糖革命（spark a revolution）”。

其中一个小组讨论后形成的创意是，①用口香糖做装饰；②口香糖在急救方面有妙用！③口香糖可以做清洁工具，改变以往破坏环境的形象；④蜘蛛侠吐的丝原来是口香糖！⑤时尚方面口香糖也不落后，做衣服、做指甲油（印度女孩做出来了）、做弹力高跟鞋；⑥还可以当橡皮泥玩。同时，以视频①、图片等形式呈现结果。学习者参与小组的项目协作的感受如下。

会结识世界各地的朋友，跟他们一起组建团队完成各种作业，你也会看到世界各地的牛人的创意。

我收获很多，其中有个用两样家用物品发明体育运动的任务让我无比开心，第一次发觉学习是这么有趣的事情！

讨论课是创意课很重要的部分……在论坛可以看到更多的人，和更多的想法、更多的资源。

跟各个国家的人组队做小Project的感觉，从这些中收获的最多。

在课程中接触了很多不同国家的同事，总体来说这个课的过程比结果带给我的冲击更多，有机会还会考虑重新上一次。

---

① 参看果壳网MOOC学院社区，视频网址：http://v.youku.com/v_show/id_XNTU2MTEwOTUy.html.

后面几期作业是小组合作完成的……在小组合作的作业中和全世界讨论的感觉还是很棒很神奇的！[①]

再如，卫斯理安大学（Wesleyan University）“社会心理学”（Social Psychology）中有 11 个论坛子模块，学习者可以在不同的论坛模块中发表观点，形成新的资源的聚集与动态生成。以“案例与应用分享”子论坛为例，该论坛旨在从学习者生活、新闻等角度分享与课程主题相关的案例及应用情况，在此论坛中分别设置与学习周次内容相关的子论坛模块，例如“第一周案例：社会认知和误解”“第二周案例：自我表达和劝说”“第三周案例：服从、统一和去个性化”等，打开相关子论坛即可看到来自不同国家针对当前课程内容的案例讨论，极大丰富了课程学习内容。

（四）非线性连通的运行过程

慕课开发的运行是非线性连通的过程。慕课开发中最活跃的要素——学习者，具有大规模、多层次、地域分布广的多样化特征，被分布于整个虚拟的网络世界，他们以其发现的有用的方式连通知识，产生不同的学习路径，形成非线性连通。

在慕课开发中，教师、学习者与慕课开发活动相互关联，教师、学习者之间对话与互动，融入了设计者的输入与学习者的输出之间的对话，不断丰富课程结构而形成教育关联、文化关联，并在课程运行的连通中发展课程的深度。因此，慕课在连通、非线性的运行过程中，慕课设计仅提供了慕课开发情境与相对起点，并非固化的文本与流程模板，更非慕课开发的全部；而是经过教师与学习者的理解、对话、反思，不断进行迭代、调适的过程，上一次迭代的结果即下一次迭代的起点，慕课设计在学习者学习体验与学习需求凸显的过程中往复形成。

慕课实施的过程是各要素与活动相互连通的过程。教师、学习者、资源、情境之间互动并相互影响，创建更为复杂的秩序与结构，形成无数富有活力的网络节点，每个节点又是具有开放性的起点，既可以向任何一个方向伸张，又可以连接成新的节点。每个节点的学习者都不同程度地分享经验，提出问题，并伴随着“平等者中的首席”——教师的差异性学习支持。知识在多样化、差异性、网络化的导与学中被激活，新的内容在情境中不断生成、聚集、讨论、重组、再生成，不断产生迭代，推动课程持续的动态发展。

---

① 果壳网 MOOC 学院.《社会心理学》课程点评.http://mooc.guokr.com/course/12/A-Crash-Course-on-Creativity/review/[2016-05-06].

因此，慕课设计成为一种迭代的生成过程，慕课实施成为一种交流的过程，二者在慕课运行过程中相互交织，教师与学习者通过与情境、与他人、与文化的反思性相互作用形成自我感知，它为经验的反思性再组、重构和转变提供了机会，学习成为“一个连续的、知识网络形成的过程”[①]。基于技术支持的网络学习空间成为社会化的交往空间，课程开发要素的互动永远处于转化和过程之中，整个系统呈现多样性与非线性的发展状态，慕课开发成为一个动态性、连通的存在。

（五）多元化的学习评价

慕课为全球有学习需求的人带来了学习机会，大规模参与者的多元互动、开放的课程环境以及重新规划的时空秩序等特征，决定了传统的一元化的课程评价、预测与控制的评价方式难以符合慕课开发的实践诉求，承认人的丰富性与多元化是慕课开展课程评价的基本前提。在慕课学习评价体系的设计与实现上，慕课开发应注重多元化评价，并注重在学习者的学习参与中进行评价，以评价、反馈信息引导学习者的自我反思，为学生提供修正或改进思维和理解的机会，“只有通过学生、教师对自己的学习作出回应，才能从自己的思想囿域里走出来”[②]。

首先，采用多样化的评价形式。如嵌入微视频中的交互式练习实现了授课内容与随堂练习、反馈的无缝连接，它鼓励学生回忆知识，测评学习者的理解程度；每周的在线测验评测学习者对本周学习内容的掌握程度，并通常提供多次作答、反复练习，体现了学习评价的过程性；以主观题为主的平时作业则考查学习者的综合运用能力、问题解决能力；平等参与的课堂讨论以发帖的数量和质量为评价标准，检查学习者的课程参与程度、理解程度等。

其次，形成多元化的评价主体。如以学习者反思为主的自我评价、以客观题为主的系统评价、以反馈为主的教师评价以及同伴互评等。在同伴互评中，学习者依据评价标准，一般对参与课程学习的5份或5份以上的作业进行评价，互评中每位学习者可获取每名评分者给定的成绩、评语以及最终合计成绩。它实现了评价对象的参与，既帮助评价者与被评价者理解自身发展的历程，又使评价成为一种激励性的自我反思行为，为个体的发展做出反思与规划，体现了尊重个体需要的多元价值取向。

最后，慕课学习评价中将量化评价与质性评价相结合。质性评价方式主要有参与课堂讨论、论坛发帖、同伴评语、反馈信息等，量化方式主要是测验分

① 乔治·西蒙斯．网络时代的知识和学习：走向连通．詹青龙等译．上海：华东师范大学出版社，2009：25-39.

② 刘徽．多元开放取代单向独白：读多尔的《后现代课程观》．现代教学，2005，（10）：54-56.

数、考试分数等，二者相结合重建了评价者与被评价者之间的有机联系，注重学习者的参与性与主体性，体现了人文化评价导向。

总之，慕课评价应以承认人的丰富性为前提，注重学习者与他人、与内容、与环境之间的有机联系；并在学习过程中将评价、反馈与学习相结合，体现多元化的课程评价导向。

第五章

模式建构：视域融合下的 FLTC 慕课开发模式

本书通过对当前慕课开发基本程序分析发现：其延续预设、线性开发思维，以课程目标为导向重在表达教师理解的课程，注重知识传递；学习者重在接受与掌握知识，而忽视了主体性发挥与学习体验；慕课设计难以根据开发过程中的信息反馈调整，注重预设；慕课实施过程性、动态性不足，需要增强在线教学活动的组织；学习评价重在检测学习者达到预期课程目标的程度，难以关注学习者的学习目标、学习过程；另外，开发活动之间缺乏互动与反馈，难以在关联中推动慕课开发。大规模、开放、在线的慕课特性蕴含了师生分离、学习者聚集、去中心化的状态，在实践审视中也发现慕课开发更需要增强学习者主体性、教师促进者角色的发挥，以及慕课开发的过程性、生成性、关联性。视域融合的理论基础促使我们在慕课开发中正视泰勒原理的设计、评价实践框架与课程理解的基于主体的多元化理解，促进在慕课开发实践中探讨关系、过程、意义与多样性的建构，在多元化理解中反思慕课开发事件，实现课程实践框架与理论内蕴的内在统一。

因此，基于当前慕课开发基本程序的分析、问题诉求以及视域融合的理论基础，本书建构 FLTC 慕课开发模式，探讨 FLTC 慕课开发模式的含义、内容、核心旨向、主体与要素、主要活动，以及实现 FLTC 慕课开发模式的新的操作程序，并阐述慕课开发侧重点。FLTC 慕课开发模式以个性化学习为核心旨向，将主体的多元化理解、人的主体性发挥渗透于要素、活动、关系、意义的相互关联中：教师作为慕课开发主体以“促进者”角色促进学习者个性化学习与慕课动态生成；学习者作为慕课开发主体在活动参与中实现个性化发展；两大慕课开发主体在文本、情境中互动、协商，促进要素、活动之间的互动与关联，教师与学习者在共同探究中推动课程目标与学习目标的协商，兼顾逻辑界定与意义生成，兼顾设计与动态实施过程，实现教师理解课程与学习者体验课程的对话，促进慕课开发的开放性、关联性、过程性。

第一节　FLTC 慕课开发模式的含义与内容

一、FLTC 慕课开发模式的含义

（一）模式的含义

《现代汉语大词典》将模式解释为“事物的标准样式”①。《国际教育百科全书》将模式解释为，模式的基本特征是提出模式结构，用于调查变量之间的相互关系……模式可以被建立和被检验，还可以根据探究进行重建。它们与理论有关，可从理论中派生，但又不同于理论。②可见，模式既与理论有关，又与其不同。《新语词大词典》将“模式”解释为，“是理论的一种简化形式。即对现实事件的内在机制和事件之间关系的直观、简洁的描述；能够向人们表明事物结构或过程的主要组成部分及其相互关系。广义的模式包括文字叙述、图像描述、数学公式等；狭义的模式指词语同图像的结合”③。从该界定中可以看出，模式与实践之间的关系、结构或组成部分的关系有关。

查有梁在《教育建模》中将“模式”定性描述为，“模式是一种重要的科学操作与科学思维的方法，它是为解决特定的问题，在一定的抽象、简化、假设条件下，再现原型客体的某种本质特性；它是作为中介，从而更好地认识和改造原型客体、建构新型客体的一种科学方法”④。由此可见，模式是一种基于问题解决的思维方法。

综上所述，不同的界定方式描述了模式的不同内涵。模式意味着一种样式，是理论简化的一种形式，这种形式能够实现对结构要素、过程、机制之间关系的直观描述。同时，它具有典型性、概括性与代表性⑤。此外，模式又是一种科学方法，它能够针对特定的问题再现客体的某种特性。

模型、模式是两个经常被混用的概念。《现代汉语大词典》将模型解释为：“模式、样式”“照实物的形状和结构按比例制成的物体”“铸造用的模子”“铸造

① 阮智富，郭忠新．现代汉语大词典（下）．上海：上海辞书出版社，2009：2104.
② 李维．国际教育百科全书（第 6 卷）．贵阳：贵州教育出版社，1991：236.
③ 韩明安．新语词大词典．哈尔滨：黑龙江人民出版社，1991：329.
④ 查有梁．教育建模．南宁：广西教育出版社，1998：5.
⑤ 郭晓明．关于课程模式的理论探讨．课程·教材·教法，2001，(2)：27-31.

时制作砂型用的工具”[①]。《新语词大辞典》中的解释与此类似，将“模型”界定为：①依照实物的形状、结构按照比例制成的物品；②指铸造机件时制砂型用的木质工具。[②]《教育大辞典》将模型界定为系统结构形态或运动状态的一种易于考察的形式，是原系统的一种简化、抽象和类比的描述，不包括原系统的全部特征，但能集中表现出它的本质特征。[③]由此可见，模型的概念与模式的概念非常接近。但是，模型更侧重于事物性，如物品、工具等，模式的概念更加广泛、更加基础。因此，本书以模式作为基本概念。

（二）FLTC 慕课开发模式的含义

FLTC 慕课开发模式是慕课开发的解释性框架，它直观地描述了在信息技术环境下慕课开发的核心旨向、关键要素、主要活动及其相互关系，是在视域融合的理论指导下，结合当前慕课开发基本程序分析、问题诉求，对慕课开发的核心旨向、构成、过程、关系的规定。它旨在促进慕课开发理论研究与实践研究的沟通，优化慕课开发。

二、FLTC 慕课开发模式的内容

建构慕课开发模式需要澄清核心旨向、关键要素、活动及其关系等基本问题。慕课大规模、开放、在线的基本特性内隐了师生分离、学习者聚集、去中心化的含义，当前慕课开发程序难以凸显学习者主体性发挥，忽视主体、活动之间的关联；审视慕课实践也发现需要在主体建构与协商的过程中动态实现慕课开发。泰勒原理体现的课程开发与课程理解的视域融合共同指导慕课开发模式建构。

泰勒原理重视课程设计，并将评价作为课程开发的一部分；课程理解以人的解放为旨向凸显了人的主体性与多元理解，重视课程实施，教师、学习者、文本、情境构成了课程关键要素，并在实施过程中会话、生成。融合两种课程视域使设计、实施、评价成为慕课开发中不可或缺的活动原型，使教师、学习者、文本、情境成为慕课开发要素的原型。另外，关联的逻辑品格指导慕课开发要素、活动之间的关联；个性化学习的慕课开发取向与人的“解放”一脉相承，慕课开发样态呈现了关联的、动态的慕课开发过程，而学习支持服务是实现远程学习的重要保障，也是慕课开发超越线性建构的需求。

综上所述，慕课开发离不开教师、学习者、文本、情境，在关联、动态开

① 阮智富，郭忠新．现代汉语大词典（下）．上海：上海辞书出版社，2009：2104.
② 韩明安．新语词大词典．哈尔滨：黑龙江人民出版社，1991：329-330.
③ 顾明远．教育大辞典（增订合编本）．上海：上海教育出版社，1998：2632.

发活动中使课程设计具有迭代性、资源与文本具有生成性，在线教学活动是慕课实施的核心体现，学习评价在信息技术的支持下与学习分析相融共生，学习支持服务作为在线学习不可或缺的活动贯穿慕课开发的始终，所有要素、活动及其关系的互动，共同指向个性化学习。因此，本书基于当前慕课开发基本程序分析、问题诉求，基于泰勒原理体现的慕课开发与课程理解视域融合的理论基础，建构了 FLTC 慕课开发模式。FLTC 慕课开发模式在慕课平台、社会性软件等信息技术环境下，包括一核心、四要素、五活动（图 5-1）。分别是指以个性化学习为核心旨向，以教师（facilitator）、学习者（learner）、文本（text）、情境（context）为关键要素，以课程设计与迭代、资源组织与文本共生、在线教学活动、学习支持服务、学习分析与评价为主要课程开发活动的慕课开发模式。其中，在四个关键要素中，教师及教师团队，是促进学习者个性化学习、推进慕课开发要素与开发活动动态关联的促进者；学习者亦具有大规模特性，在慕课开发过程中主动建构，二者共同构成了慕课开发主体。一核心、四要素、五活动相辅相成、相互交织，形成了慕课开发模式。

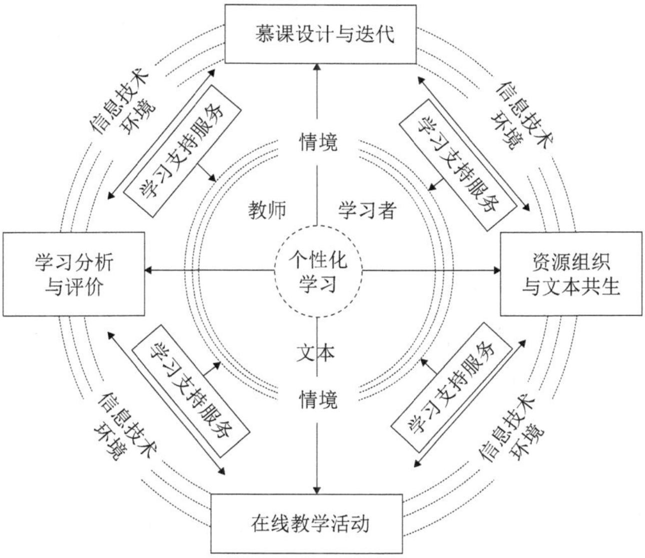

图 5-1　FLTC 慕课开发模式

慕课平台、社会性软件等为慕课开发活动提供了基础的物理环境。慕课平台是实现教与学的载体，它承载了资源存储与呈现、信息发布、讨论交流、在线教学活动、学习分析与评价、学习支持等活动开展，为个性化学习提供基本环境。社会性软件是构建于信息技术与互联网之上的应用软件，能够反映和促进社会关系发展和交往活动的形成，为信息共享、人际交互提供支持。

一核心、四要素、五活动构成了慕课开发模式的总体框架，课程要素与活动之间相互关联、相互交织、相互依赖。该模式用环形表达，表示课程要素之间、慕课开发活动之间密切相关、相互交织，具有开放性。从理论上来说，慕课开发并无严格的起点与先后顺序；但从课程实践上来说，课程设计仍然构成慕课开发的相对起点，也是教师基于“前见”课程理解的集中体现。慕课开发将个性化学习置于中心，是整个慕课开发的出发点与归宿，各个要素与活动均围绕学习者建构，旨在促进个性化学习。该模式既强调开放性，又注重严密性；既注重设计，又注重动态的生成；既注重个性化信息的反馈，又注重慕课开发过程的迭代。它彰显了慕课开发的开放性、关联性、过程性，兼顾教师理解与学习者需求，兼顾课程目标与学习目标的协商，兼顾逻辑界定与意义生成，实现动态的人本价值的课程旨归。

第二节　FLTC 慕课开发模式的核心与构成

FLTC 慕课开发模式以个性化学习为核心旨向，教师与学习者共同构成慕课开发的主体，慕课开发要素、活动在主体参与中相互促进，构成了动态的 FLTC 慕课开发。

一、以个性化学习为核心旨向

慕课是教师与教师团队集结学术专长开设的课程，任何有学习意愿的学习者均可以自愿、自主选择课程，课程实现了放权，打破了传统课程中教师主宰的层级秩序。因此，教师与学习者基于慕课的相遇，是建立在二者共同学术兴趣或学习兴趣的基础之上的，二者相遇的实质是教师教学体验与学习者学习需求的相遇。个性化学习能让每位学生的个性与学习需求获得充分发展和满足，并建构个性化的学习路径，获得个性化学习体验。慕课要获得持续性发展，必须满足学习者个别化学习目的，支持学习者的个性化学习。[①]个性化学习是慕课开发价值取向，亦是 FLTC 慕课开发模式的核心追求，它体现了学习者的基本诉求。

一方面，慕课的学习过程是充满个性化的。它是学习者基于个别化学习履

① 杨玉芹，焦建利 . MOOC 学习者个性化学习生态设计框架 . 电化教育研究，2014，(8)：32-37，56.

历的基础，产生个性化学习需求，并开展个性化学习的过程。人性是多样化的，每个学习者均具有独特个性，且每个学生具有不同的生活经验、学习基础、智力水平与性格特征，[①]每位学习者的学习与发展也具有独特性。慕课学习者的地域、背景、学习特征等具有差异化与多样化，他们是自主、责任的主体，在师生分离状态下，没有教师的直接连续指导，由学习者自身规划并进行有目的的系统学习[②]，他们具有自主的学习动机、学习目标。从本书研究的学生调查问卷统计结果来看，慕课学习者有不同的学习目的[③]，如拓宽视野、补充自己的专业需求、出于兴趣爱好、感受名校教师教学风采、了解学科前沿信息、体验慕课学习方式、希望与来自各地的学习者交流、增加求职机会等。除此之外，慕课学习者能够基于自我学习需求自主选择学习内容、自我调控学习，是真正的学习主体。

另一方面，促进个性化学习体现了慕课开发的动态过程。慕课设计、实施、评价、学习支持服务应围绕个性化学习的旨向进行反馈、迭代、共享与生成。个性化学习体现了课程目标与学习目标、确定性目标与动态性目标、知识性目标与整体发展目标的融合，是慕课开发开放性的核心体现，是非线性连通与文本生成的关键。

因此，慕课开发应着眼于学习者的个性化学习需求与体验，为学习者构建个性化的学习环境、定制个性化的课程、进行个性化的反馈、提供个性化的资源、开展个性化预测与学习评价，支持并促进学习者形成个性化的学习路径。

二、慕课开发主体与要素

慕课开发的四个关键要素是慕课开发不断生成与发展中必不可少的因素。各要素相辅相成，构成一个整体。

（一）教师与学习者：慕课开发主体

教师与学习者在个人理解与个人履历基础之上，共同构成慕课开发主体。教师一般由课程主讲教师、助教、邀请的专家等教师团队组成。教师以关系、过程、多元的视角理解课程、理解学习者，并在组织与参与教学活动过程中引导课程文本的创生，鼓励学习者分享、协作、交往，为学习者提供信息反馈，是个性化学习发生、学习网络形成的促进者；同时，在问题解决中也是反思性实践者、

① 丁念金．基于个性化学习的课堂转变．课程·教材·教法，2013，(8)：42-46.

② 丁兴富．远程教育研究．北京：首都师范大学出版社，2002：382.

③ 详见第三章数据统计结果。

问题协商者等角色，是“旅途”或“奔跑过程”中的“向导”。学习者分布于网络中，是课程意义建构的主体，在自我建构、协作建构中发挥主体性，在活动参与中推动慕课开发，是慕课开发的建构者、开发者、创造者。教师与学习者作为慕课开发的主体，统一于慕课开发过程中。

作为一种培养人的社会实践活动，教育本身就是一种关系的存在，在教育中不允许有旁观者，教育本身要求参与。[①]波斯纳认为，课程是一组人应某些情境的要求建构而成的……课程是持续对话和交流的一部分。[②]派纳认为，课程尽管包括“文字的与制度的意义，但绝对不限于此……课程应成为一代人努力界定自我与世界的场所”[③]。慕课开发是教师与学习者在具体情境中理解、协商、对话的过程中逐渐形成的过程。在慕课开发过程中，教师在“前理解”基础之上形成的课程设计、微视频等学习资源的开发，形成教师对课程预设的“先见”，这些“先见”构成了学习者建构的境脉——学习者基于学习兴趣、个体的存在经验对文本进行选择、理解与诠释，在个体体验中，建构了自我理解，促进文本创生，创造着课程；同时，学习者在交往过程中民主、平等地参与表达，学习者的经验、对话均构成了慕课的一部分；教师对学习者理解，以及学习者对教师理解、对文本理解，在对话、协商中生成新的理解。因此，慕课的开发既是消解教师对课程“前见”的过程，也是学习者探究、诠释与建构的过程，二者的行动与反思，构成了课程主体的自我认知；同时也促进慕课设计、实施与评价相互对话的过程，不断拓展、超越、生成新的课程理解，为下一轮课程理解奠定基础。

总之，在慕课开发中教师与学习者共同构成了慕课开发的主体，教师的“导”与学生的“学”相容共生，二者在慕课生成的过程中共同“探险”，围绕学习者的建构、问题解决，缔结多维度、多层次的学习网络，教师与学习者互为理解者与诠释者，彼此之间相互交融，促进课程设计、实施、评价的交织、迭代，在关系、意义、过程的境脉中实现慕课开发。

（二）文本：唤醒学习者主体性

文本代表了哲学解释学的一种思维方式，它凸显了课程开发主体的创造性、主体性以及课程开发过程中开放的意义生成过程，它追求的是个性的解放。哲学解释学将理解作为生存的基本方式，而理解文本的过程即主体与文本对话的过

① 蔡春，扈中平．从“独白”到“对话”：论教育交往中的对话．教育研究，2002，(2)：49-52.

② 乔治·J. 波斯纳．课程分析（第三版）．仇光鹏译．上海：华东师范大学出版社，2007：33.

③ 钟启泉．课程的逻辑．上海：华东师范大学出版社，2008：9.

程，“理解对象的意义是依赖于理解者的，是在与理解者的对话中出现的”[①]。理解的目的是实现文本视界与诠释者视界的融合。张增田和彭寿清认为，文本是一个多层面的开放的意义结构，文本与读者关系是平等的，文本把互动与创造纳入其本质内涵之中，文本具有课程与教学的整合性。[②]由此可见，文本的概念贯穿了人的个性的自由与解放，它是一个动态的具有生命力的概念，推动了人的不断生成与发展。

在慕课开发中，文本包括了慕课教师团队预设的课程文本，是慕课教师团队在慕课整体设计基础之上领悟的课程，它可以是一段视频、一篇文章、一个案例等慕课资源，体现了慕课开发团队对已有知识理解与创造的过程。另外，文本也包括了慕课开发过程中，学习者对课程文本理解而产生的文本，以及师生对话、生生对话、人与资源之间互动生成的文本。它可以是慕课开发过程中的事件，是学习者对资源、事件等的意义理解与解释，超越了“作品”自身的固定意义，体现了人的主体性。它是动态生成的课程，是一种体验课程，是教师与学习者视域融合的课程。文本意味着慕课开发过程中主体的参与，是对教师、学习者等所有参与者身份的唤醒，体现的是事实与价值、理性与经验、手段与目的的有机统一，是慕课开发过程中意义创生的关键。

文本作为慕课开发中的关键要素，与人本价值导向的个性化学习相得益彰。文本承认了慕课学习者的主体性，不同的学习者均可以对文本产生多元化的理解，文本理解的过程，亦是学习者的自我理解，从而在互动中获得自我的新的存在方式，并创生不同的课程意义。在学习者理解的过程中，既不存在控制者，也不存在失败者，教师与学习者具有平等的地位，而学习者依据个人的学习目标，构建个性化的学习路径即是慕课学习的收获与成功。

文本作为慕课开发中的关键要素，承认了慕课开发的动态性、生成性与过程性。知识并非独立于人客观存在，也并非价值中立，基于文本的理解体现了主体与客体、确定性与不确定性的统一。伽达默尔认为，“文本不是一个被给定的对象，而是理解事件之进程中的一个阶段”,“只有在诠释的关联中、并由此出发，文本才表现为真正的所与、要理解之物”。[③]多元化学习需求的学习者正是从各自的“先见”对文本进行诠释，不同的诠释者形成不同的理解与意义，而诠释者之间的交往与协商形成视域的不断融合，促进了文本的动态生成，体现了慕课开发的过程性。

① 张法．作为后现代思想的解释学．中国人民大学学报，2000，（5）：54-60.

② 张增田，彭寿清．从“蓝本”到“文本”：当代课程内容观的转变．教育研究，2011，（11）：95-98.

③ 转引自潘德荣．文本理解、自我理解与自我塑造．中国社会科学，2014，（7）：50-65，205.

文本作为慕课开发中的关键要素，承认了慕课开发的开放性。它随着教师的诠释、学习者的诠释而不断更新，大规模的学习参与者在不同时空、不同文化的视域下，文本解读的观点在不断碰撞；新的意义不断生成，使慕课的开发在开放的交互中充满了偶然性与不确定性，推动了开放性的慕课开发。

总之，文本是慕课动态开发的关键要素，是教师领悟的课程与学习者体验的课程的融合，也是慕课意义再生与学习者不断成长的过程。

（三）情境：促进“转变”的关键

《哲学大辞典（修订本）》将“情境”界定为“一般世界情况的具体化，即人物活动并展开矛盾冲突于其中的具体环境”；[①]《逻辑学大辞典（修订本）》将“情境”作为情境语义学理论的核心概念之一，是指“由认知主体选择或区分的高度组织起来的客观世界的一部分，即某时某地某个体（或某些个体）具有某性质（或某关系）这样的事实（或若干这样的事实）构成一个情境”[②]。由此表明，情境是一种具体的环境。莱夫（Jean Lave）认为，情境是一个特定社会实践，它与活动系统中社会过程的其他方面具有多重的交互联系。[③]施良方认为，情境是指除教师、学生、教学内容之外的物质的、心理的、社会的、文化的因素构成，对教师、学生、教学内容有直接和间接影响，是实践课程不可缺少的元素。[④]学者对情境的界定表明，情境是具体的、非结构化的，与活动主体、各要素之间的关系以及所处的时空环境有关。情境是慕课开发中的基本要素之一，既与其他要素密切相关，又构成了教师理解与学习者建构境遇。

诠释学认为，理解与诠释在特定境遇下发生，没有脱离环境的绝对的理解与知识。“知识、思维和学习的境脉是相互紧密联系的”，“在脱离情境脉络的条件下获得的知识，经常是呆滞的和不具备实践作用的”，[⑤]其意义正是在情境脉络中协商而实现丰富、多元的建构，课程主体的建构与诠释具有一定情境依赖，在一定情境中互动，促进观点对话与视域的融合。

慕课开发中的情境是文本理解的特定的文化背景、价值体系、个人体验，它既是生成性知识存在的脉络，也是促进个性化学习的特定背景，它颠覆了知识的“普遍性”与中心霸权，体现了慕课开发的多元文化的对话。因此，有效的慕

① 冯契．哲学大辞典（修订本）．上海：上海辞书出版社，2007：1139.
② 彭漪涟，马钦荣．逻辑学大辞典（修订本）．上海：上海辞书出版社，2010：483.
③ 戴维·H. 乔纳森，等．学习环境的理论基础．郑太年，任友群译．上海：华东师范大学出版社，2002：55.
④ 刘志军．走向理解的课程评价：发展性课程评价理论探索．北京：中国社会科学出版社，2004：31.
⑤ 戴维·H. 乔纳森，等．学习环境的理论基础．郑太年，任友群译．上海：华东师范大学出版社，2002：11.

课开发需要给学习者提供自由探索、意义建构与知识创造的情境。慕课提供了开放性的学习环境及以学为中心的开发样态，促进学习者的发展决策、自我监控，进而促进学习者个性化的学习。营造促进学习者个性化学习的情境，是促进学习者理解、促进教与学视域融合的基础，它促进了课程开发从预设到生成的转变，促进了教师从有效传输者到学习促进者的转变，促进学习从注重内部的建构到兼顾情境中的社会协商的转变。人是知识、文化、意识形态的积极创造者，“理解从来不是一种达到某个所给定‘客体’的主体行为，而是一种达到效果历史的主体行为”[①]，理解的过程是主体的“前见”“前理解”在一定情境中对话、交流、协商进行诠释意义与创造的过程，学习者带着个体的先前经验，置入新的情境中，增加认知中的冲突与建构。因此，教师的“前见”与课程设计需要在基于情境的对话中，才能形成多元化的课程建构，推动课程在动态中生成。

在慕课开发中，情境可以是真实的任务、在线教学活动、学习支持工具、虚拟场景，也可以是慕课开发中的事件、讨论中的问题、实时的境遇等。在具体的情境中，实现基于自我履历的课程内容、学习体验与真实世界的融合，实现教师课程理解与学习者理解的视域融合，促进课程丰富的多元建构。

三、慕课开发的主要活动

课程设计与迭代、资源组织与文本共生、在线教学活动、学习支持服务、学习分析与评价构成了FLTC慕课开发模式的主要活动，它们分别构建与创生学习境脉，实现多元选择、差异化推荐与文本创生的连续统一，促进师生在过程中共同探寻意义，促进学习者自主建构与协作构建，并以个性化反馈促进学习者与课程的“转化”。它们共同旨向个性化学习，在慕课开发过程中相互交织，促进课程动态生成。

（一）课程设计与迭代：构建与创生学习境脉

有意义的课程规划与学习者的意义建构并不矛盾。奥恩斯坦等认为，“成功的课程实施来自于切实的课程计划。规划过程要考虑各种需要和实施有计划的行动所需要的资源”[②]。FLTC慕课开发模式注重课程开发主体的文本理解、主体性发挥，但并非将课程设计拒之门外。

慕课设计既是慕课开发教师的一种思维的表达与有意识的创造活动，也内

① 郭元祥，杨钦芬，余娟，等. 教师即课程：意蕴与条件. 教育研究与实验，2008，(6)：1-7.
② 奥恩斯坦，汉金斯. 课程：基础、原理和问题. 柯森译. 南京：江苏教育出版社，2002：312.

蕴了学习者体验。一方面，围绕学习者体验对慕课开发目标、要素、活动等设计，是教师理解的集中体现，构成了慕课开发的原始性假设、相对起点及学习者建构的境脉，是慕课开发理念转化为慕课开发活动的桥梁。另一方面，慕课设计随着教师理解与学习者理解的对话协商，不断迭代更新，为慕课开发提供一种过程指导，是促进课程生成的境脉。

因此，慕课设计与迭代渗透了慕课开发的人本价值的关照，正视学习者的存在与需求，正视开放而动态的慕课开发过程，实现从确定性的设计到不确定性的、动态的、相互关联的迭代。它基于多元化和差异性的学习者需求，共同制定愿景，并在过程与关联中指向学习者目标的实现，因此，设计与迭代是不可分割的整体，它在教师的反思中进行学习需求分析、课程目标与学习目标设计、课程内容与资源设计、在线教学活动设计、学习支持设计、学习评价设计、学习情境设计等。其中，基于学习者需求，寻求外在的课程预设与内在需求的统一；将课程目标与学习目标设计作为师生共同制定课程转变的愿景；在课程内容设计中，实现重构、差异化推荐与学习者创生的统一；通过在线教学活动设计，促进师生共同探寻意义；通过学习支持服务设计，超越人机支持到人人关系连通；以学习评价设计促进慕课动态开发与学习者转变；通过学习情境设计创设真实而开放的学习情境。

（二）资源组织与文本共生：多元选择、差异化推荐与文本创生的连续体

资源组织包括围绕学习者需求与学习者体验组织的微视频、PPT、电子教案等多元化的文本，以情境、事件、故事等使内容产生关联，并为差异化的学习者推荐适切的文本；文本共生是指在师生对话、学习者之间对话、学习者与文本之间的对话中，学习者在认识自我、体验课程基础之上形成的动态文本。资源组织与文本共生是教师理解课程、理解学习者的过程，亦是学习者调动个体经验参与课程的过程，并相互作用、相互联系的过程，它包含了文本、对话以及转变，统一于慕课动态开发过程之中。

资源组织与文本共生体现了慕课开发的严密性与开放性，形成预设与生成的“关系链”。一方面，资源组织构成了学习者多元化理解的课程符号，负载了教师理解的课程内容，它是教师对课程理解的集中诠释，让学习者具有多元化的选择，并在诠释中为学习者推荐差异化的文本，使学习者在“严密”的框架中理解课程；另一方面，文本共生是多元化学习者基于个人履历对教师课程诠释的文

本解读，重新赋予意义，并在师生交往、学习者交往以及与文本交互中进行连通，形成开放而多元的课程话语，它集中体现了个性化学习需求导向下的文本生成。因此，资源组织与文本共生体现了课程逻辑与文本的连通、教师理解与学习需求的关联。

其中，微视频是资源组织的重要形式，集中体现了教师预设的课程教学目标以及对课程内容的理解，构成了教师与学习者视域融合的基础，为学习者提供个性化选择的支架，兼具课程实施意味。对于微视频的组织，在个性化学习需求的指引下，教师需要重构、差异化推荐、迭代。重构是指教师将理解的课程进行知识点切分、重组，基于网络特性，站在学习者立场以逻辑、情境、故事或场景等形式将内容进行重新建构，形成基于学习体验的课程；差异化推荐是指为不同学习水平的学习者提供差异化的、适用的资源；迭代是指在文本理解与生成中进行不断修改完善，为学习者提供差异化选择，促进慕课文本的动态生成。

（三）在线教学活动：师生共同探寻意义的过程

慕课实施是一个完整的教与学的过程，除了隶属于计划课程的教学材料制作与上传之外，还包括在线的课程实施。以微视频为核心的“教”是计划课程实施的核心，它仅仅是慕课实施的一部分；而基于互联网的在线教学活动是慕课在线实施的关键，它是指基于在线环境而组织的教与学的活动，是师生共同参与、共同创造的过程，意在揭开被“掩盖”的课程，是课程设计与迭代境脉下的调适与创生，重在将观念形态的课程转化为教师重构、学习者建构的行动过程。慕课在线实施诠释慕课开发的境遇、事件，促进学习者基于自我履历进行自主建构、协作建构，进而形成新的会话、新的起点，实现个性化学习。

在线教学活动的开展促进了慕课实施实现计划课程与实践课程的统一，实现了教师设计的课程与学习者所体验课程的统一，体现了慕课中教与学的真正重组与整合；是潜在文本转化为现实文本的动力，是教师与学习者共同理解与创造的过程，是慕课教学法创新的关键，是教与学重新融合的载体。教师可以在线开展导学支持类活动、协作探究类活动、展示交流类活动、问题解决类活动等，在活动中诠释情境与事件，促进学习者的文本理解与意义建构。

（四）学习支持服务：促进学习者自主建构与协作建构

学习支持服务是保障远程学习成果的核心要素①，是慕课开发中不可或缺的

① 欧斯玛尼·张．个性化视角：加拿大阿萨巴斯卡大学学习支持服务研究．中国远程教育，2014，(9)：13-18.

活动。它贯穿于慕课开发的全过程，为学习者个体、学习小组提供全方位学习支持，促进与指导学习者认知、建构以及学习者之间的互动、关联。它重在弥补师生分离的缺憾，为学习者在远距离学习环境中的学习的发生提供认知支持、情感支持、社会支持等。

学界对学习支持服务的分类有不同视角的界定。泰特（Alan Tait）基于学习支持服务的功能将学习支持服务分为认知支持、情感支持、系统支持三类。认知性支持主要以课程材料和学习资源为中介提供学习支持；情感性支持主要为学习者提供创建承诺、提升自信的环境；系统支持是指建立有效、透明以及对所有学生都友好的监督过程和信息管理系统。[①]英国开放大学辛普森（Ormond Simpson）将泰特的三分法归类为两类，即教学支持服务与非教学支持服务。教学支持服务指学生在学习过程中的认知、智力和知识等方面的支持，如解释定义、提供测评、跟踪进展、深入探究、发展技能等；非教学性支持服务主要包括提供的情感性和社会支持，如提供咨询、提出建议、激发热情、安排活动等。[②]我国学者丁兴富总结主流观点，提出学习支持服务是“为远程学生提供的以师生或学生之间的人际面授和基于技术媒体的双向通信交流为主的各种信息的、资源的、人员的和设施的支助服务的总和，其目的是指导、帮助和促进学生的自主学习。”[③]

以上三种分类方式并不冲突，前两种侧重从支持的内容进行分类，其中认知支持可归类为教学支持，情感支持、系统支持可归类为非教学支持；后一种从支持方式进行分类，实则异曲同工。

笔者认为，不同的分类视角促进了慕课中学习支持服务的功能定位，本书倾向于从学习支持服务的方式进行分类：一是基于慕课平台、社会性软件等信息技术支持服务，它是基本的学习支持方式；二是基于教师参与的人际支持服务，它能够有效促进师生之间、学习者之间的交流。人际支持服务是促进学习者实现个性化学习的关键，它能为学习者提供个性化反馈，促进学习者之间的人际互动，激发学习者进行自我反思等。两种不同的学习支持服务方式为学习者提供认知、情感、系统等方面的支持，促进学习者个性化发展。

（五）学习分析与评价：以个性化反馈促进“转化”

学习分析与评价是慕课开发的有机组成部分，不可或缺。它是事实判断与

---

① 陈丽．远程教育．北京：高等教育出版社，2011：305-306.

② 陈丽．远程教育．北京：高等教育出版社，2011：305.

③ 丁兴富．论远程教育中的学生学习支助服务（上）．中国电化教育，2002，(3)：56-59.

价值判断的融合。一方面，它贯穿于慕课开发的全过程，不仅关注课程计划的实现、课程设计的效果，更与其他慕课开发活动相辅相成，作用于慕课设计与迭代、资源组织与文本生成、在线实施的过程，并根据特定情境发生变化，促进慕课开发活动改进。另一方面，慕课学习分析与评价是对学习者诊断、反馈的过程，包括了评价者、评价对象双方或多方协商建构，也包含了对学习者学习结果的判断。它集课程目标与学习目标、教与学的过程于一体，既为慕课开发提供反馈，亦为学习者提供导向与诊断，指向学习者个性化学习目标的实现。

学习分析是指对慕课平台中学习者产生的在线学习数据的收集、存储、汇总、分析挖掘和报告、解释，诊断学习者的学习进展，预测学习者的未来表现，发现学习者潜在的问题以及可能需要的干预。借助于学习分析，能够整合学习者学习背景信息与学习过程数据，帮助教师全面跟踪和掌握学习者特征、学习过程、学习表现、思维模式等信息[①]，发现学习者的潜在信息与需求，诊断学习者自主学习过程，促进学习目标的实现[②]，为学习者提供即时、准确的个性化学习反馈；同时促使学习者能了解自身学习状态，及时查漏补缺，选择个性化学习路径[③]。另外，学习分析的监测、预测及评价也为教师改进课程提供了基于学习者学习数据的支持，教师基于数据分析既可为学习者提供更为精准的学习支持服务，也可促进慕课开发的优化迭代。

所以，慕课学习分析与评价是一个过程性的、发展性的建构价值的过程，它根植于学习者的参与、建构与反思过程，是学习者实现价值发现的过程；它产生于教与学融合与迭代过程，是慕课开发不断发展的过程。慕课学习分析与评价以个性化反馈为旨向促进学习者与慕课的转化：学习者在反馈中实现了学习目标，获得了个性化学习内容、学习路径；慕课开发在反馈中促进目标、计划、内容重构于教学活动，并在教学活动中调整，使目标、文本、意义产生于行动之中，教师、学习者在自由、自主的交互中促进慕课的生成。慕课学习分析与评价融合了过程性评价与终结性评价、量化评价与质性评价，渗透于学习者的学习过程之中以及慕课开发过程之中，促进慕课开发过程的协调与转化。网络课程评价是一个具有高水平复杂性和差异性非平衡行为的过程，涉及反馈、递推、干扰、

---

① 刘志军，冯永华．课堂教学变革的反思与重建——“慕课”背景下课堂教学变革的思考．教师教育学报，2014，（3）：53-63.

② Lee M J W，Kirschner P A，Kester L. Learning analytics in massively multi-user virtual environments and courses.Journal of Computer Assisted Learning，2016，（3）：187-189.

③ 岳俊芳，陈逸．基于大数据分析的远程学习者建模与个性化学习应用．中国远程教育，2017，（7）：34-39.

自催化、连通和自组织等多种作用形式。[①]慕课学习分析与评价具有基本的属性，甚至更为复杂：围绕个性化学习的慕课开发旨向，应尊重学习者的个体差异，以多元主体、多元评价方式，在过程与情境中开展评价，兼顾外部评价与内部自我反思，促进教、学、评的融合统一。

综上所述，FLTC 慕课开发模式超越“蓝本式”程序而注重“文本式”理解，在一核心、四要素、五活动中，教师与学习者共同促进慕课动态开发。

第三节　FLTC 慕课开发模式的操作程序分析

FLTC 慕课开发模式是慕课开发的一种直观描述，它既包含了慕课开发要素，是慕课开发不断生成、发展的关键元素，也包括了慕课开发的实践活动，是发挥学习者主体性、实现慕课动态开发的载体。慕课开发各要素、各活动在开放的环境中相互交织、相互影响，是一个复杂的非线性关联的过程。实现视域融合指导的慕课开发还需要一项新的操作程序，这项操作程序能够实现在慕课开发过程的理解以及在多元理解中的开发。

从理论上来说，FLTC 慕课开发模式并无严格的起点与先后顺序，但从课程实践上来说，课程设计仍然构成慕课开发活动的相对起点，也是教师基于“前见”课程理解的集中体现，同时也在主体交往中生成。在慕课开发活动之前，慕课开发还需要组建教师团队，发布课程公告。综上所述，围绕一核心、四要素、五活动，FLTC 慕课开发模式的操作程序可以概述为组建教师团队—发布课程公告—课程设计与迭代—资源组织与文本共生—组织在线教学活动—提供学习支持服务—学习分析与评价，不同的开发活动又有不同组成（图 5-2）。

需要强调的是，慕课开发操作程序并非是线性的流程，而是慕课开发要素与活动相互交织、相互促进的不断迭代、生成的过程。教师与学习者构成了最具有活力的要素，应发挥二者主体性——教师参与指导、学习者主动建构，以及教师与学习者、学习者之间的人际交往，推动慕课开发活动不断生成、转化；同时，慕课平台、社会性软件等信息技术为学习管理、资源管理、交流互动、学习评价、在线学习分析等提供技术支持，为学习者建构、人际交往以及各项开发活动提供反馈。因此，在人的主体性发挥下，应发挥大规模学习者之间的互动、教师与学习者之间的互动以及学习分析等技术支持，在整体的人际交往与人机支持

① 钱小龙，汪霞．复杂性科学视阈下的网络课程研究．远程教育杂志，2012，(1)：46-51.

过程中促进学习者个性化学习，推动慕课开发活动相互关联，实现动态的慕课开发。

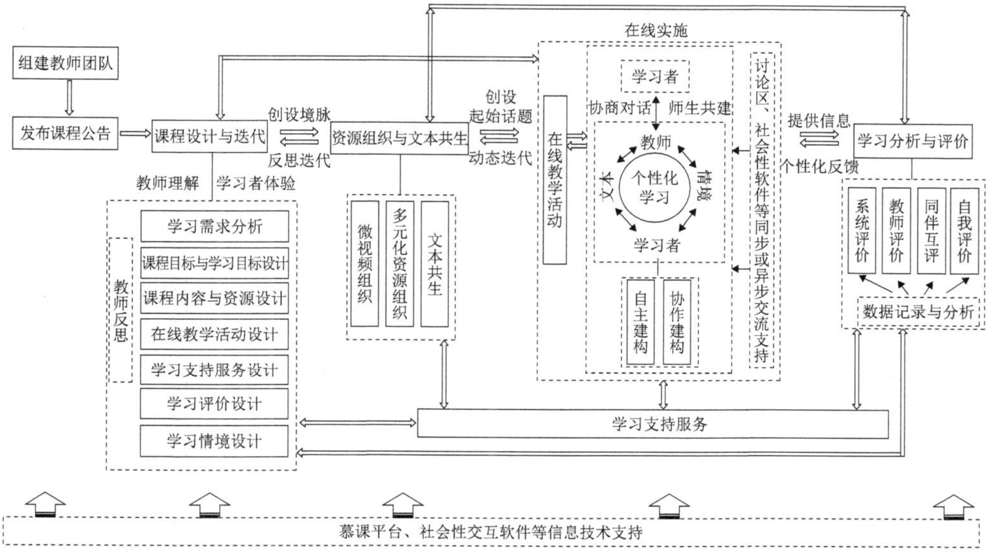

图 5-2　FLTC 慕课开发模式的操作程序

一、组建教师团队

慕课开发是一项复杂的、系统的工程，教师作为慕课开发的重要主体之一，是慕课的主要建构者，是学习者的促进者。面对大规模、分布式的学习者的个性化学习需求，需要组建“多职责”协助的慕课开发团队。教师团队既要树立以个性化学习为旨向的慕课开发观，尊重学习者作为慕课开发主体的角色定位，以个性化学习支持服务促进个性化学习体验，又要明确分工与职责，制定个性化学习旨向下的慕课开发计划，这是澄清教师身份存在方式与慕课开发实践方向的前提。慕课教师团队主要包括以下四类人员。

第一，课程负责人。课程负责人重在以个性化学习为慕课开发旨向负责整体的课程规划，例如以慕课设计创设促进学习者个性化学习的境脉，对教学大纲、课程结构、课程目标、课程内容、课程评价等进行整体设计，并协调主讲教师、辅导教师等的工作，促进慕课开发的动态实施与个性化的学习分析、评价；协调慕课开发各活动，实现对慕课开发过程关注、学习者个性化学习过程的监控与指导。

第二，课程主讲教师。他们是慕课开发教、学、评的主要负责人，是实现个性化学习的践行者。首先，他们与课程负责人进行协商，在尊重学习者主体、个性化学习的旨向下讨论课程结构、定位教学目标、商榷课程内容及表达形式、设计课程活动、设计测验与作业等；其次，组织并积极参与在线教学活动、学习评价，为学习者提供个性化反馈与个性化学习服务支持，促进慕课实施过程中的创生；最后，在慕课设计、实施、评价中动态调适慕课开发，在教师、学习者、文本的交互中实现慕课的动态生成与学习者个性化学习目标实现。

第三，辅导教师或其他学习支持服务人员。一般由主讲教师，或专门的辅导教师，或研究生等人员构成，他们主要为学习者提供个性化的督学、导学、助学的服务支持，包括基本服务支持，如文本发布、信息推送与反馈；同时积极组织、参与在线活动、在线答疑，以互动交流的方式提供学习支持服务，引导学习者讨论等；此外，基于数据的学习分析为学习者提供个性化的资源反馈和学习路径。他们在个性化的服务、互动、反馈中推动慕课开发。

第四，技术支持人员。他们负责微视频及其他课程资源的制作，将内容以合适的方式进行多媒体表达；或者为学习者提供个性化的技术支持，如进行数据分析、推荐个性化学习路径等。

除此之外，在慕课的开发过程中，也可邀请学科领域的专家参与授课或组织、参与教学活动；或者从慕课学习过程中吸纳高水平的学习者成为学习助教，以学习同伴的形式参与社区交流。总之，大规模的学习者也需要多元化、多职责的教师团队，他们在慕课开发中以促进者、指导者角色为学习者提供全方位、全过程的学习支持服务。

二、发布课程公告

在慕课正式开课之前，教师以课程公告形式对课程、学习背景、先修课程等方面进行说明，旨在为满足学习者个性化学习需求提供参考信息。例如，斯坦福大学在Coursera平台开设“机器学习”（Machine Learning），指出“本课程包含编程作业，最好有一定程度的编程背景”；台湾大学在Coursera平台开设“中国古代历史与人物——秦始皇”，课程简介中写道：“本课程是作为历史入门通识而设计，重点在于借由历史教育启发同学的思维，而非背诵历史知识。”再如，清华大学在学堂在线（同期在edX开课）开设的“财务分析与决策”，其“先修要求”明确“无先修课要求”，有学习兴趣的学习者均可参与。

在阅读了课程公告，如课程概述、授课大纲、先修知识、授课形式、参考资料、常见问题等之后，学习者根据自己的学习需求决定是否选课。通过课程公告，一方面，教师表达了课程所预设的学习者人群；另一方面，学习者也明确了学习该课程的基本要求，学习者结合教师要求与自身需求自愿选课。自主选课奠定了师生“相遇”的基础。

三、课程设计与迭代

慕课的课程设计与迭代构成了慕课开发的基础，它包括了教、学、评等整体设计与迭代。具体来说，教师应基于学习者体验，进行学习需求分析、课程目标与学习目标设计、课程内容与资源设计、在线教学活动设计、学习支持服务设计、学习评价设计、学习情境设计以及教师反思。

教师反思是教师对自我的超越以及对基于学习者解读的价值反思与实践探索。它包括教师对课程设计的自我反思、慕课开发过程的反思、慕课学习者的反思等，反思课程设计中各元素的适切性、合理性与关联性；将慕课设计置于慕课开发全过程之中——文本的动态生成、在线动态实施过程以及学习分析与反馈，反思慕课开发过程；基于学习者理解和反思慕课开发是否反映了大规模学习者的学习需求与学习路径。这些反思可以促进教师在反思性实践中进行课程设计的迭代。

（一）分析学习者需求：寻求外在预设与内在需求的统一

了解学习需求既是师生对话的前提，又是慕课开发的一部分。但是，开放性选课机制使教师难以了解学习者的学习起点水平，开放性的进入与退出机制也给教师分析起点水平带来了困难。在教师访谈中我们了解到，教师主要依据课程的基本定位群体而进行预设，而对于大规模的学习群体“难以了解”。分析学习者的需求，教师需要寻求外在的课程预设与内在的课程需求的统一。

慕课学习者需求是指慕课学习者在慕课学习活动过程中所表现出来的自身实际水平与所期望水平之间的差距，或者是学习者在慕课学习过程中，所体验或者感受到的课程开发的实际状态与所期望状态之间的差距。正是这种差距促进了教与学活动的开展，它体现了当前慕课在现有状态下通过课程开发可以满足的学习需求。慕课学习需求分析是信息收集和分析的过程，以明确个体或群体的学习需求为目标。它是一种诊断与分析的过程，通过调查研究、信息资料的收集与分析，获得关于“差距”或“问题”的数据与资料，并寻求对策，以了解学生者需求，进而设计或调整慕课教学目标，使慕课开发具有针对性，也为课程开发提供信息和奠定基础。

了解学习者需求有多种方式。第一，教师可以在慕课开课之初、开课之中、期末考试之前进行问卷调查，进而了解学习者的群体需求。第二，教师可以在慕课实施过程中，通过对慕课平台数据进行分析，了解群体或个体的实际学习情况，进行有针对性的反馈。例如，在斯坦福大学的慕课“机器研究”中，教师发现有2000位学习者在回答问题时犯了相同的错误。教师据此设置了专门的提示与指导，让之后学习该课程的学习者不再犯同样的错误。[①]第三，教师可以在课程的在线论坛中，通过学习者提出的问题、学习者之间的讨论等，发现学习者需求，并进行有针对性的解答。

（二）课程目标与学习目标设计：师生共同制定课程转变的愿景

课程目标决定了应该把哪些经验包含在课程中让学习者学习。[②]不同的课程目标是不同课程观的体现。学习者的学习目标是学习者自我学习导向达到的学习结果，是个性化学习路径的向导。关于教师的课程目标与学习者的学习目标的关系，帕克（Forrest W. Parkay）等认为，学生是“课程规划中主要的潜在资源”，教师用来指导自己计划的目标应该与学习者追求的目标有交叉重叠，教师和学习者关于学习经验的目标是可兼容的。[②]

慕课的目标设计应兼顾教师预设的课程目标与学习者的学习目标，达成师生共同制定课程转变的愿景，如果单纯依赖教师预设的课程目标，则与学习者个性化需求相违背，容易陷入传统的结构主义的泥沼；而完全依赖学习者的学习目标，则课程的不确定性、随机性导致课程开发过程难以监控与实施。因此，慕课开发不能抛开预设的课程目标，它是课程明确的价值追求，引导学习者探究其概念、原理与意义；又不能放弃学习目标，慕课中大规模的学习者的学习目标的不确定性增强了慕课的开放性与生命活力。

慕课的目标设计既要体现慕课开发的价值和意义，又要兼顾学习者的学习需求，兼具确定性与不确定性、预设性与生成性、一元化与多元化，它是教师与学习者共同指向的愿景，是二者对话与协商的结果，促进教师与学习者共同实现对“课程是什么”的建构与描述。

（三）课程内容与资源设计：重构、差异化推荐与文本创生的统一

网络打破了高度结构化的知识表达方式，“每一个网页就像一块块破碎的瓷

① 新华日报.“慕课”，让最好的大学走近你.http://xh.xhby.net/mp2/html/2014-09/04/content_1109079.htm [2016-12-12].

② 弗雷斯特• W. 帕克，等. 当代课程规划（第8版）. 孙德芳译. 北京：中国人民大学出版社，2010：6-7.

片”[1]，知识与时间被碎片化，学习者也具有差异性。慕课内容与资源设计在正视网络学习特性的同时，需要基于学习者体验实现确定性与不确定性的融合，并为异质性学习者进行差异化推荐。从教者来说，以整体逻辑重构碎片化信息，兼顾逻辑表达与学习者体验；从学者来说，在迭代中促进文本生成，凸显学习者的学习需求与个人履历。

（1）以整体促碎片化重构

整体是指兼顾知识表达与学习者体验，用情境、故事、场景、游戏、任务迭代等逻辑线索将碎片化知识点重构，为学习者创造参与、建构与反思的境脉。例如，北京大学S老师开设的“游戏化教学法”[2]，该课程采用游戏化的思路，以故事连载的形式将课程内容、任务等组织在一起。以第一期课程为例，它以“奇趣王国的神秘冒险”为主体，以游戏机制建构课程的整体设计，把课程内容包装成关卡故事，如奇趣王国遭遇饥荒、瞌睡虫和发呆蜂入侵、偷日灾难、岛国分裂；将课程任务贯穿于游戏情节中，学员以拯救者角色参与课程学习与任务。它包括认识游戏化教学、游戏化教学准备、教学组织的游戏化、游戏化进阶、游戏化的教学未来五个单元的学习，从第二单元开始分别对应不同的游戏化任务（表 5-1）。

表 5-1 “游戏化教学法”游戏化场景设计

单元	名称	内容
第二单元游戏化教学准备	目的	为了王国崛起，游戏化你的方案
	游戏王国	奇趣王国刚刚成立，国民陷入知识饥荒，寻访各路大神解救这个美丽的国度，各路神气小兵偷看了你的教学设计方案，甚为夸奖，特邀你解救奇趣王国，成为一国之师，一旦成功可以享受到万千国民的尊重，最重要的是会得到奇趣王国的神秘理论，但是要完成任务哦
	游戏任务	奇趣王国只喜欢像游戏一样有趣的东西，特邀你来据此做一个反思，最高可获 5 个积分
	秘籍	教学各环节的支持工具；利用游戏元素（如积分、徽章和排行榜等）将学习活动变成一个游戏
第三单元教学组织的游戏化	目的	拯救奇趣宝贝，优化你的方案
	游戏情节	奇趣王国使用了你第二周的方案，结果一些瞌睡虫、发呆蜂都涌进了王国，奇趣王国的国民奇趣宝贝们都有生命危险，使用你的智慧药水（所学内容）修改你的方案，用它的魔法消灭瞌睡虫、发呆蜂
	游戏任务	完善第二周游戏化教学设计方案，拯救奇趣宝贝，完成任务最高奖励 10 分

① 王竹立．碎片与重构：互联网思维重塑大教育．北京：电子工业出版社，2015：3.
② 该课程在中国大学 MOOC 平台上。

续表

单元	名称	内容
第四单元 游戏化 进阶	目的	补天寻日，方案再优化
	游戏背景	恭喜你解救了奇趣宝贝们，奇趣王国又出大事了，沮丧婆婆不知从哪学到的法术戳破了一块天，偷走了奇趣太阳，整个王国的人都在祈求你的帮助
	游戏任务	练就自己的法力，回顾自己前三周学习的功力，让你的方案更上一层楼，夺回奇趣太阳
	奇趣精灵提示	不要担心，相信你一定能很好完成，修改你的方案形成完整的游戏化教学设计方案或者修改为另一种模式的教学设计，任务完成最高奖励 10 分
第五单元 游戏化的 教学未来	第五关	多方合聚，胜利在手
	游戏情节	恭喜你在奇趣王国度过四周快乐的时光，为奇趣王国夺回了奇趣太阳，最近发现奇趣王国所在的岛正在被分裂，如此下去将会四分五裂，国民妻离子散，你和你的小伙伴是全岛的希望，合作维护奇趣王国安全吧
	游戏任务	为了产生巨大的魔法能量，认真学习同伴给你的建议，汲取精华，让你方案的力量发挥出来
结束		恭喜你完成你的使命，奇趣王国给你颁发证书，神秘礼物不止这个，还有你想要送给你自己的礼物，不止进步还有快乐！期待下一次探险吗？为你的学生打造一个奇趣王国吧

（2）以多元化文本、迭代生成优化内容设计

大规模分布式学习者在课程参与中的目的、意向及行动的共同作用构成了自组织的运行结果，文本也在开放性的交互中生成。多元化文本能够为不同的学习者提供文本选择与生成的基础。但学习者不仅是文本加工者，还是文本的创造者，在多元化资源推荐中，教师应重视资源汇聚与迭代中的文本创生，这是慕课内容设计的重中之重。

迭代基于文本理解的结果，即上一轮的学习结果成为下一轮学习的开始，文本在主体交往中反复优化，通过再次理解、协商，形成新的文本。教师在课程内容设计中，应将学习者视为文本创生的核心和不断进化并自然增值的主体，使其从文本单向独占到多维共享，注重推进在文本的“汇聚—应用—生成”的链接设计，促进新知识网络的连通，以迭代生成促进课程文本的优化。文本的迭代在当前课程周期之内或不同课程周期均可实现生成。

（四）在线教学活动设计：促进师生共同探寻意义

要连通教与学、学习者之间、学习者与文本之间等关系，就需要进行教学活动设计。教学活动包括教的活动及学的活动，而微视频构成了以“教”为中心

的活动，也构成师生会话的文本起点。在线教学活动设计重在突出以“学”为中心的活动，它彰显了慕课开发的过程性，是师生共同探寻意义的过程。

在线教学活动设计需要考虑活动类型、活动任务、活动步骤、评价方式等。活动类型是指对活动进行的分类，学习者针对不同的课程目标、不同的学习目标可以选择不同的活动类型。例如，隆特利（Derek Rowntree，1990）将活动分为五类，分别为报告自己的发现、复述事实和原理等、区分不同的概念和原理、自己举例、应用新的概念和原理。① 刘名卓和王永玲提出包括学习指导、理解创建、交互分享、反思评价和学习支持5类在线学习活动，并进一步细分为17个子类总计80多种活动类型。② 由此可见，活动类型虽不同，但都是通过一定的活动任务来实现的。活动任务是指学习者以某种具体的方式来完成的事情，是目标的具体化。活动任务包含了一个或多个课程目标或学习目标。黄荣怀等将学习任务分为自学自测、视频讲解、讨论交流、案例分析与讨论、专题研究性学习、文献搜索与观点整理、网络辩论赛、头脑风暴、学前反思、学后反思、虚拟实验等。③ 活动步骤是指实施活动任务的步骤，是对实施过程及内容的描述。评价方式是指实现学习目标的具体形式，例如解答问题、在线测试、个人作业、小组项目协作、论坛发帖、案例展示、调查访谈等。有的学习活动也包括学习时间，例如活动开始的时间、每个活动步骤要求的时间等。

总之，在线教学活动设计重在使课程开发主体之间、主体与文本之间多维互动，聚焦知识创生与互动生成，鼓励学习者发现与创造。

（五）学习支持服务设计：超越人机支持到人人关系连通

学习支持服务渗透到慕课开发的每一个环节，学习支持服务是否完善、高效和到位直接关系到慕课学习者的学习效果和学业保持……学习支持服务及时、有效，也是保证教学质量和学生学习绩效的关键。④ 在慕课开发中注重学习支持服务设计，发挥在认知、情感、系统方面的导学、督学、助学功能，应注重协调支持媒体、支持方式、支持过程等。

支持媒体有课程讨论区、社会性软件（如Wiki、博客）等。支持方式包括技术支持和人际支持。从支持过程来说，技术支持重在利用慕课平台或社会性软件等推送、分享、交流或反馈信息，教师须基于学习者体验提前设计、积极参

① 陈丽．远程教育．北京：高等教育出版社，2011：269.
② 刘名卓，王永玲．MOOCs学习活动分类研究与设计分析．开放教育研究，2016，（4）：103-113.
③ 黄荣怀，陈庚，张进宝．网络课程开发指南．北京：高等教育出版社，2010：33-36.
④ 赵宏，孙洪涛，郑勤华，等．中国MOOCs学习支持状况调查．现代远距离教育，2017，（3）：10-18.

与；人际支持重在促进社会化的连通，教师需要把握时机，及时给予个性化的认知支持、情感支持、系统支持等，强化学习者的主体性，使其积极参与、分享，促进社会性交互。因此，学习支持服务设计需要处理好群体讨论与分组讨论、集中分享信息与个性化分享信息的关系，促进学习者个体之间、学习小组之间深度协作学习。

（六）学习评价设计：以评价促发展与转变

“在虚拟的网络环境中，学习评价既是一个复杂的技术问题，又是一个必须解决的教育问题。”[①] 慕课学习评价设计既需要考虑技术问题，即如何实现的问题，又需要解决教育问题，即慕课学习评价设计应以个性化学习为旨向，尊重学习者个体差异，发挥多元主体的主体性、参与性，以多元评价方式促进学习者个性化学习目标的实现。

尊重学习者个体差异是慕课学习分析与评价开展的基本前提。尊重学习者个体差异意味着在评价任务、评价标准、评价解释等方面体现学习者差异性，能根据不同的学习群体、不同群体的学习层次来设计，安排不同的评价任务，设计不同的评价标准，并差异化提供个性化的反馈。因此，教师应兼顾不同学习群体，设计多维度的任务，提供个性发展的反馈，促进学习者个性化的学习“转变”。与此同时，评价作为慕课开发过程中的一部分，亦随着动态的慕课开发而转变。重视评价的过程性设计、情境性设计，既是学习者个性化学习的诉求体现，也是开发主体对慕课文本、事件、意义的理解与解读；既能够促进慕课动态开发的转变，也能够促进学习者与生活履历的结合。

（七）学习情境设计：创设真实而开放的学习情境

学习情境是学习者自主建构与协作建构的真实环境。学习情境设计体现了慕课开发的情境性、过程性与关联性，重在厘清情境设计的目标和情境设计的原则。

第一，情境设计的目标。情境设计重在围绕学习者建构，旨在促进其个性化学习。情境是促进学习者建构的支架，情境设计重在利用问题、导学服务、教学反馈、社会性交互等激发与维持学习者的学习动机，引导其持续参与课程，并积极探究问题、互动协商，促进其知识的自主建构与协作建构，实现教学经验与学习体验的对话与融合。

---

① 黄越岭，朱德全．论网络学习情境性评价：理念与评价指标．电化教育研究，2015，(9)：36-41.

第二，情境设计的原则。①真实性原则。营造学习者认知建构的真实情境，模拟学习者的生活情境与体验，促进学习者的主动建构。②开放性原则。情境设计具有开放性，亦即在情境设计的内容中，激发学习者主动建构，促进教师、学习主体与文本之间的互联，为学习者个性化学习创建情境。③适切性原则。个性化学习体现的是学习者基于自我目标导向的学习需求，情境的创设应为学习者提供适切的情境，支持与促进学习者个性化学习路径的建立。

因此，情境设计围绕学习者的个性化学习需求，重在凸显慕课开发的情境性、个性化，它是课程设计、在线教学活动设计、学习支持服务设计、学习评价设计的综合表现与设计结果，在各要素的相互作用中搭建真实性、开放性、适切性的脉络，促进认知冲突，激励学习者持续建构，使个性化学习“自然发生”。

总之，慕课设计与迭代在个性化学习价值导向下相互交织。基于教师理解与学习体验，从学习需求分析、课程目标与学习目标设计、课程内容与资源设计、在线教学活动设计、学习支持服务设计、学习评价设计、学习情境设计等，提供学习者建构的境脉的同时，亦指向学习者的个性化学习；同时各项设计之间有机联系，形成开放的、动态的整体，在不确定性之中生成、迭代，其复杂关系正是体现了慕课开发的内在联系，并通过“回归”发展课程深度，在课程设计与迭代的基础之上，在慕课实施过程中进一步解读课程的复杂性、真实性。

四、资源组织与文本共生

以“教”为主的微视频负载了慕课内容与实施属性，是教师对课程理解的集中诠释，呈现了基于知识点的知识图谱式的学习路径，适切的授课形式、时长等组织形式促进了学习者对学习路径的驾驭，奠定了文本共生的基础。其他多元化资源拓展了课程内容的深度与广度，为学习者提供差异化、多层次的学习推荐与选择；文本共生促进了文本预设与生成的“关系链”。

（一）微视频：文本迭代共生的基础

微视频是教师与学习者对话的基础。微视频的组织方式、授课方式、交互性是微视频组织的基本方面。

1. 微视频组织方式：兼顾知识点关联与学习者需求

每个微视频是相对独立而与其他微视频相互联系的知识点，微视频组织是教师基于逻辑、情境、故事或场景而进行重构的过程，旨在基于知识点形成关联的知识网络，满足学习者需求。因此，知识点是微视频的基本单元，多个知识点的关联构成单元模块，多个单元模块的关联构成单元内容的集合。在慕课中微视频的内容是由多个知识点所构成的知识网络。

泰勒曾指出有效组织学习经验的基本原则包括连续性、顺序性和整合性。在此基础之上，依据慕课知识点的切分，可以将知识点的组织方式分为递进、关联、并列、总—分或总—分—总关系。递进关系是指知识点具有先后且逐渐深入的关系；关联关系是知识点之间存在着相互影响、相互制约的网状结构；并列关系是指知识点之间相对独立，它们之间逻辑性不太强；总—分或总—分—总关系，意味着知识点之间既有横向的递进或并列关系，又有纵向的层级关系。因此，知识点的切分、组织、再集合，形成了基于微视频的课程内容重构。

此外，微视频组织还需要考虑时长及每周微视频的个数。在调研中学习者反映“单个微视频时长太长”，“每周微视频量过多”增加学习负担等。学习者问卷调查结果显示，一般情况倾向于 6 ～ 10 分钟的微视频时长，但男女生存在差异；对于每周发布的微视频个数，学习者倾向于 4 ～ 6 个。[①] 因此，微视频组织应兼顾知识点关联及学习需求，构成师生建构的基础。

2. 微视频授课方式：兼顾学科特性与学习者体验

满足学习者学习需求、体现学科差异以及网络学习特性是微视频改善的方向。一方面，基于学习者立场营造真实的学习情境。例如，北京大学 W 教授的“改进合作学习”[②] 采用情景剧的方式，将真实的问题导向式的“剧情”与课程内容结合，设置故事情境、设计故事脉络、塑造人物角色、创建场景对话，使学习者在“看剧”中获得新知，提供真实的学习体验。再如，L 老师的“课堂问题的智慧与艺术”课程，该课程微视频中最大的特色是以“小鹏老师”的角色设置虚拟学伴，其目的是为学习者创造一种同伴学习的感觉，拉近虚拟空间的距离，激发学员思考，与课程学习者共同进步。“小鹏老师”的视频主要出现在微视频的“热身”与“总结”阶段，负责内容导入与总结，将课程内容的逻辑线索串联起来。

另外，微视频应以多种授课方式与录制方式体现学科或课程特色，满足学习者自主、自治的学习需求。微视频的授课方式除讲授之外，还可以采用互动方式，如对话、访谈、采访等；在录制方式中，可以选择课堂实录、实景授课、可汗学院式的板书 + 讲解、录屏 + 讲解、画中画、绿幕抠屏、教师录像中穿插 PPT 或动画等形式。

例如，学堂在线平台中的慕课“e 时代的大佬师——慕课教师的修炼心法”，

① 详见第三章数据统计结果。

② 该课程在中国大学 MOOC 平台。

除讲授之外有对话、访谈、采访等教授方式，使“独白”教学转向“对话”，增强学习者的参与感与课程理解，深受学习者好评。学习者认为：

> 以聊天、对话的方式，把慕课的关键问题阐述得非常清晰，无论是刚接触慕课的人，还是已经非常了解慕课的，都能从几位老师的不同视角获益良多，实用性、启发性就非常强，五颗星。
>
> 视频内容大多都是来自于很多老师的内心看法，有采访式、交谈式，各种各样的视频，真的很精彩，内容也很丰富。[①]

该课程微视频的呈现方式具有多样化，有室外录像、室内录像、录屏 + 讲解、实景操作拍摄、绿幕抠屏等，学习者谈道：

> 视频的呈现方式比较多样，无论是教师讲解，还是访谈，抑或录屏讲解，都会出现教师本人，感觉很亲切，看视频就感觉是清华大学老师在给你面授。[②]

3. 增强微视频的交互性：让学习者及时参与

增强视频的交互性，是学习者诉求之一，可以在微视频中嵌入课间练习，在观看微视频过程中直接提问、发弹幕等增强微视频交互性。

第一，在微视频中嵌入课间练习。视频中的交互式练习鼓励学习者对看过的内容回忆，测评对知识的理解程度，通过内容与练习的无缝连接，体现了做中学与知识点的及时强化，促进“掌握学习”。

教师团队在组织微视频课间练习时需要注意：首先，设计课间练习的时间嵌入点。合理的时间点设计将有效与所学内容产生联结，并激励及时巩固。其次，设计并组织课间练习的题型、题目与反馈。题型通常是单项选择题、多项选择题、填空题、判断正误题、项目匹配题、排序题、简答题等客观题类；题目通常紧扣视频内容中的知识点，用精炼而准确的语言表达，让学习者能够及时巩固；反馈主要对学习者回答的正误进行判断，并给出正误分析，激励学习者反思。

第二，在观看微视频过程中直接提问。这种方式是指在学习者观看微视频的过程中可直接跳转至论坛，提出问题、分享学习反思等。这既有利于解决

---

① 源自慕课“e 时代的大佬师：慕课教师的修炼心法”的学习者评论。

② 源自本书对慕课“e 时代的大佬师：慕课教师的修炼心法”学习者的访谈。

当前微视频观看过程中的困惑，加深对知识的理解；又能增强观看视频过程中的交互性，并推动课程内容的生成。例如，FutureLearn 平台中华威大学（The University of Warwick）开设的慕课“莎士比亚与他的世界”（Shakespeare and His World），点击视频右下角的“评论”（comments）进入该视频讨论区，可进行交流，如发表观点、提出问题、点赞、回复他人问题等。

除了链接讨论区增加学习交互性之外，也可直接链接外部程序，实现视频与外部程序之间的无缝链接，帮助学习者在视频观看过程中根据个人学习需求即时参与实践，例如，Uadcity 平台的慕课“人工智能导论”实现了视频与程序编译器的链接，促进学习者在视频学习中可直接参与编程，同时获得编译结果与信息反馈提示。①

总之，微视频的组织方式、授课方式、录制方式及互动，均需要结合逻辑表达与学习需求而进行编制。

（二）多元化资源：差异化的推荐与选择

满足学习者的学习需求需要增加学习内容的选择性与适宜性，可以开发基本资源与拓展资源，或者基础性资源与研究性资源，或者核心资源与辅助性资源等，为学习者提供差异化、多层次的推荐与选择。例如，在访谈教授“方言与中国文化”的 R 老师时，他提到，慕课学习资源需要“精心设计”：

> 这门课程重在介绍方言与中国文化，各地有不同的方言，学习者有不同的学习需求，同时学习这门课程又需要通过了解各地的方言进而了解方言文化，资源设计非常重要。因此，资源设计的初衷是能够用更加有吸引力的方式满足不同学习者需求，突出课程亮点，所以，各地方言音频的录制是这门课程中最有特色的资源，它能直观呈现各地方言。我采用的方式是发动实体课堂上的学生，以当下大学生群体中喜闻乐见的“小苹果”为源本，总共录制了 50 多个方言音频，精心挑选出了 10 个作为课程资源上传至平台。

另外，从资源类型上，除微视频之外，也可增加 PPT 文稿、PDF 文档、电子书、音频、视频、图片、网络地址链接等，将真实或虚拟的知识对象呈现在网

① 尹睿，刘路莎，张梦叶，等. 国外百门大规模开放在线课程设计与开发特征的内容分析：课程视角. 电化教育研究，2015，(12)：30-37.

络的空间，为不同的学习者提供个性化资源服务，为不同学习起点的学习者群体提供不同层次的资源，体现资源的针对性与差异化。

（三）文本共生：预设与生成的关系链

在慕课开发过程中，教师团队须及时捕捉师生共建共生文本，并以某种形式记载或发布，形成下一次文本讨论的起点，促进预设文本与生成文本形成关系链。常用的方式有：

1. 以主题讨论促进迭代生成

主题讨论汇聚了学习者、教师的观点、质疑与回应。参与者能够以文本、案例、图片、音频、视频、动画等形式参与，教师适时引导、汇聚形成新的文本。例如，中国大学 MOOC 平台“英语教学与互联网”讨论主题有“头脑风暴：我们的日常英语教学可以如何使用语料库”“Week1 讨论专区”“头脑风暴：分享你常用的网络教学资源”等，并且均有教师参与。以“头脑风暴：我们的日常英语教学可以如何使用语料库”为例，教师给出要求是

在你们的教学中，除了我们前面介绍过的语料库辅助的教学活动设计，你还使用语料库设计过其他教学活动吗？或者你是如何利用语料库来设计课堂教学活动的？快来分享你的经验吧。

在 57 条回复中，不同的学习者回复了不同的方式：

> 句酷批改网，学生将作文输进去，系统自动批改给分，还可反复修改，会自动生成统计图，一目了然，效果很好。

这条帖子下方有 5 条评论，其中还有人补充：在使用之前需要注册一个账号。

> 使用语料库，让学生了解到单词的搭配情况。
>
> 我觉得完全可以收集一些英文原汁原味的绘本语料库，然后根据内容主题的关键词来搜索，选择合适的绘本来辅助平时的教学。比如某一课的主题是宇宙，我可以搜索 astronauts、solar 之类的词，看看有没有启发。另外，语料库应该可以帮助我们寻找自然拼读法中的单词。比如我在整个小

学单词表中搜索含有音节 pl 的单词。这样能快速提取有用的信息。①

另外，讨论区“置顶”的方式将学习者关注的问题列在最前端，通过不断的信息聚集，形成多元化的思考与文本迭代。

2. 教师基于学习者需求发布“定制性”资源

教师针对学习者需求进行“定制性”的解答与讨论，在教学相长中促进资源共生。如中国大学 MOOC 中浙江大学开设的“博弈论”，在第七讲中提到价值观，主讲教师与大家分享自己的价值观，并以课程公告和电子邮件的形式发布，促进与学习者交流。其中部分摘抄如下：

> 自由、平等、博爱，我把自由永远放在第一位，它是最高准则的价值观，不自由毋宁死。就算我们的生活是不自由的，我至少希望我们的思想是自由的……第二是平等，人与人之间的平等，不同种族、职业、学历、地域、性别之间的平等，平等才能创造和平，平等才能创造和谐，平等才会有真正意义上的交流。第三是博爱，学会爱自己、爱父母、爱子女、爱亲朋好友、爱每一个陌生的人。只有这样，你才会认为，对方的利益和你的利益是一样重要的。②

3. 以实时视频进行实时迭代

教师提前公布主题与时间，学习者在线下准备讨论主题，通过第三方软件实现教师与学习者的实时视频讨论，教师实时引导，促进问题解决。如在 Coursera 平台上宾夕法尼亚大学开设的“希腊罗马神话”（Greek and Roman Mythology），分别于课程开设期间的 5 月初、6 月初和 6 月底开设 3 次实时交流，并通过课程公告的形式提前通知讨论的主题和方向（如古希腊史诗，提供讨论材料或者针对当前周次的学习内容等），鼓励学习者积极参加。

除此之外，学习者的互评作业、展示交流等都可实现预设内容与生成内容之间的意义链，促进课程动态生成。

促进课程迭代共生既可以在当前课程周期之内实现，也可以在不同课程周期之间实现——可将慕课开发过程中生成的优质学习成果筛选、加工、优化而作为下期课程开设中的优质资源的基础。例如，慕课“方言与中国文化”在第三期

① 源自慕课“英语教学与互联网”讨论区中的主题讨论。

② 源自慕课“博弈论”主讲教师对课程学习者回复的电子邮件。

课程开设中，将第二期学习者提供的地区展示成果，如图片、地方戏曲，或者将学习者在作业完成中的优秀作业案例等，进行筛选、优化之后使之成为下一期课程的学习资源。

由此可见，慕课的课程设计与内容、资源组织为慕课实施提供了基本的境脉，同时二者均受慕课实施过程的影响：慕课实施过程将促进课程设计的迭代与课程内容的创生。

五、组织在线教学活动

在线教学活动体现了教与学的重组与整合。在线教学活动包括了导学支持类活动、协作探究类活动、共享共建类活动、展示交流类活动、问题解决类活动等，它体现了以学习者为中心的多维关照与多主体互动交流，促进师生互动与生生互动，满足学习者多元化的个性需求。

（一）开展导学与总结活动

课程的导学活动与课程总结活动能为学习者点拨启迪、创设情境，促进有意义学习的发生。导学活动可发生在课前、单元前，总结活动通常发生在课后、单元后，重在引导学习者参与学习的关注点，转承课程内容的前后衔接，为网络中碎片化的学习搭建逻辑线索。例如，中国大学 MOOC 平台上“走向深度的合作学习”，在课程正式开始之前有“学习准备篇”视频，并在每一周视频中均有“课程热身”的视频。访谈主讲老师 L 老师时，L 老师说：

> 通过这些导入视频，旨在产生问题链，让学习者意识到学习是一个从问题到回答、从回答到问题的不断螺旋环状链条。在正式学习之前让学习者产生疑问，制造学习悬念，让学习者带着问题开始学习。

同时，在章节结束时还有“本讲回顾”，对本讲内容进行回溯与总结，实现知识点的关联。

（二）开展小组协作活动

小组协作学习活动主要基于在线社区，强调以小组为单位的集体协作学习。小组协作既是学习者诉求，也是慕课平台与慕课开发需要完善的方面。吴恩达称 Coursera 越来越重视协作学习。例如，Coursera 平台上斯坦福大学开设课程“数学思维导论”（Introduction to Mathematical Thinking），该课程共持续十周，其中有八周的讲座与两周的讨论与小组合作，促进学习者在小组合作与问题解决中发生深度讨论。

再如，在 NovoEd 平台上的斯坦福大学的“企业精神与企业文化”，将小组协作活动作为该课程的重点环节。课程要求学习者自由组建团队，以完成主题“新公司的创立、启动与发展”的实践调查。[①] 学习者以共同的项目任务组建协作小组，有明确的学习目标与分工，以“稳定”的协作关系促进学习者之间的连通与学习网络的形成。

（三）开展实时交流活动

实时交流是在同一时间借助于互联网及软件实现“面对面”交流的一种方式，能够增进学习者的社交与情感需求、认知的持续反思与建构需求。美国宾夕法尼亚大学（University of Pennsylvania）Al Filreis 教授的“美国现代和当代诗歌艺术”（Modern & Contemporary American Poetry）中，他用 Google Hangouts 开设网络实时研讨活动：每周组织召开在线研讨会，鼓励不同的学习者分享在当地组织的类似研讨活动视频，并将这些在线研讨视频作为课程的教学内容或拓展资料。[②] 在该课程主页的“评分与审阅”中，学习者认为：

> 讨论区是一个有趣的、热闹非凡的活动空间。每一周的实时互动增加了即时性和社区的感觉，参加这门课你不会后悔的。
>
> 每周一次的直播充满魅力，并且见地深刻！

在中国大学 MOOC 平台上的“英语教学与互联网”分别就主题“课程预热”“课程实用工具分享”“我与慕课之间的‘爱恨情仇’”“‘英语教学与互联网’的台前‘慕’后”等四个主题展开实时交流，主讲教师与嘉宾共同在线与学员交流，在线学员可以实时发表文字、语音等，让学习者与教师近距离、面对面地交流，拉近师生的情感距离。

（四）组织展示交流活动

基于主题组织展示交流能够促进多元化背景、个性化差异的学习者理解与反思不同的素材，促进了课程文本的动态生成。例如，在中国大学 MOOC 平台

① 乔纳森·哈伯．慕课：人人可以上大学．刘春园译．北京：中国人民大学出版社，2015：86-87.

② 汪琼．美国慕课评优原则分析．现代远程教育研究，2017，（3）：50-57.

上“方言与中国文化”中有多形式、多主题的展示交流。首先，以文本形式进行展示交流。例如，在第五次课程讨论中，主题是“下面几个词你的家乡话怎么说”，提供的词语是“青蛙、蛤蟆、蚂蚁、蜻蜓、蚊子”等。学习者踊跃参加，页面显示共334条回复。学习者的展示有：“湖南攸县的方言是，青蛙-ge ma；蛤蟆-hama；蚂蚁-mijun；蜻蜓-pang ji；蚊子-mei zi（学习者未标声调）”、“陕西关中方言是，青蛙：青蛙（二声，三声）；蛤蟆：jie(一声）gu(三声）dou（四声）；蚂蚁：pi(二声）ma(四声）feng(三声)；蜻蜓：蜻蜓（四声，三声）；蚊子：蚊子”等。其次，以图片形式进行展示交流。例如第六次课堂讨论，主题是“配图说明”，要求学习者“拍一张照片，然后交代方言信息，根据所拍事物，说出方言的词语，并解释意思，再举一到两个方言例句”。在讨论区共有278次回复，例如一名学习者展示了本地方言（赣方言）中黄瓜与茄子的图片，并解释：“1.黄瓜不叫黄瓜，而叫‘刺瓜’，是基于瓜的表面长有很多‘刺’的缘由。2.茄子不叫茄子，叫‘籽瓜’，因其长得像瓜且肚子里有不少的籽而得此名。”再次，以音频形式进行展示交流。课程专门开通“各地方言欣赏”板块，提供多个地区的方言资料，如湖北襄樊话、江苏镇江话、重庆黔江话、浙江绍兴诸暨话、广东粤语等，供学习者试听欣赏。最后，以作业形式进行展示交流，即教师分别提供不同的主题，要求学习者录制方言之后上传指定区域，并通过互评方式，促进学习者之间对方言与文化的直观认识。

（五）开展案例分析活动

案例分析活动重在将课程内容与问题情境相联系，促进学习者在问题解决中实现知识的迁移，深度参与课程。例如，“走向深度的合作学习”在讨论区中进行案例分析，主题是“小明的烦恼”：

> 小明同学是班上一位学习成绩非常优秀的同学。但是最近，他在课堂活动中遇到了不少问题。原来，自从刘老师在课堂中推广合作学习之后，小明同学觉得课堂任务自己一人解决就行。加上生性内向，小明不愿意和小组其他同学合作，于是在合作活动中，他的参与热情都不高。这引起了同组同学的不满，大家都认为小明是因为不想带动大家进步才不参与到课堂活动中的。一段时间后，小明同学遭到了同组同学的孤立，学习热情也下降了不少。如果你是老师，你会怎样帮助小明参与合作学习中呢？请运用你所学的知识和工作实际回答。

学习者针对这问题积极进行决策，如有学习者提出三个建议：

一、小组内角色分配，赋予小明具有一定挑战性的任务；二、找小明谈心，指出合作对其学业与能力方面成长的重要性；三、找小组其他成员谈心，告知其小明内向的性格，学会包容并接纳小明。

也有学习者认为：

小明属于合作学习中拒绝合作者，原因是他认为自己能力很强，不屑于和他人合作。解决方案一是可以找学生谈话；另外也可以加强小组建设，尤其是在加强协作这一环节，可以开展一些集体活动，让学生体验合作的必要性，并配有彼此的情感；最后就是让大家有愉快的合作经历，认识到合作的意义。

（六）开展在线游戏活动

在线游戏活动以娱乐与竞争的方式使学习成为一种有趣的经历，激发学习者的参与兴趣、深度探究。例如，Coursera 平台上台湾大学 Y 老师开设的“概率”，专门设计线上游戏，将游戏理念与课程学习内容、课程测验相结合，其基本理念是通过在线游戏活动，充分发挥学习者的主体性、主动性，让学习者在生活中看到数学，实现概率的“生活化”，增强对概率的使用。

总之，在线教学活动的组织与实施是慕课开发过程的核心体现，它实现了学习者视域与教师视域的融合，以开放的经验、多元的参与促进了慕课设计的迭代、文本生成，使慕课在动态交互中生成与转化。

六、提供学习支持服务

学习支持服务是促进学习者实现个性化学习的重要条件与保证。基于慕课平台、社会性软件等信息技术支持与基于教师的人际支持促进学习者自主建构与协作对话。二者应伴随学习过程，及时为学习者提供促进、指导与帮助。

（一）技术支持促进学习建构

基于慕课平台、社会性软件等信息技术支持服务可为学习者提供包括学习管理、资源管理、交互支持、评价支持、反馈支持等多方面的学习支持，促进学习者的自主建构与协作建构。

慕课平台支持发布开课提醒、作业节点、章节总结、提示学习进度等相关信息，发挥“学伴”提醒功能；通过资源上传、作业展示、作业互评等提供课程文本，创造学习境脉；通过慕课讨论区、Wiki 等实现学伴互动；通过讨论区的主题搜索、点赞、发帖跟踪、讨论区主题排行等实现学习者个性化检索；嵌入微视频中的即时性练习、单元测验、作业、考试等，以参与、反馈促进学习者的自我反思。另外，基于慕课平台的数据分析支持能够为学习者带来个性化的学习支持。慕课平台能够记录学习者的在线学习痕迹，包括视频观看情况、作业完成情况、练习回答情况，以及课程人数等，慕课教师团队通过分析后台数据，可以诊断学习者学习过程中的问题，预测学习需求，提供针对性的解决方案。

此外，社会性软件、第三方软件也是促进学习的工具。社会性软件构建于信息技术与互联网之上，是实现个性化学习空间建立、分享学习资源、保存“学伴”社会关系、实现交互的一类应用软件，例如 Moodle、博客、Twitter、第二人生（Second life）、同步会议等，借助于社会性软件更加有利于创建学习小组，促进人际深度交互的发展。

有些课程根据学科或课程需要在平台基础上开发第三方软件，作为支持学习者深入学习的工具。例如，Coursera 平台宾夕法尼亚州立大学（Pennsylvania State University）的“地图和地理空间的革命”（Maps and Geospatial Revolution）利用免费在线绘图平台 ArcGIS Online，作为制作地图活动的学习支持工具，让学习者利用其研究地图、分析问题，并根据自己的需要绘制地图。

再如，Coursera 平台上美国休斯敦大学（University of Houston）开设的“强大的教学工具：Web2.0 工具”（Powerful Tools for Teaching and Learning：Web2.0 Tools），教师专门提供了两款强大的屏幕录制工具 Jing 和 Screencast-O-Matic，通过这两款工具，学习者可以制作完整的视频，获得在线学习体验。

又如，Coursera 平台上台湾大学开设的“概率”，主讲教师 Y 老师专门开发了一款在线游戏—— PaGamO，通过游戏体会概率与统计。该游戏设定学习者作为游戏玩家解决概率问题扩展自己的王国，学习者可以在游戏中进行分组对抗。学习者是题目设计者与参与者——学习者可以为其他学习者出游戏题目，也可以攻破其他学习者设置的游戏题目，攻破的题目数量将决定获得的分数。通过游戏开发使学习者获得深度参与。

（二）人际支持促进对话与连通

在学习支持服务中，发生在师生之间或学习者之间的人际交互活动是学习支持服务的核心。霍姆伯格坚持认为，建立师生间的人际交往关系是增强学习动机、并借此实施远程学习的先决条件。① 派纳指出，“课程是一种特别复杂的对话”②。教师提供的人际支持能有效促进师生交往与学习者之间对话的发生。从讨论环境到问题情境，从异步交流到同步交互，教师团队需要积极参与会话，促进学习者的自主建构与协作建构。

1. 构建具有归属感与认同感的虚拟社区

深度对话的发生需要学习者聚合于彼此认同的虚拟社区，构建归属感与认同感的虚拟社区，需要教师充分考虑不同学习者的学习需求，设置不同的话题、问题或者创建学习小组、主题讨论团体。

1）以话题或问题使共同兴趣的学习者聚集，并基于学习需求导向增强认同感。在多元话题的互动中，促进学习者之间、教师与学习者之间对话，教师需要精心设置讨论区结构，或利用 Wiki 促进讨论迭代。

例如，在 FutureLearn 平台上英国开放大学开设的“网络安全导论”（Introduction to cyber security），专门为每一个视频、每一篇文章、每一个练习等设置一个评论空间，“评论”（comments）按钮出现在资源下方，并且通过“活动”（activity）选项设置，能看见所有评论、自己发表的评论以及应答他人的评论，也可以保存自己的评论，以此方式实现对话题共同关注的学习者聚集。再如，edX 平台上荷兰代尔夫特理工大学（Delft University of Technology）开设的“太阳能”（Solar Energy），讨论区版块有电子书讨论、额外材料、一般论坛，此外，该课程对每个学习单元中的视频、作业、问题均设置与知识点关联的子版块讨论区，且设置学习者投票机制，快捷地检索出优质问题或深度讨论。另外，用 Wiki 组织讨论主题，使每一位学习者均可对 Wiki 主题进行浏览、创建、更改，发表自己的意见，在教师与学习者的协作共建、共享中，实现文本的演化。如学堂在线平台的“e 时代的大佬师——慕课教师的修炼心法”课程中设置有 MOOCs 的讨论主题，任何参与者可查看、编辑、改变、添加文章等，以多人协作的方式，实现了对内容的生成与丰富。

---

① 丁兴富．远程教育研究．北京：首都师范大学出版社，2002：390.

② 转引自喻春兰．从泰勒原理到概念重构：课程范式已经转换？：论现代课程范式与后现代课程范式之关系．教育学报，2007，(3)：34-40.

2）以学习小组、项目小组等形成共同兴趣学习者的聚集。尽管从技术上学习者能够与他人分享，但是，研究表明，当学习者组成学习小组参与社区互动与共享时，归属感最为满意。[①] 同时，由于学习者存在差异性，实现有意义的持续互动需要通过学习小组、项目小组的形式，增强学习者的社区意识，促进互动的发生。[②] 因此，鼓励学习者以学习兴趣、学习风格、观点组建小组，寻找志同道合的学习同伴。例如，在 FutureLearn 平台上的“我们为什么发帖：社交网络人类学”（Why We Post：The Anthropology of Social Media）课程中，根据学习者讨论的关注点与兴趣动态生成“学习小组”。该课程讨论区有“follow”按钮，当学习者发现其他学习者的观点很有创意，或者很赞同对方的观点或问题时，点击“follow”按钮，则在自己的课程界面的“Following”区域看见包含所感兴趣的讨论内容。如果对方也同时关注自己，则可以一起进行学习，这种方式以认同为基础构建学习小组。再如，Open2Study 平台的“化学：世界的基础”（Chemistry：Building Blocks of the World），系统会自动推荐共同选择该门课程的学习者，通过点击界面中的学习者图标可申请“连接”（connect）、“请求”，组建学习小组共同学习、讨论。

再如，果壳网社区作为一个“开放、多元的泛科技兴趣社区”，被评价为：无论是否属于理工科、无论是否具有专业背景，只要对科技有兴趣，就能在果壳网中找到自己感兴趣的东西。[③] 截至 2018 年 3 月，果壳网社区基于学习者需求已成立 644 个小组，学习者在社区中根据兴趣选择不同的话题小组，在归属感与认同感中增进知识理解。

2. 教师及时参与讨论与引导，促进深入对话

研究表明，学习者更加乐意参与教师组织的讨论话题。[④] 在对慕课学习者的调研中，有学习者表示学习过程中，“问题得不到及时解答”，“不能及时沟通”等，希望教师“多在讨论群中组织讨论”，“能尽快答复”，“形成特定的反馈机制”等。

一方面，教师应积极参与慕课讨论区，使用博客空间、微博、QQ 群等社会

---

① Durksen T L，Chu M W，Ahmad Z F，et al. Motivation in a MOOC：a probabilistic analysis of online learners’ basic psychological needs. Social Psychology of Education，2016，（2）：241-260.

② Tawfik A A，Reeves T D，Stich A E，et al. The nature and level of learner–learner interaction in a chemistry massive open online course（MOOC）. Journal of Computing in Higher Education，2017，（3）：411-431.

③ 蔡骐，刘毅 . 网络虚拟社区中的科学传播：以果壳网为例 . 湖南大众传媒职业技术学院学报，2012，（6）：37-41.

④ 曹传东，赵华新 . MOOC 课程讨论区的社会性交互个案研究 . 中国远程教育，2016，（3）：39-44.

性软件参与讨论、发布资源，亦可以组织专家讲座、专题研讨、实时主题交互等。在这些交互方式中，利用 QQ、微博、博客等社会性软件可以互为好友，以此来保存社会关系，促进深入研讨。

另一方面，教师可监控学习互动的情况，及时进行干预与引导。例如，教师访谈中表示："我开设的课程总共五周课程，但实施过程中发现，第三周课程学习者流失最严重，因此，我需要及时通过公告、参与讨论等形式激励学习者坚持下去。"所以，教师应激励学习者积极参与分享，以多种形式激励持续参与。例如，设置悬念或"陷阱"引起学习者的探究欲望；再如，设置辩论让学习者围绕主题的"正反"两面展开争论，教师及时点评；还有，采用苏格拉底的提问方式，不断深入拓展问题，让学习者在一种启发式教学环境中使互动话题深入。总之，教师应积极参与互动交流，常态化地引导问题解决与学习者的思考表达。有学者总结，尽职的教师"已经习惯了频繁检查课程讨论区并发帖回复学生提出的问题"[①]，通过教师的适时引导旨在持续促进人际对话与学习反思。

3. 发挥助教指导或"社区助教"助学，教学相长

教学团队中的教师、研究生、本科生担任助教，是较为普遍的助教模式。但是庞大而多元的学习群体以及不同区域的时差，需要有更多的助教参与。招募优秀的学习者作为社区助教，可实现全方位、全时段的及时回复与讨论。社区助教（community teaching assistants）一般是那些在最初几周课程中表现突出而被招募做志愿者的学生，他们学业成绩非常好，在论坛中非常积极、乐于助人。[②]

例如，Coursera 上的"机器学习"（Machine Learning）仅第二周的主题帖就有 8463 条，在访谈中学习者表示：*"在学习国外的慕课中，存在时差问题，难以受到及时有效的回复。"*该课程采用社区助教支持学习。"机器学习"对参选社区助教有明确的条件要求：以优异的成绩通过课程；在论坛中帮助其他学习者积极参与课程；如果得到邀请，将参加培训课程，如果通过了培训课程，将被录取为社区导师。并且，明确指出社区助教的责任：回答讨论区中的学习问题；给课程团队提供反馈；发表新的帖子并引起讨论。从该课程讨论区的页面可见，具有"社区助教"身份的有 31 人。社区助教踊跃参与课程讨论，以该课程第二周课程讨论区为例，共计 8463 条主题帖，对其抽样进行统计，在当前讨论区前 60 页中共计 900 条主题帖，其中显示"助教已回复"的帖子数量有 844 条，回复率接近

① 徐葳，贾永政，阿曼多·福克斯，等. 从 MOOC 到 SPOC：基于加州大学伯克利分校和清华大学 MOOC 实践的学术对话. 现代远程教育研究，2014，(4)：13-22.

② 李曼丽，张羽，叶赋桂，等. 解码MOOC：大规模在线开放课程的教育学考察. 北京：清华大学出版社，2013：135.

94%。社区助教除了积极参与课程讨论区之外，亦可发挥其管理职责，例如筛选出最佳讨论主题、将优秀的帖子置顶等，作为教师与学习者沟通的桥梁。

也可结合实体课堂助教与社区助教增强互动。例如，在Coursera平台上由加州大学伯克利分校开设的“云计算与软件工程”（Software as a Service，CS169x），采用两种助教支持的方式，既有实体课堂中的本科生作为助教，又从全世界的课程学习者中招募“世界助教”——选择在该慕课的学习中得分较高的学习者，同时，以在校本科生为“首席助教”带领来自网络的志愿者助教，为学习者提供助学服务。该课程的讨论区实现了慕课的跨时区、多语种、24小时不间断的讨论模式。①

需要说明的是，助教的支持服务并不能替代教师的支持服务，有研究结果表明，教师提供的直接反馈，能够对批判性思维产生积极影响，并让每个学习者产生有意义学习。②例如，“云计算与软件工程”（Software as a Service，CS169x）中，有“首席助教”与“世界助教”，但是，教师会每周与每两周时间根据课程的运营情况来制作时长为5分钟的即兴视频，以呈现与课程相关的新闻等。①

4.采用实时讨论方式，弥补面对面交流的不足

以实时视频、实时语音的讨论方式增强学习支持服务，能够更好地融合学习者的社交需求、情感需求以及认知的持续反思、建构需求。教师可以定期或提前预告实时交流的时间、主题，在虚拟环境中与学习者以“面对面”的形式进行交流，解决学习者的学习问题。例如，在中国大学MOOC平台上北京大学开设的“翻转课堂教学法”分别就不同的主题展开3次实时交流，提前提供实时交流的学习材料，邀请主讲嘉宾进行专题讨论，学习者可以实时提出问题，得到实时解答。

总之，教师、助教、学习者共同构成了慕课开发的主体和学习网络的节点。节点的连接既是学习者个体的学习过程，又构成了学习网络的信息交换连通——学习者个体与群体所构成的学习网络之间就问题、观点、价值观、态度等进行交互连通；信息交换再次促进个体的建构与学习网络的连通，从而形成支持发展的网络循环，促进学习者建立连接，获得学习中的新知识。在社会性互动中，师生互动格外重要，它使教师与学习者从彼此陌生走向课程的共同建构者，师生是共

① 徐葳，贾永政，阿曼多·福克斯，等.从MOOC到SPOC：基于加州大学伯克利分校和清华大学MOOC实践的学术对话.现代远程教育研究，2014，(4)：13-22.

② Hosler K A，Arend B D. The importance of course design，feedback，and facilitation：Student perceptions of the relationship between teaching presence and cognitive presence. Educational Media International，2012，(3)：217-229.

同的参与者，在连通中知识的聚合、生成、再聚集也促使课程不断迭代共生。

七、学习分析与评价

以个性化学习为慕课开发的核心旨向，尊重学习者个体差异，慕课学习分析与评价呼唤对学习者的多元关切。慕课学习分析与评价既需要利用技术支持与数据分析，建立学习者模型，为学习者提供个性化、差异化的任务，以及反馈与学习支持服务，又需要发挥多元主体优势，以多元评价方式推动慕课学习分析与评价。学习分析与评价作为慕课开发不可或缺的一部分，以其评价发生的情境、评价过程以及评价结果作用于慕课设计、实施过程，促进慕课迭代、文本生成、学习活动调适以及学习支持的完善。

（一）基于学习者模型开展多元评价

大规模学习者具有多元、复杂的学习背景，其学习风格、学习能力、学习需求亦存在差异。慕课开发以个性化学习为旨向，关注学习者个性化需求、进行差异化反馈是慕课开发基本诉求之一。建构学习者模型是实现差异化反馈、促进个性化实现的途径之一。

慕课平台记录了学习者的个人信息数据，包括用户名、年龄、职业、学历、专业等基本信息与学习背景信息，构成了学习者模型建构的基础，它既是学习者参与慕课学习之前的个人履历与经验背景的体现，又是学习者的在线学习行为“痕迹”数据。①记录学习者进入课程之前的操作行为，如登陆课程与退出课程次数；②记录学习者认知行为，如观看微视频时长、阅读教学材料的时长、浏览页面的时长、课程花费总时长等；③记录学习者讨论与交流、协作、问题解决等行为，例如浏览帖子、发表话题、回复帖子、参与 Wiki、协作完成任务以及论坛访问次数、在线时长等行为、论坛贡献率等；④记录学习者反馈行为，例如参与课程问卷问答、视频中的课间答题、测验与练习、作业、互评参与等。

因此，依据慕课平台的数据记录，发挥平台的数据捕捉和分析功能，教师可根据学习者的学习兴趣、学习风格、学习能力、活动参与度、协作能力等属性建立不同类别的学习者模型，以模型为基本依据描述学习者特征，进行分组或者由学习者选择入组。该分组也意味着学习者个体身份与小组学习者身份的融合，它既体现了学习者行为，又体现了学习者的交往实践过程[①]。以学习者的在线参

① Knox J. Beyond the “c” and the “x”：Learning with algorithms in massive open online courses（MOOCs）. International Review of Education，2018，（2）：161-178.

与行为构建学习者模型，开展多元评价，促进真实的个性化反馈。

教师依据不同的学习者模型开展不同评价任务、评价标准、评价解释的学习分析与评价，差异化地推送测验、作业与考试信息，提供差异化的反馈、推荐资源，学习者在此过程中反思学习过程、学习表现、思维过程等，促进自我调节。在此过程中，实现了教师评价、学习者自我评价以及系统评价。与此同时，在基于学习者模型的分组中可以进行组内互评、组间互评等，实现同质、异质的学习者互评，使学习者之间相互借鉴。总之，借助于学习者模型的建构，以差异化的学习分析与评价方式，促进学习者实现个性化学习路径与学习目标。在此过程中，教师的指导、推荐、反馈以及学习者的表现等信息，均指导慕课开发过程的调适。

（二）基于主体参与开展多元学习评价

学习分析技术是促进学习分析与评价的一种支持，但是，慕课开发中发挥人的主体性不可或缺。评价是评价主体与评价对象共同参与的过程，教师、学习者等均构成了多元评价主体，自我评价、同伴互评、教师评价、系统评价等构成了具体的评价方式。

1. 以自我评价促进学习者自我反思

自我评价是学习者学习过程的监控或学习结果的总结，可以采用两种方式实施。

第一，学习者自我监控。学习者以博客撰写、作品、作业进行反思，或者对自定学习目标实现、学习计划执行、课程参与等进行自我评价，或者借助于视频中的“课间提问”、测验与考试的“多次提交”等进行反思，找到学习中的优势与不足。

第二，在教师引导下的自我评价。教师设置评价任务、评分标准等，由学习者完成前或完成后进行参照对比，驱动学习者自评。例如，edX平台上哈佛大学的“科学与烹饪”，该课程要求学习者每周上交一份室内试验记录与自我成绩评定。试验项目是教师根据讲授内容设定，由学习者在自己的厨房内实践操作，学习者操作之后提交试验记录与自我评定的成绩；教师在学习者提交之后公布事先设计与拟定的评分标准，鼓励学习者参照对比。[①]通过教师的引导与学习者参照，学习者明确学习任务的导向与要求，准确评价自己任务完成的过程与效果。

① 乔纳森•哈伯．慕课：人人可以上大学．刘春园译．北京：中国人民大学出版社，2015：94.

此外，访谈中的慕课学习者提到，同伴互评过程中也能促进自我反思：

通过评其他学习者的作业，学习他人的思考方式，再来对照自己的作业，也能激发自己的反思与感悟。

2. 以同伴互评促进学习者对话

同伴互评以学习者共同参与的方式导向学习者之间的对话与合作，其在个性化反馈、同伴交流及自我反思方面的确有不可低估的作用。有研究表明，主讲教师在为学习者评定课程的最终成绩时，很大程度上会借鉴互评结果，他们似乎十分看重整体学生的平均观点与意见。[①] 在操作中，学习者提交自己的作业之后，获得评价他人作业的资格，并依据教师给定的评分规则、评分标准进行作业互评，可给出评分，也可以给出质性描述评语。同伴互评通常针对课程小论文、项目设计、作品、工程图纸等开发性作业。

同伴互评需要教师给定题目、评分规则以及评分标准。评分规则通常包括作业互评的数量、扣分说明以及评分时限等；评分标准通常包括评分要素、给分点、评分样例等。为增强互评结果的可信度，在互评开始之前可进行互评培训，或者要求学习者写出评语或评分依据。

例如，学堂在线平台“e时代的大佬师——慕课教师的修炼心法”采用“模拟互评”的方式进行互评培训，让学习者能够有相对统一的标准，避免主观因素的影响：老师与学习者评价同一份作业，如果学习者和教师评价分数具有一致性，则说明学习者有互评能力，可以进行互评，否则学习者继续学习如何进行互评。该课程要求互评要完成5份作业，当互评满5份作业时，系统会提示“你已经完成互评”，“课堂中其他学习者也完成互评后您将看到别人对您的作业的评价”，则本次作业学习者将不能再评阅其他学员的作业，并可看到其他学习者对自己的评价分数或评语，借此自行对照、自我评价，促进学习调节。

当前学界对同伴互评的可信度有不同看法，一种是认可的态度，有学习者谈道：

我认为互评方式较为客观。类似于高考作文的评价方式，采用一份作业由5位学习者评价，去掉最高分和最低分取平均值的方法，较为客观公正。此外，还让评分者写下之所以打这个分的原因，有据可循。

---

① 乔纳森·哈伯. 慕课：人人可以上大学. 刘春园译. 北京：中国人民大学出版社，2015：95.

但也有对互评可信度的质疑者，认为这种方式不够客观、公正。因此，我们需要从外部规范和内部意识增强其可靠性。从外部规范来说，建立清晰的互评机制，如制定对互评作业详细的评价量规、合理设计与实施评价培训环节、提供不同得分情况的案例示范、多人次互评等。也有教师采用去掉评价分数中最高分与最低分取平均值的设计方式。从内部约束来说，需要学习者端正学习的态度，具有诚信意识，明确互评目的与重要性，在评价之前签订互评诚信承诺书，将引用材料做出标记等，让互评参与者用正确的态度、积极的方式开展互评。

3. 以教师评价与系统评价促进个性化学习

教师是慕课学习发生的促进者，教师评价可以帮助学习者进行个性化诊断与反馈，并形成个性化决策，促进学习者个性化学习。教师可根据学习者在讨论区、课程活动中的发言、提问、解答情况，对学习者学习过程中存在的问题进行解答、引导、质疑等专业判断，借此判断学习者发展过程中的进步与不足，在师生共同建构中促使评价发挥了诊断、激励与导向的作用。

系统评价是指由慕课平台系统自动评分、自动反馈结果分析的一种评价方式。它重在检测知识的认知与理解，需要主讲教师、助教提前依据学习者情况预设问题、设置反馈结果，并适时提供反馈，这种评价方式能够及时予以学习者反馈，实现即时判断。通常在微视频中的嵌入式练习、单元测验、期中或期末考试中使用该评价方式。此类评价的题型通常是单选题、多项选择题、填空题、判断正误题、项目匹配题、排序题、简答题等。

例如，FutureLearn 平台伦敦大学学院（University College London）开设的慕课“我们为什么发帖：社交网络人类学”（Why We Post：The Anthropology of Social Media）将测验作为问题提出、启迪思考、及时反馈与指导的一种学习方式。在第一周的课程中有这样一道单选题：“人类学家如何研究社交媒体？您认为人类学家关于社交媒体可能有什么视角？”并提供四个选项，在学习者点击任意选项“提交”之后，答案均反馈“正确”（correct），教师分别针对四个选项提供详细的解释。

总之，慕课学习分析与评价中凸显差异性，需要借助于学习分析，以模型建构形式进行差异化评价；也需要发挥多元主体作用，发挥学习者、教师等主体性，在评价过程与评价发生的情境中构建个性化教与学的环境；促进学习者实现个性化的学习目标与路径，促进个性化资源的推荐与生成，促进慕课开发的调适与改善。

第四节　FLTC 慕课开发模式的侧重点

实现 FLTC 慕课开发模式，需要基于人本价值需求在开发实践中探讨关系、过程、意义与多样性，需要有新的侧重点：重视慕课开发要素、活动之间的关联，重视慕课开发的开放性、过程性与生成性，重视慕课开发过程中的学习网络连通，重视学习分析与评价与教、学的融合过程，实现“严密”之中的慕课建构。

一、重视慕课开发要素、活动之间的关联

在 FLTC 慕课开发模式中，教师、学习者、文本、情境四个关键要素和课程设计与迭代、资源组织与文本共生、在线教学活动、学习支持服务、学习分析与评价五个慕课开发活动，是不可分割的有机整体，它们在慕课计划、实施、评价、再计划的相互转化与生成过程中对话、关联、相互影响，构成了连续统一的慕课开发。

慕课平台、社会性软件等信息技术环境提供了慕课开发的物理环境与技术支持，开放性的网络环境、分布于网络中的大规模学习者消解了教师中心、讲授中心、资源中心，教师与学习者之间构成了一种关系性交往，在一定情境中，他们基于反思与行动共同促进慕课开发。课程设计、内容组织构成了慕课开发的原始性假设，共同营造了慕课开发的境脉，而迭代与共生的发生是在学习者建构、在线教学活动的开展以及学习分析与评价发生的基础之上，学习者以文本理解、个性化反馈，生成多元化的文本，促进慕课的动态调适，促进学习者个性化学习目标的实现；在线教学活动实现了慕课开发情境中的教师理解与学习者体验的再聚集、教与学的融合，它是慕课教学法的集中体现——教师与学习者共同参与在线教学活动，在学习支持下学习者基于个人履历进行自主建构与协作建构，推动文本生成与个性化学习，进而促进课程设计迭代的发生、文本共生以及学习反馈；学习支持服务不但为学习者建构、情境的创设提供支持，并促进慕课设计与迭代、资源组织与共生、学习分析与评价，它贯穿于慕课开发的全过程，为学习者提供全过程、全时段、全方位的学习支持服务；学习分析与评价围绕个性化学习的旨向作用于慕课开发的全过程，它不但对学习者学习过程与结果进行分析、反馈，而且以此促进课程开发过程的协调、转化，为课程设计迭代、文本共生、在线教学活动、学习支持等反馈信息。

由此可见，对各要素、各活动直接产生影响的是主体、事件、关系、情境，各要素、活动在情境浸润的互动与对话中促进了慕课开发主体、文本、意义的转

变，意义在非线性的互动过程中生成、循环，促使慕课在主体的理解中建构与生成，实现学习者的课程理解、文本生成以及师生视域的融合。

二、重视慕课开发的开放性、过程性与生成性

在各要素与慕课开发活动之间相互交织的关联中，重视慕课开发的开放性、过程性、生成性，既是对开放教育资源运动精髓的沿承，亦是大规模学习者差异化、多样化的学习诉求。

慕课开发的全过程均具有开放性。“开放”意味着承认主体的经验、超越局限、超越中心性、接纳干扰与非线性的转变、趋向变化等，为慕课开发建构提供了可能。大规模、分布式的学习者具有异质化、多样化的学习特征，其聚集于慕课开发，既是开放性慕课开发的受益者，又以其个性化的学习追求促进慕课“开放”。慕课设计具有开放性，它不是“既定”的文本，而是在学习者参与及交往过程中，成为“待定”的、“未定”的文本，并随着学习者的参与而产生迭代。慕课资源是开放性的文本，它不是教师强加给学习者的学习内容，而是学习者重新编辑、加工及评论的文本，并不断在交互中创建新的文本；慕课实施过程具有开放性，学习者与文本的交互、学习者与教师的交互、学习者的自我交互等，各主体不断分享发现、思考与推论，推动形成的开放性的认知网络、人际网络，在开放性的过程中不断输入与输出，文本在不断流动中促进动态课程的实施；慕课评价具有开放性，随着学习者在活动、情境中的交往、反馈，不但促进慕课设计、实施以及学习评价的动态调整，也促进学习者在个性化反馈中动态形成个性化学习路径。学习支持服务在整个慕课开发过程中，接受干扰、转变与调整，以学习分析技术的支持为学习者提供个性化、差异化的支持服务，促进学习者个性化学习目标的实现以及慕课开发的动态演变。

慕课开发的开放性与过程性、生成性密不可分。重视开放性的同时亦不能忽视慕课开发的过程性、生成性。重视慕课开发过程性是指重视学习者个性化学习路径的形成过程、重视文本的生成过程、重视学习网络的连通过程、重视个性化反馈的过程。所以，慕课开发不是静态的、线性程序的执行，而是动态的、非线性的、迭代的生成过程，各要素与设计、实施、评价等活动融汇于一个有机整体之内，在主体经验、情境、活动与对话的碰撞之中，学习者以各自独特的视角与他人形成连接关系，并因对话而进行调整、发展、转变，各主体、文本、情境以及慕课开发活动形成连续性、交互性的有机整体，形成丰富的、开放的经验，推动课程文本的创生与迭代，形成教师领悟课程与学习者体验课程的协商，推动

慕课的动态开发。

三、重视慕课开发的学习网络连通

实现学习网络连通是促进慕课动态开发、实现学习者个性化学习的关键。学习网络连通需要形成学习者、教师、文本及学习者自我之间等“节点”的交互，它既是建立与维持社会关系、持续激发学习的主要途径，也是激励学习者发挥主体性、主动性与教师提供学习支持服务的融合。如果交互不能有效发生，不能形成有效的促进，则慕课的可持续发展将变为纯粹商业运营模式的演变，并非真正意义上的教育变革。①而且，只有形成交互才会出现“学习资源之间互联，重组和应用也随之增强，新知识便由此产生”②的场景。因此，在慕课开发中，以主体参与为基础，促进教师、学习者、文本的连通，组成新的会话、起点和愿景，在连通中推动文本演变。

第一，重视讨论与分享机制的建立，促进学习者积极参与。

Eriksson 等研究发现，在所调查的对象中多数没有开展讨论的主要原因是学习者缺乏参与动机。③因此，通过考核机制、奖惩机制等对学习者参与讨论进行外在激励。

建立考核机制。将讨论参与或者观点分享的质或量，记入学习者的课程成绩。例如，“方言与中国文化”“翻转课堂教学法”，论坛活跃度分别占总成绩的15%、20%；学堂在线的《e 时代的大佬师——慕课教师的修炼心法》，参与讨论区的讨论占总成绩的 10%，而参与讨论作为附加分占总成绩的 5%。

另外，除课程讨论区、Wiki 外，学习者个人学习空间也是观点分享与网络连通的重要方式，例如，博客可实现个性化学习结构的设定、知识管理、内容分享，并以分布式环境促进社群隐性知识的挖掘和共享，能够实现个性化的自主原创；同时在学习者学习空间的关联中也能促进协作生成。第一门慕课 CCK08，正是利用 Wiki、博客、第二人生（Second Life）等多种社会性软件进行讨论，通过每日更新、总结讨论内容，促使学习者建构、反思，形成学习网络。

建立奖励或惩罚机制。通过勋章、头衔、集“赞”、“置顶”等方式，激励学习者积极参与社区主题讨论或组建学习小组，并针对重复发帖、灌水等现象有

① 郑勤华，李秋劼，陈丽 . MOOCs 中学习者论坛交互中心度与交互质量的关系实证研究 . 中国电化教育，2016，(2)：58-63.

② 陈冰冰 . MOOCs 课程模式：贡献和困境 . 外语电化教学，2014，(3)：38-43.

③ Eriksson T，Adawi T，Stohr C. Time is the bottleneck：A qualitative study exploring why learners drop out of MOOCs. Journal of Computing in Higher Education，2016，(1)：133-146.

一定的惩罚措施。例如网易云课堂的“财务分析”（上）[①]设置了“达人奖”和“雷锋奖”分别用来鼓励发布优质帖子的人和回答别人帖子并解决问题的学习者，只要学习者得到“达人奖”和“雷锋奖”的，就可以免费学习下部分课程。

第二，重视教师团队的及时参与，促进文本生成。

教师可参与专题研讨、答疑辅导，实时提出问题、激发思考，并在互动中不断打破平衡、重建平衡；同时，教师应重视将“信息”转化为文本表达，这既是阶段性的文本结果，又构成了下一次讨论的起点，促进学习者建构与新知识的迭代生成。例如，学堂在线平台的清华大学开设的“财务分析与决策”，该课程分别采用讨论区和 Wiki 的方式引导讨论。在讨论区中，“最多活动”的帖子集中于十章课程内容的“集中答疑帖”，主讲教师与助教不仅及时参与解答，同时，主讲教师根据学习者的讨论，专门增加“扩展学习资料”的模块，这既是对讨论主题的回应，又是讨论的升华，实现了对课程主题纵向和横向的延伸与拓展。

四、重视学习分析与评价与教、学的融合过程

唐尼和凯里认为，评价是课程研究和课程不断发展过程的一部分，课程是一种系统的、不断演化的整体，它的目的和手段都应处于不断修正之中。[②]评价正是为这种修正而服务的[③]。慕课学习分析与评价亦随着课程的实施过程而展开，并作用于慕课设计、文本生成、学习支持服务等活动，相互作用。它以尊重学习者为前提，多元主体参与，以多种评价方式开展，并随特定的情境而发生变化，促进慕课开发的反思、批判与改进，进而推动课程开发价值的实现。所以，慕课学习分析与评价是慕课开发的有机组成部分，它是评价者、评价对象双方或多方协商建构的过程，慕课开发应注重学习分析与评价促教、学、评的融合，在过程与情境中促进学习者的个性化学习。

（一）重视过程，促进教、学、评的融合

第一，重视测验与作业的完成过程，可以采用多次提交、设定过程性参与比例等方式，让学习者在“过程”中反思。例如，Coursera 平台宾夕法尼亚大学的“希腊罗马神话”（Greek and Roman Mythology），其课程成绩由 10 次测验与 2 次小作文的成绩构成，但是教师对 10 次小测验有更加明确的要求：① 10 次小

① 该课程是巴黎 HEC 商学院和清华经管在线立课教育联合推出的顶尖金融课程系列之公司金融系列的第一门课程。课程分为上、下两个部分，其中上部分可以免费学习，下部分一般由学员支付课程费用后学习。

② 唐尼，凯里．教育的理论与实践：引论．王箭等译．南昌：江西教育出版社，1989：277.

③ 施良方．课程理论：课程的基础、原理与问题．北京：教育科学出版社，1996：180.

测验的平均分不低于80分。②每次小测验有20个左右的单选、多项选择、判断、排序等题目，正式提交前有10次作答的机会；每次测验题目都会随机变化；而且，从第三次作答开始，每答一次，要罚本次测验总分的5%，即第四次成绩为原始答题成绩的95%，第五次为90%，以此类推。③最终成绩取多次作答的最高分。同时，两次作文完成一篇，并对随机分配的5份作文进行互评，即可有机会获得证书。教师重视测试与作业的实现过程，促进学习者对课程的完整参与及学习体验。再如，Coursera平台斯坦福大学开设的“数学思维导论”（Introduction to Mathematical Thinking），将作业、指导与自评融为一体的具体做法是：教师布置作业之后，将在下一周给出解题思路与方法的指导视频，鼓励学习者将自己的完成过程与视频指导进行对比，并与其他同学一起讨论，引导学习者互相评价作业的解题过程；最终让学习者综合其他学习者的评分等评价信息，为自己的作业打分，以促进学习者数据逻辑推导能力、数学思维能力的提升。

第二，将作业、测验等作为引导学习、迭代发生的方式，使评价成为问题解决、促进学习者不断发展的过程。例如，“翻转课堂教学法”以迭代方式进行作业设计，贯穿整个课程学习。该课程作业以“设计教案”为主题，布置了五次单元作业，分别是我的翻转初步设计、课前学习任务设计、教学视频片段、课上活动设计和我的翻转课堂终极设计。五次作业逐次改造、迭代、完善，直至形成最终版本，完全将课程的教、学习者的学、学习评价融为一体，最终促进学习者的知识理解、应用与内化。

（二）重视情境，促进教、学、评的融合

重视学习分析与评价的情境意味着教师与学习者共同在情境之中相互理解、平等对话，它强调了评价的境遇性与主体性——立足于真实的情境，发挥评价的发展性、对话性、实践性的理念，将学习评价与真实的学习情境相融合，适应于学习评价对象的开放性、动态性与发展性需求，促进对知识、过程及价值观的全方位评价，超越了人的抽象性的流弊。同时，在真实的生活情境中进行评价，能够激活学习者高阶技能和问题解决能力，远远优于多向选择类型的评估。[①]

借助于网络虚拟空间或结合生活实际均可建构真实的评价情境，利用设定真实情境中的“锚点”，联系学习者的生活进行情境性融合。以Coursera平台的“概率”为例，在学习评价中借助于游戏以及联系生活，充分体现了情境性。

① Xiong Y，Suen H K. Assessment approaches in massive open online courses：Possibilities，challenges and future directions.International Review of Education，2018，（2）：241-263.

第一，以游戏方式设置情境。“概率”开发了一款将教学与评价相结合的线上游戏—— PaGamO，以游戏情境让学习者深入了解概率和统计。该游戏有竞争任务、升级路径、人物角色等。核心任务是“攻城略地”，升级路径是：通过答题的方式攻击他人的领地，实现领土扩张；并可获得游戏道具，同时游戏道具的级别决定题目的难易程度。当最终答对相关题目，则可攻下对方的城池。[①] 同时，在游戏过程中可以找“盟友”并肩作战，在共同解决问题中实现概率和统计的深入学习。

第二，联系生活情境，并内嵌课程内容，建立课程学习与外部生活世界的联系。如，在讲解“条件概率”的视频中，其嵌入式练习题目为，如果你是餐厅老板，在要进去店里之前，恰好在门外遇上得到店员的甜美笑容而欢喜离开的阿宅。在进店之前，你急切地想知道今天餐厅满座的机会到底如何。请问，你现在想要指导的“条件概率”其条件为何？三个选项分别为“餐厅满座！”、“店员她，对阿宅，笑了！”、“作为一个优质的服务从业，对客人的全心服务，是无条件付出的！”此外，主讲教师鼓励学习者结合自己的生活情境与学习理解，让学习者自己出题，其他学习者关注、回答，或者一同帮助完善题目，增进知识与学习者生活情境的相容相通。

总之，慕课的学习评价是一个动态的、发展的、复杂的过程，它与课程其他要素相互联系、相互促进，是激励学习者在持续学习中实现价值的过程。因此，慕课在课程平台提供技术支持的同时，更需要从教育层面上充满人文关怀：评价旨在促进学习、支持学习，尊重学习者的学习诉求，以尊重差异性为导向，采用多元评价方式，凸显慕课学习评价的过程性、情境性，重视评价过程自身的价值以及慕课学习者的自我反思意识与能力，重在探明问题，找到解决方案，促进慕课学习者的发展。

① 资料来源：课程学习者访谈与文献：张盖伦．PAGAMO，让听课停不下来．大学生，2014，（1）：23-26.

第六章

支持诉求：FLTC 慕课开发模式的条件保障

FLTC 慕课开发模式以实现个性化学习为旨向，关系到各要素、各活动之间的动态关联，是复杂的过程。FLTC 慕课开发模式从一种理论模式到实践落实，还需要教育框架与技术框架共同提供条件保障。从教育框架看，教师与学习者作为慕课开发的两大主体，二者须各自分别具有慕课开发素养与慕课学习素养。教师应成为促进个性化学习与推动慕课动态开发的促进者；学习者应成为自治的主体。从技术框架看，充分发挥慕课平台与社会性软件的潜能，并吸纳学习分析技术、自适应学习技术，以及人工智能、虚拟实验室等新兴技术，以慕课平台为载体，为学习者、不同学科的课程提供技术支持。而纵观慕课开发过程，进一步完善 FLTC 慕课开发模式，我们还必须在教育框架下正视慕课开发中课程目标与学习目标的关系，教师、学习者、慕课开发之间的关系，慕课开发与教学的关系以及预设与创生的关系，从而在慕课开发中发挥教师与学习者的主体性，以平等的对话促进 FLTC 慕课开发模式的实现。

第一节　教师：慕课开发的促进者

主讲教师及团队是慕课开发的重要设计者、建构者，教师应成为促进个性化学习与推动慕课动态开发的促进者。实现以个性化学习为旨向的 FLTC 慕课开发模式，需要发挥教师主体性：教师除了具有扎实的领域知识、教学魅力之外，更应具有教育立场、个性化学习的慕课开发观、慕课创生能力与组织协调能力、反思实践能力、信息素养等，正确认识慕课学习者、慕课开发过程，全方位、全过程为个性化学习提供学习支持服务。

一、教师应具有教育立场

一方面，教师树立人本价值的慕课开发导向，促进学习者个性化学习。慕课是一种课程形态，发挥育人功能、实现人本价值是慕课开发的原点。教师能够自觉关注“人”的存在，关注学习者多元化、差异化的学习需求，注重学习者的多元理解与多元化文本生成，树立以个性化学习为旨向的慕课开发价值观，关注学习者的学习需求、情感需求等，在慕课开发过程中彰显教育魅力。

另一方面，教师应尊重慕课学习者的主体地位。慕课学习者不是被动接受的客体，而是学习的主体、慕课开发的主体之一。教师应尊重学习者的个人学习履历与文本建构，将学习者置于慕课开发情境之中，与课程开发情境、文本生成融为一体；注重发挥学习者的主体性、社会性、自主性，使学习者真正成为自主学习的主体，即激励学习者基于个人学习履历在慕课开发过程中积极参与活动、解决问题、分享学习成果，促进其个性化的理解与建构。发挥教师团队与学习者主体性，重视慕课开发的过程性、情境性，促进动态生成的慕课开发。

二、教师应树立促进个性化学习的慕课开发观

慕课教师是慕课开发的关键主体，教师的慕课开发观对慕课设计、实施与评价的过程及结果有直接影响。教师对于“慕课开发”的理解应超越文字与制度意义，确立个性化学习的慕课开发观念：慕课开发是在课程计划之上，根据学习者差异化的学习需要与学习体验，基于教育情境与事件，与学习者共同建构、创生，并形成新的教育经验的过程。

首先，慕课教师团队应视慕课设计为促进学习者个性化学习的境脉，设计是为了更好地在动态中修正与迭代。慕课设计重在为学习者提供可选择性的“旅行”路径，为学习者提供多元选择，而不是慕课开发的“蓝本”。“蓝本”设计观规约了人的主体性，实现人的解放需要文本观。[①] 因此，正视学习者个性化学习需求，在师生文本理解、共同协商中，赋予文本新意义，共同制定课程转变的愿景，是慕课设计生命活力的体现。

其次，慕课教师团队应重视慕课实施在不确定性中的创生。慕课实施具有在线特性，它是教师与学习者之间、学习者与学习者之间通过文本、对话、交往、情境而实现“视域融合”的在线互动过程，是观点碰撞、学习网络缔结及知识创生的过程，充满不确定性。在线教学活动是慕课实施的基本载体，在“不确定性”

① 张增田，彭寿清．从“蓝本”到“文本”：当代课程内容观的转变．教育研究，2011，(11)：95-98.

的交往中，教师应围绕个性化学习的旨向，一方面，教师的教学活动、教学方法应尽可能考虑到更多的学习者需求，以开放的姿态适应学习者；[①]另一方面，教师为学习者提供认知支持、情感支持、技术支持等，促进个性化学习的发生。

最后，慕课教师团队应重视慕课评价中的个性化学习分析与反馈，构建多元化的评价方式。将慕课评价作为一个动态的、发展的、反馈的过程，发挥教师团队的人际反馈支持、慕课平台的及时反馈支持及基于数据的学习分析支持功能，发挥多元评价主体及多种评价方式，尊重学习者差异，构筑灵活而个性化的学习支持，促进学习者在持续的激励与反馈中实现个性化成长。

总之，慕课教师团队是内在于慕课开发情境中的主体，学习者是自主、自治的建构主体，实现个性化学习的慕课开发，需要重视学习者的个人履历、个性化体验、个性化交往、个性化反馈，在动态的、不确定性的开发过程中实现个性化成长与慕课的动态生成。

三、教师应具有慕课创生能力与组织协调能力

教师应在慕课开发中具有课程创生能力。教师不但需要提供丰富而多元的预设课程资源，还能够基于在线教学活动组织提供学习支持、反馈学习信息，根据个性化的学习需求以及课程在线实施的情境，调动智慧、情感，挖掘一切积极因素，以适切的学习支持策略促进学习者的选择、加工以及学习网络的形成。这样既促使文本不断被建构，又及时将汇聚的文本组织、迭代、生成，促进课程的创生。

与教师的课程创生能力相辅相成的是组织协调能力。学习者具有大规模性、多元化，地域、学习背景、学习风格等具有差异化，协调各种学习者群体、兼顾个性化发展将面临很多障碍，包括自主学习与协作学习的发生、个性化指导与协作化指导、在线教学活动组织与教学法的创新以及教学策略的调适等，教师只有具备一定的组织协调能力，才能促进教师、学习者、文本之间不断互动，才能将预设转化为生成。总之，教师既要基于课程活动、奖惩规则、评价制度等激励学习者的积极参与及分享，也要适时组织与协调，引导、鼓励、解决问题，促进学习者的认知交流、情感交流。

四、教师应具有反思实践能力

慕课开发需要教师从“程序”走向“实践”、从“结构”走向“建构”，而

---

① Czerniewicz L，Deacon A，Glover M，et al. MOOC：Making and open educational practices. Computing in High Education，2017，(1)：81-87.

教师的反思实践能力是探寻实践中的不完整性、矛盾性的基本能力，摆脱理论与实践、内容与过程、目标与手段的割裂，突出教师的主体性。

教师需要在慕课建构过程中反思，既要有内在的自我反思，又要有对情境把握的情境反思。在慕课开发过程中，开发要素之间相互交织、相互关联，情境中的问题解决、师生交互等增加了慕课开发的复杂性，教师需要在复杂的情境中处理矛盾与冲突，协调与激励学习者的主动性与能动性。因此，从宏观上说，教师需要在慕课建构过程中反思、在行动中反思——反思课程设计的迭代，在线教学活动的组织、学习支持服务，学习者的参与性与潜力的挖掘，以及学习评价的标准、过程等。教师通过在具体行动中的反思，来改善课程开发过程中的矛盾与冲突，协调各要素之间的关系，修正慕课开发中的问题，动态地改善课程实践。从微观上说，教师能够基于学习分析技术、自适应学习技术、人工智能技术等报告的学习者学习状态、学习绩效等，反思慕课开发中潜在的问题、下一步改进的措施，以优化慕课开发。

由此可见，教师的反思实践能力意味着教师自我对话以及课程要素之间对话，它是教师通过反思超越经验思维束缚的一种能力，是一种实践智慧。

五、教师应具有一定的信息素养

信息技术是促进慕课开发中教与学联系的重要纽带，教师应具有一定的信息素养。

第一，具备信息收集与信息应用素养。在学习材料的设计与制作中，能选择、使用适当的多媒体技术表达观点，例如能够使用视频、动画、音频、图片等灵活表现适切的文本，发挥多媒体优势，增加文本表达的丰富性。

第二，具备基于技术的沟通、合作以及参与素养，提供适切的人际支持。在学习空间分享方面，教师能够运用Web2.0技术建立教师个人网络空间，如博客、微博等，与学习者、学习小组形成“关联”，及时与学习者进行沟通、指导。在基于慕课平台的技术中，教师应最大限度地发挥平台的技术优势，营造友好的平台交互界面，提供学习支持，例如互评培训的设置、学习小组设置、内部模块的关联、讨论区的版块设置、讨论区主题置顶设置等，在支持中促进生成内容的聚集。在第三方技术支持中，教师应处理好软件与慕课平台的兼容，或者软件独立运行中的问题等。

第三，具备学习分析素养。教师能够运用学习分析技术，以学习分析提供个性化学习服务。教师应能够通过学习分析收集数据，解释数据隐含的意义，了解在线学习行为与学习成绩、课程设计与实施中的关系，并以恰当的方式给予学习者反馈，帮助学习者优化学习路径、调控学习步调；同时借此亦优化慕课开发。例如，曼利斯特学院的助理教授借助于学习者的在线学习数据，进行挖掘、分析，判别教学内容的难点，并以学习分析结果为依据设计相应的教学活动，让学习者多次、多种方式开展学习，直到掌握。①

第四，具有创新使用新媒体、新技术的素养。有的课程需要软件、虚拟实验室等支持，教师应超越于“设备使用”，能够利用新技术解决具体情境中的问题，“在工具和预期成果之间建立联系，以创新的方式利用技术”，协调学习者需求、课程需求、慕课平台与新技术之间的联系。①

总之，慕课开发对教师素养提出了极高的要求，发挥教师的主体性，教师应具有教育立场、促进个性化学习的慕课开发观、慕课创生能力与组织协调能力、反思实践能力与信息素养等，真正成为“促进者”；另外，教师还需要投入时间与精力关注大规模的学习者个性化发展，在活动参与中为学习者“指引”。

第二节　学习者：慕课学习的自治主体

慕课学习者是自主的学习者，具有自我导向的学习目的，慕课教师、学校教师等均难以监控、管理、督促学习的发生。学习者要实现学习目标除了具备课程要求的学习背景之外，更重要的是要具有学习主动性与自制力，具有熟练的信息技术操作与应用能力、较强的反思能力等，以促进学习者在慕课学习中形成个性化的学习路径，实现个体学习目标。

一、学习者应具有主动性与自制力

大量的研究表明，网络学习成绩与学生的自主学习能力有非常密切的关系。②大规模的开放式学习环境，使慕课学习者群体显现出“极大的流动性和异常的多元化”③。edX 平台的主席提出，慕课学习没有一点偷懒的可能，它需要学习者具有很强的学习主动性和冒险精神。④迈阿密大学全球学院的校长指出，慕

---

① 殷丙山，高茜．技术、教育与社会：碰撞中的融合发展：2017 高等教育版《新媒体联盟地平线报告》解读．开放教育研究，2017，(2)：22-34.

② 郭文革，陈丽，陈庚．互联网基因与新、旧网络教育：从 MOOC 谈起．北京大学教育评论，2013，(4)：173-184.

③ 梁林梅，李逢庆．中外大学教师网络教学研究．南京：南京大学出版社，2014：87.

④ 邓晖．“面对 MOOC，中国大学一要大胆，二要创新”：专访 edX 主席阿南特·阿加瓦尔教授．光明日报，2013-10-11，(06).

课适合于自制力强、主动性强的学生，它并不适合于任何人。[①]笔者调研发现，慕课需要学习者能自我约束，同时影响学习坚持的最主要的主观原因也是缺乏学习的自制力。[②]

因此，慕课学习者实现个性化学习目标需要学习者具有主动性、自制力。第一，学习者需要在慕课学习过程中主动获取：主动选择学习内容、参与课程活动、分享学习成果、参与小组协作、完成测验与作业、调节学习策略等。第二，学习者还需要主动建构、主动协作、主动反思。学习者应发挥主体性，在慕课学习中主动分享观点、主动解答他人问题、主动参与协作，并在交往中增强与其他学习者的紧密性，促进学习网络的建构，最终在自我建构与反思中促进自我学习目标的实现。主动性、自制力的慕课学习品质是影响慕课学习发生、形成个性化学习路径的首要条件。

二、学习者应具有良好的信息素养

Castano-Munoz 等认为，学习者的数字能力与交互能力对慕课参与非常重要。[③]因此，学习者在虚拟的学习空间中进行个性化学习与协作，需要具有良好的信息技术操作与应用能力，包括熟练导航与检索，分享、沟通与协作，以及编辑、创造能力。

第一，能够在慕课平台中熟练导航与检索。在课程导航中找到需要的内容，这是基本的网络学习能力。例如，微视频内容、补充学习材料；调整微视频语速、字幕等；检索、查看讨论主题，参与不同讨论主题；参与学习互评等。

第二，具有分享、沟通与协作能力。开放性的讨论空间需要学习者能够分享学习成果，与学习同伴开展学习协作，这是基本的学习交流能力。学习者可以利用 Web2.0 技术建立个人学习空间、参与 Wiki 讨论，并与教师、学习者主动进行“关联”，分享学习成果；或者参加课程的学习小组，主动创建学习小组，与其他学习者以共同体的形式开展协作学习；或者参与实时讨论，能够提问、回答等。总之，学习者需要具有同步或异步交流、协作的能力，探讨共同感兴趣的话题，促进有效学习的发生。

第三，具有基于新技术的编辑、创造能力。能够应用信息技术完成课程作品、参与基于软件的实践等。在一些课程中需要学习者以多媒体作品形式分享、

---

① 小阳. 肯定与质疑：慕课在基础教育领域的应用. 未来教育家，2014，(2)：23.

② 在 547 名被调研的地方高校大学生中，有 236 人有弃课行为，其中 103 人次认为“学习自制力不足”导致“中途放弃课程”，详见第三章统计结果。

③ Castano-Munoz J，Kreijns K，Kalz M，et al. Does digital competence and occupational setting influence MOOC participation? Evidence from a cross-course survey. Computing in Higher Education，2017，(1)：28-46.

展示或提交作业。例如用音频软件录制声音、用视频软件编辑图像、用 PPT 或其他软件完成界面设计，或者用地图软件绘制地图等，这要求学习者具有一定的多媒体编辑与应用能力，并能在平台中顺利提交；有的课程需要第三方软件提供实践支持，学习者应能够顺利操作软件。总之，学习者的信息素养影响慕课学习过程及学习结果。

三、学习者应具有反思能力

首先，学习反思无处不在。反思能力亦是学习者内隐能力之一，它内在影响课程学习的全过程。自我反思需要学习者能够自我对话、自我教育、自我发展。在整个慕课学习过程中，学习者对学习目标的监控、学习内容的选择、学习策略的调控等，均是学习者自我对话的表现。尤其是随着新技术的发展，当学习支持服务系统反馈学习进展、潜在问题、学习效果时，学习者应能够根据反馈信息调整学习策略，制定进一步的学习计划，这也是学习者自我反思的表现。

其次，学习者开展自我评价亦是反思的重要形式。在讨论互动、展示交流、同伴互评中，学习者以自我评价、自我激励促进反思。例如，通过同伴互评促进学习者自我反思：学习者评阅学习同伴的作业，并写出评语及给出评分，这个过程就是从同伴学习的过程，也是对照自我，对自己的作业评价、促进自我学习的过程。在讨论过程、协作过程中，学习者能够对自我进行反思，对学习情境中的事件、文本等进行反思，才能促进自我建构。

最后，慕课学习者除了具备以上基本素养之外，学习者的英文能力亦是影响学习者选课、持续参与慕课学习的能力之一。它影响学习者选择英语语言类课程的意向、坚持度以及参与度。

总之，慕课对学习者提出了更高的学习要求，实现个性化的学习还需要学习者具有学习主动性，有坚定的学习意志与学习自制力，有自由交互与协作的网络分享等信息技术应用能力，以及具有较强的学习反思能力。

第三节　技术支持：促进个性化学习

慕课本质上仍然是一种远距离教育的方式，它依赖于技术形式。[①] 慕课平

① Guo S，Zhang G. Analyzing concept complexity，knowledge ageing and diffusion pattern of Mooc. Scientometrics，2017，(1)：413-430.

台、社会性软件为支持教、学、互动、评价提供了基本载体。但慕课平台应引入新的技术，真正实现技术、课程与学习之间的深度融合。因此，慕课平台应兼容社会性软件与新兴技术，提供个性化、专业性的技术支持。

一方面，慕课平台的旨向应与人本价值的慕课开发取向一致，以实现个性化学习为根本追求，满足个性化学习需求，支持与促进个性化学习路径，实现个性化学习目标。佩特指出，“数码媒体对教育的真正贡献就在于它的灵活性，从而使得每一个人都可以找到自己的通向学习的道路”①。实现个性化学习的慕课开发需要慕课平台支持个体获得特定的学习内容、学习模式、反馈资源等。另一方面，慕课种类不一、内容各异、学科诉求不同，实现个性化学习需要慕课平台为慕课开发提供适应专业需求的定制化服务，为个性化的教、学、评活动的开展提供多元支持。

一、技术为学习者提供个性化的学习支持服务

实现个性化的学习支持需要慕课平台提供精准化、个性化的反馈支持，提供个性化的学习管理支持，提供多元化、开放性的个性化互动支持。

（一）慕课平台应提供精准化、个性化的反馈支持

大规模的学习者获得精准化的学习反馈支持服务，除了学习分析之外，慕课平台应该吸纳新兴技术的支持。

第一，发挥学习分析功能。慕课平台应根据学习者的在线学习记录，将学习者的知识背景、学习兴趣、认知风格与能力等数据，进行数据收集、挖掘、分析与报告，以智能化的形态建立学习者模型，为学习者提供精准预测，推荐针对性的学习资源，提供差异化的学习支持服务，规划个性化的学习路径，实现对学习者个性化的反馈。

第二，以自适应学习技术促进学习者主动学习。有学者指出，自适应学习技术的快速发展，代表着个性化学习的时代即将到来。②自适应学习也亟须学习分析③，但是，相对而言，自适应学习技术提供了基于学习者个性化特点所构建的一种适应学习者需求的环境。自适应学习技术是指基于学习者个体具备的知

① 奥恩斯坦，霍伦斯坦，帕荣克．当代课程问题．余强译．杭州：浙江教育出版社，2004：385.

② 孙立会，葛兴蕾，陈张兼．技术在未来高等教育中的应用图景：基于《地平线报告 2017（高等教育版）》的分析．电化教育研究，2017，（12）：121-128.

③ 李新房，刘名卓，祝智庭．新兴技术在高等教育中的应用分析与对策思考：《2016 地平线报告（高等教育版）》解读．教育发展研究，2016，（7）：31-38，51.

识、能力等，动态调整课程内容的水平或类型，进而在学习者主动学习和教师干预中提升学习绩效的技术。[①]慕课平台借助于自适应学习技术，基于学习者学习兴趣、起点能力、学习风格自动评估优势与转变，匹配个性化的学习资源、分配适合学习者的学习任务，促进教师实施个性化的干预，帮助学习者实现自定步调的主动学习、个性化学习。纵向研究显示，学生通过“进步”能更好地掌控自己的学习，学习更为投入，上课更有趣，在处理挑战性问题上更有自信。[②]

第三，以人工智能技术增强个性化反馈。人工智能允许利用计算机模拟人类感知、学习和决策……具有潜在的增强在线学习、自适应学习以更加直观的方式研究学习者参与的过程。[③]利用人工智能技术，实现了以直观的表达方式吸引学习者主动参与慕课学习，强化学习者认知过程，为其提供个性化学习反馈。例如，基于人工智能可创设虚拟教师的角色，实现为学习者的写作给予个性化反馈，包括检查基本的错误，评析意义、主题和论点等。[④]

最后，除新技术之外，慕课平台的基础性评价支持也不可或缺，例如在测验与练习中自动反馈；在同伴互评中呈现评语与评分；当教师参与评价时，能看到教师对学习者的反馈。所以，发挥人的主体性的个性化反馈不可或缺，技术不能取代人；但是，运用新技术亦可为人的主体性发挥助力，使评价更加科学、准确。

（二）慕课平台应提供个性化的学习管理支持

慕课平台的管理支持应该朝向虚拟的学习管理系统发展，基于学习管理而增进对学习的关注。即学习者在访问微视频、阅读材料、作业提交、学习交互等过程中，借助于虚拟的学习管理系统能够实现教师对学习者的课程参与度、学习绩效的把握，对学习者的在线学习行为进行跟踪和报告，甚至可以自动对创造性资源进行开放性重组，亦可基于学习分析进行优化学习路径、推荐资源，实现个性化学习的管理。

此外，实现个性化的学习管理，慕课平台的基础性支持也必不可少，重在提供个性化的支持与反馈。

第一，慕课平台应提供良好的导航界面与数据支持。良好的导航界面能帮助学习者快速找到所需信息，为学习者提供友好的界面交互。同时，慕课平台应

① NMC. NMC Horizon Report：2017 Higher Education Edition. Austin：The New Media Consortium，2017：38.

② NMC. NMC Horizon Report：2017 Higher Education Edition. Austin：The New Media Consortium，2017：39.

③ NMC. NMC Horizon Report：2017 Higher Education Edition. Austin：The New Media Consortium，2017：46.

④ 殷丙山，高茜．技术、教育与社会：碰撞中的融合发展：2017 高等教育版《新媒体联盟地平线报告》解读．开放教育研究，2017，(2)：22-34.

支持学习者多种数据的上传、存储、呈现，使学习者能够以文本、图片、音频、视频、动画等多媒体形式参与学习及展示。

第二，慕课平台应提供多元化的学习管理支持。慕课平台应支持课程通知信息的推送、视频语速调整、字幕选择、学习进度提示、视频讨论跳转、讨论区管理等。在 FutureLearn 中，课程会自动出现“To Do”选项卡，它指待办事项，提醒学习者课程进度；在每小节之后的右下方有学习“完成标记”（mark as completed），当完成学习时点击此标记，则将更新“待办事项”。

再如，视频讨论跳转支持帮助学习者在视频学习中及时参与讨论。当学习者在视频观看中遇到问题，可及时提出问题，该问题可发表在课程讨论区的相关周次中。在 Coursera 平台上，视频播放窗口或者“阅读材料”的右下方有“喜欢”“不喜欢”“报告问题”等按钮，能实现对视频的评价，并及时提出问题。FutureLearn 平台也有类似功能：在视频页面左下方有红色按钮显示该视频的讨论主题数目，点击即可在看视频过程中，随时评论或提出问题。

讨论区管理工具包括主题搜索、点赞、追踪、排行等功能。FutureLearn 平台在每个教学视频、每篇学习文章、每个视频下方均有针对内容发表观点、提出问题的讨论区，其讨论区有点赞、回复以及追踪功能，促进学习者之间的社群互动。讨论区追踪功能是指当学习者在讨论区发帖提问，如果有教师或其他学习者进行回复，则提问者将及时收到邮件提醒通知，并通过电子邮件中的超链接可以及时展开讨论。Coursera 平台、学堂在线平台有此功能。讨论区排行工具是指在讨论区按照回复者的支持票数进行排行或者按照发帖数量对学习者进行排行，可以激励学习者的积极参与。例如，iversity 讨论区中，学习者发言的答案列表可按照支持的票数排序，先提交的答案更有可能被更多的人看到和点赞，借此机制增加学习者学习的动力。

（三）慕课平台应提供多元化、开放性的个性化互动支持

第一，以实时与非实时的互动支持促进个性化反馈。

慕课讨论区是慕课交互的核心社区，它为学习者提供了非实时的互动支持。它通过教师设定讨论版块、主题，为学习者聚集、内容聚集奠定了基础；同时，学习者参与分享、答疑、提问、评论等，能够留下学习踪迹、存储历史会话，教师有机会对学习者进行个性化的指导；另外，为深入了解学习者进行学习分析积累数据。

此外，慕课平台还需提供实时交互支持，包括实时视频、实时音频的支持，

创造师生的“在场”沟通，借助于实时视频、实时语音交流，对学习者进行即时指导与反馈，营造课堂教学的面对面氛围，弥补分离的缺憾。

第二，以“关系”保存增进个性化交互。

大规模、多元化的学习者构成了信息聚集的基础，进一步实现聚集与学习网络建立，学习交互中应该增强学习交流的多样性与开放性，以“关系”保存增强学习者之间的协作与交互。

慕课平台应支持学习者保存“好友”“学习同伴”“学习小组”等关系，在相对稳定的“关系”中增强问题的深入讨论。例如，可以在课程中以地理位置相邻、兴趣相仿、学习经验类似等为基础建立学习小组，组建学习共同体，促进志同道合的学习者之间交流与分享，甚至可以发展为实体的学习小组，在线下组织小组活动。另外，慕课平台应支持以内容保存“关系”。例如，借鉴 CCK08 分享方式，以 delicious 标签、RSS Feed 订阅的方式将学习者分享的内容关联，促进有共同兴趣的学习者建立联系，实现个性化的交互以及内容的聚合。

最后，慕课平台可综合多种交互软件优势提供互动支持。

例如，Piazza 平台是集 Wiki 和论坛模式为一体、教师与学习者问答互动的问答平台，专门面向学习者和老师。教师和学习者可以在 Piazza 上创建一个问答中心，分享问题和答案。学习者的问题与教师的回答是分开的，学习者能方便找问题与答案。如果学习者急需一个问题的答案，可以对问题进行标签设置，帮助教师判断学习者在学习过程中的问题。①

二、技术为课程提供专业性的定制支持

慕课技术平台承载了慕课的表达、生成、交互、评价等过程，不同学科其开发诉求、学习诉求各不相同，统一的、标准化技术支持模式影响学科特色表达与学习效果。为不同学科提供定制的课程支持既是慕课教师的诉求，亦是促进慕课学习者个性化学习的基本保障。

慕课平台需要为慕课提供差异化的、具有学科特色的技术支持服务，为教学、学习、互动、评价提供差异化支持工具，增加学科支持的专业性、灵活性，为个性化的慕课开发提供多元化、个性化的支持，满足学习者个性化的慕课学习体验。

一方面，慕课平台应为慕课提供专业性定制服务。例如，edX 平台中提供的在线实验工具可根据学科、课程专门定制。比较有代表性的在线实验工具有

① 焦建利，王萍．慕课：互联网＋教育时代的学习革命．北京：机械工业出版社，2015：96-97.

MOSFET 放大器工具、分子编辑器、代码评测器（可以评测用 Python 或 Matlab 语言编写的代码）、电子电路模拟器、蛋白质构建器（允许学习者将蛋白质、氨基酸串联，形成某种结构）等。[①]

另一方面，慕课平台可以充分利用新兴技术为课程需求提供新的学习空间。例如为不同学科提供增强现实技术、虚拟现实技术、虚拟和远程实验室等，以智能化的形态营造真实的学习情境、生活情境，实现不同课程的需求，让学习者在体验、操作中走进真实世界。

总之，慕课平台是发挥课程管理与服务的载体，它对慕课的设计、实施、评价以及对学习者的个性化学习有直接影响。慕课平台应为不同学科课程进行量身定做，为不同特色的课程提供专业支持，以灵活、弹性、模块化、智能化的方式，支持慕课教师团队建构课程，彰显学科特色与课程特色，促进个性化定制的慕课开发。

三、慕课平台应提供诚信识别支持

慕课学术诚信问题是慕课学习评价中的挑战之一，主要涉及学习者在测验与考试中的身份认证。

解决学习者的身份认证，从内在因素来说，需要学习者具有诚信意识，自觉遵守诚信承诺，由本人完成视频学习、主题讨论、考试与测验等活动。从外在因素来说，慕课平台作为学习者参与活动的载体，应提供识别学习者身份的技术支持，用技术约束或技术识别判断学习者身份。例如，Udacity 平台已经使用了一种技术，这种技术能够通过检测指纹而确定打字的是否是学习者本人，也可以用面部或者眼睛去识别是否是学习者本人在学习。[②] 再如，Coursera 平台提供了签名认证课程，如果学习者通过了签名认证课程的学习，学习者可以获得提供课程的大学和 Coursera 官方承认的成绩和认证电子证书，该证书将学习者成绩与学习者真实身份联系起来。核实学习者的真实身份则需要学习者创建签名资料，包括打字习惯、摄像头拍摄的照片、个人详细信息、付款信息等。其中，在打字习惯中，Coursera 平台记录学习者个人打字习惯数据，并将其作为个人签名信息的一部分，这些数据包括两次按键间隔时间和保持按下状态持续时间；摄像头拍摄照片包括头部特写和带照片的身份证明文件；个人详细信息包括合法的姓氏和

---

① 王庭槐 . MOOC：席卷全球教育的大规模开放在线课程 . 北京：人民卫生出版社，2014：122-125.

② 胡雯璟，沈欣忆，马小强 . 世界是开放的：MOOCs 解读及发展预测：访 MOOCs 专家 Curtis J.Bonk 教授 . 中国电化教育，2014，(7)：2-6.

名字、出生日期、当前住址等。[①]

因此，慕课平台需要从技术层面检测学习者在作业、测验、考试等完成时的身份真实性，确保学习者具有诚信的学术意识，以诚实、信任的方式参与慕课学习，创建良好的慕课参与环境。

第四节　FLTC慕课开发需要处理的关系

为实现FLTC模式的慕课开发，除了教师、学习者、慕课平台的支持之外，还需要关系支持。在慕课开发过程中处理好课程目标与学习目标的关系，教师、学习者、慕课开发之间的关系，慕课开发与教学的关系以及预设与创生的关系，以慕课开发实现动态的关联。

一、课程目标与学习目标的关系：在互动中协商与转化

课程目标意味着课程是一种有意识的创造、有目的的规划。学习目标是学习者个人履历、个人经验生成的内在要求。依据泰勒原理，课程目标是课程开发起点与终点，是选择课程内容、组织课程内容、课程评价开展的重要依据；多尔并不反对课程目标、规划，但是批判被动地接受他人的规划以及在稳定秩序基础上的目标，他主张目标不但先于行动，而且在行动中。而学习者目标的实现过程正是在慕课开发过程中，是课程目标与学习目标的转化与生成的过程。

一方面，课程目标在慕课开发中不可或缺。FLTC慕课开发模式不反对课程目标，它是慕课开发的相对起点，是教师所理解课程的核心体现，也是教师选择内容、实施与评价的重要依据；另一方面，课程目标应兼顾学习目标。课程目标的制定是课程开发价值取向的具体表现之一，慕课开发的价值取向是促进个性化学习，可以说，慕课的课程目标制定应兼顾学习者的个性化学习；而多元的学习者、开放性的慕课开发过程，注重课程目标的生成性以及学习目标实现，才是慕课课程目标价值的根本体现。

所以，慕课开发需要处理好课程目标与学习目标的关系，使二者在互动中转化与生成。慕课目标既需要计划性又需要生成性、过程性、开放性与包容性。课程目标反映了慕课开发的一般的科学知识与技术特性，具有确定性、系统性、严密性，例如，教师预设的课程教学目标，既包含事实性和技能目标，还有综

① 王庭槐．MOOC：席卷全球教育的大规模开放在线课程．北京：人民卫生出版社，2014：49-51.

合、迁移、应用等高阶思维目标；学习目标反映了慕课开发的复杂性——开放的慕课开发系统受到各种干扰因素，既有学习者广阔的社会文化背景，又有慕课开发价值意义的导向，慕课开发的背后承载了多元化的价值观，正是多元化的课程解读，建构了慕课非线性的、丰富多彩的课程话语。课程目标的生成性与过程性意味着慕课的开发并非“目标控制”的，而是在实践过程中生成的，它随着慕课开发过程而展开，随着教育情境、教育事件而生成，不断在教与学活动的过程中呈现，无法预先准确表述；开放性与包容性则意味着教师预设的课程目标应能够促进目标的调适，在预设中考虑学习者的学习需求，在开放的、自组织转变的过程中，不断促进学习者的积极参与，实现学习者个性化的学习。

综上所述，慕课的课程目标需要关照学习者的学习需求，包容学习者的学习目标——两者之间在动态的过程中相互协商与转化。慕课的课程目标围绕“学”而不断调适：课程目标不仅先于学习者行动而且产生于学习者学习需求之中、师生互动之中，目标与过程并重。注重课程目标与学习目标在慕课开发过程中的转化与生成，实质是消解了过程与结果、手段与目的、单向执行与多元并进的对立，在过程中实现了对预设目标的超越与发展。

二、教师、学习者、慕课开发之间的关系：“我—你”交往中的融合

教师与学习者同为重要的课程资源，是推动慕课开发的内在要素，是课程的理解者、创造者、开发者，共同构成了慕课开发的主体。教师基于理解建构课程、反思课程，并内在领导课程，在慕课开发活动中创造、生成鲜活的经验；慕课开发的过程是教师制定的课程计划与情境、事件相互调整与改变的过程，可以说，教师即课程；学习者是课程意义建构的主体，在慕课开发活动中基于个人履历理解课程、体验课程、建构课程，并创造课程；慕课开发过程是学习者在具体情境与事件中生成教育经验的过程，可以说，学习者即课程。同时，教师与学习者是不可分割的整体，慕课开发亦是教师与学习者共同协商建构创造经验的过程，并在交流与合作中一起探究。

因此，教师与学习者各自不可替代，同时共同参与课程开发的过程之中，是课程意义的共同创造者，是慕课的有机构成部分，他们之间对话、交往以及不断形成的活动与经验构成了慕课意义创造的原动力。

此外，慕课开发需要处理好教师与学习者之间的关系。实现个性化学习的慕课开发，其根本落脚点在于真正为学习者赋权。教师与学习者之间“我—你”

的平等交往，是“互惠式”、民主式关系，是开放性学习过程中合作的学习同伴，在慕课设计、实施、评价中共同创造。教师提供了慕课开发之始的计划性文本，但是教师并非孤立于课程实施过程之外，而是随着事件、情境一起反思；学习者注册课程、参与学习，但学习者亦非课程设计中的符号。教师通过在线教学活动、情境、事件以及学习支持，参与课程实施及学习者建构；学习者在其学习需求及全部生活经验基础之上参与慕课，并重构文本意义，促进课程生成。教师与学习者构成了相互作用的“交互主体”，在对话与理解中，最终指向学习者个性化学习需要的满足。

“我—你”关系是一种人格平等的对话关系，建立在相互尊重的基础之上，“我”“你”双方共同参与，平等对话，且各自具有内在而独特的意义世界，在经验共享中相互协商、相互促进。但是，“我—你”关系不能消解师生各自角色的差异，亦不强求一致性结论，二者在各自意义上依然发挥不同作用。教师角色在与学习者共存的情境中得以重构：教师从外在于学习者情境转化为与该情境共存。教师权威与角色也转入情境之中。关于价值观、方法论、程序等问题不再以脱离实际生活的抽象方式来界定，教师是内在于情境的领导者，而不是外在的专制者。[①]教师成为慕课开发中的促进者、合作者、反思性实践者，是“平等者中的首席”。学习者在平等的交互关系中，发挥个体的主体性，在个人履历、学习体验的基础之上建构意义，是慕课开发的主体之一，是意义建构者、主动学习者、资源分享者。在教师与学习者平等的交往关系中，知识得以共享、转化与生成。

三、慕课开发与教学的关系：连续、互动的有机整体

慕课开发与教学是连续、互动的有机整体，二者相互作用、相互促进。

慕课教学包括了基于微视频等讲座的教学与在线实施，前者围绕知识的结构，是一种“计划的文本”，后者是师生共同参与的“课堂实践”，是“经验的文本”、体验的课程，它们共同构成了慕课教学，并与慕课开发构成了相互融合、相互促进的有机整体——慕课开发不是简单地选择和编制内容，而是教师与学习者对课程理解、反思以及在此基础之上的意义创造。计划性的“静态跑道”构成了意义生成的基础，而在“跑道”上“奔跑”的动态过程和经验，构成了慕课开发的核心，慕课开发成为与教师、学习者以及教学情境、教学事件捆绑在一起的过程。正如派纳所说，课程是一个过程、一种活动，或者是“内心的旅行”。

① 多尔. 后现代课程观. 王红宇译. 北京：教育科学出版社，2000：238.

一方面，基于微视频等讲座式“教学”是慕课开发中重要的实施方式，它为学习者带来独特的知识组织形式与呈现方式，帮助学习者直观认识教师的教学风格、理解教师的教学经验，不论是 cMOOC 开发模式中的实时讲座，还是当今流行的微视频，它们均是慕课开发过程中重要的教学实践，“公正”“幸福课”等公开课资源亦证明了视频资源的重要性。但是，在慕课开发中，预设的教学构成了师生视域碰撞的起点，它构成了一种“符号”，是一种“传递”，真正的师生交互在于慕课的在线实施过程。

另一方面，集中于在线“课堂实践”的在线实施是慕课教学的重要组成部分，它是学习者生活与实践的体现，是学习者获得主体性、实践主体性的集中体现，汇聚了学习者的课程学习体验，是“共同活动着的人们”创造知识的过程。多元化的学习者既有满足个性化学习需要的诉求，又有在个人学习履历、个体生活经验上的课程理解。在特定的情境与事件中，教师在学习者建构知识的过程中积极参与互动，“知识成为师生合作工作的产物”[①]，慕课开发的过程是一个师生共同参与、不断建构意义、不断创造内容、不断反馈与提升的过程。

由此可见，教学过程本身就构成慕课开发的过程，是教师对预设内容的建构与展开环节，是教师与学习者在特定情境中基于自身理解而形成的课程体验过程：教师反思与学习者建构分别形成不同主体的课程，并在共同参与中使文本课程、体验课程相互转化、相互促进。所以，慕课开发与教学是互相包含、互相交织、互相促进的有机整体，并在主体的实践与参与、动态性与非线性的学习网络的连通中走向统一。

四、预设与创生的关系：连续中的辩证统一

一直以来，预设与创生一直是课程实施的重要问题，但是它并非课程实施的两极，而是连续中的辩证统一，慕课开发中预设与创生同样如此。

课程实施是课程开发过程的实质性阶段，它是将课程计划付诸实践的过程。[②]纵观课程发展历史，许多重大、深远的课程改革计划效果不理想或者夭折的原因就是对课程计划的实施过程关注极少。例如，20 世纪 60 年代美国以课程的现代化和科学化为目标的教育改革运动，最终以失败告终，因为“许多被认为是失败的变革计划实际上压根儿就没有实施过”，当人们系统反思时发现“只要课程变革计划完善就可以自然地在实施过程中达到预期结果”的假设受到普遍质

① 麦克·扬.未来的课程.谢维和，王晓阳译.上海：华东师范大学出版社，2003：34.

② 施良方.课程理论：课程的基础、原理与问题.北京：教育科学出版社，1996：128.

疑。[①] 因此，对课程实施过程关注太少是“学科结构运动”的最大反思结果。

但是，究竟该如何将课程计划付诸实践呢？这个问题牵涉课程实施不同取向，在课程领域中有三种课程实施取向：忠实取向、相互调适取向和课程创生取向。慕课实施需要在预设与创生的连续中辩证地展开。

预设是生成的前提，旨在促进更好地生成；生成是预设的超越和发展，是确定性中的开放与包容。没有充分的预设，就不可能产生有效的生成。那种不讲科学预设只求动态生成，或者不顾即时教学情景完全按预设教案施教的做法都是错误的。[②] 在慕课开发过程中，预设是不可或缺的环节。大规模的参与者、开放性随机进入式的选课方式，使得学习者在正式开设之前、开设之中大多可以注册课程，所以，教师需要预设学习者群体、学习者具备的基本能力，并据此制定课程计划，发布课程大纲、课程讲座等。但是，人本价值体现的慕课开发并不止于教师统一的预设，预设仅仅是慕课动态开发与创生的基础。

人本价值的慕课开发需要正视个性化的学习需求、多元化的学习背景、去中心化的沟通，以及不断演化的教学情境、教学事件等，它们是复杂的、开放的、多元的、差异的、自组织的，预设的计划难以适应动态演化，打破了有序而统一的课程开发。因此，慕课在线实施中需要教师反思课程计划、反思学习者需求，并根据动态演化进行调整、创造，在教师经验与学习者经验的对话与协商中建构与生成新的意义。

因此，预设与创生是慕课开发连续中的辩证统一。预设是为了更好地创生，而创生是预设的延伸与超越。处理好预设与创生的关系，是对教师与学习者主体性、创造性的重申，亦是对文本流动性、聚合性、生成性的认可，更彰显了慕课开发中严密性与开放性的辩证统一。

---

① 张华．课程与教学论．上海：上海教育出版社，2000：330.

② 宋秋前．新课程教学中应处理好的几个关系．教育研究，2005，(6)：74-78.

第七章

案例分析：对慕课“模型思维”开发的分析

本章以慕课“模型思维”开发为案例进行分析。该慕课已多次开设，选课人数具有大规模性，并且学习者对该课程有一定认可度，慕课“模型思维”具有典型性；同时，“模型思维”的开发在一些方面体现了视域融合指导下的优势，例如，具备教师、学习者、文本、情境的基本要素，在开发过程中注重分析学习者起点、了解学习者需求，并以课程设计与迭代、资源组织与文本共生、在线教学活动、学习支持服务、学习分析与评价推动“模型思维”开发，注重在生活化的情境中理解文本。基于此，本章选取慕课“模型思维”开发进行案例分析。但是，在视域融合指导下，“模型思维”慕课开发还存在一些问题，本书在视域融合指导下提出改进策略。

第一节 “模型思维”基本信息

“模型思维”（Model Thinking）由密歇根大学（University of Michigan）佩奇（Scott Page）教授开设，是Coursera平台上较早上线的课程，截至2017年7月，已开设多期，“班级”（当期课程学习者）人数达4万～5万。[①]

Coursera平台致力于提供“在网上免费学习全世界最好的课程”，Coursera平台首批合作的高校有斯坦福大学、密歇根大学等，后期合作院校拓展到世界范围内高校。据Class Central不完全统计，截至2018年，Coursera平台已有3271门慕课，[②]2016年已与全球28个国家的高校和企业合作，[③]涉及艺术与人文、商

① 此数据来源于“模型思维”第一单元第一次课程讲座（Why Model？）中教师的介绍．https://www.coursera.org/learn/model-thinking/lecture/X1icH/why-model[2017-07-24].

② Class Central.MOOCS Proviedrs. https://www.class-central.com/providers[2018-03-31].

③ 互联网教育．教育部：2016中国慕课行业白皮书．http://www.199it.com/archives/595454.html[2018-01-30].

务、计算机科学、数据科学、生命科学、数学和逻辑、个人发展、物理科学与工程、社会科学、语言学习等门类。

一、学习者对“模型思维”的评价

“模型思维”的学习者对该课程有一定认可度，但是，在学习体验中也有不同的学习诉求。

首先，从果壳网MOOC学院社区来看，学习者评分较高，并充满学习热情。“模型思维”在2017年7月1日果壳网获取数据显示，MOOC学院社区的综合评分为8.9分，其中知识量9.5分，教师参与8.6分，趣味性8.8分，课程设计8.9分；学习者在该社区分享笔记、发帖讨论、解决问题、组织线下活动等，充满学习热情。

其次，该慕课在Coursera平台上的评分较高——4.8分（总分是5分），这反映了学习者对该课程有一定认可度。

最后，根据“模型思维”学习者的体验，亦发现学习者对课程内容、授课方式等有一定认可度。

在调研中，学习过“模型思维”的学习者对该课程的评价如下：

> 这门课与实际生活非常贴近，有很多学员将课程中的理论应用到自己的国家以及个人生活中，写出了很多生动有趣的文章；老师及2～3人的研究生团队都会答疑解惑，这门课的教授非常专业，逻辑很清楚，思维很好，有种融会贯通的感觉。课程学习期间我还参加了一个线下的小组活动，大家互相不认识，但是因为共同的爱好聚在一起讨论问题，这种感觉挺好的。

Coursera平台上的学习者有这样的评价[①]，举例如下：

> 无论是经济学、社会学、心理学还是生态学，它都是一门很有价值的课程，可以帮助你捕捉到不同事物的新视角。与其他入门课程相比，这不是一个容易的课程，但是你可以从中学到很多东西。
>
> 该课程的突出特点是基于模型提供的直觉和实际例子。
>
> 这是一门很好的入门课，对许多不同模型的简短介绍，使人们完全明白了如何简化复杂的模型，促进思维，帮助人们更好地理解所做的选择，

---

① 摘自Coursera平台上“模型思维”的“评分与审阅”部分。https://www.coursera.org/learn/model-thinking/[2017-07-30].

并理解那些原本不太清楚的情况。

“模型思维”帮助我解释世界和我的周围。

这是一门启蒙课程，让我打开新的思维和生活方式，可以用无穷无尽的工具去思考。Page 教授提供的各种各样的例子是可信的。

果壳网 MOOC 学院社区中学习者有这样的评价①，举例如下：

非常生动、有趣、实用的一门课。课程进度合理、内容充实、例证全面，课后作业较好地巩固所学又不会累赘。从中学到了很多。

课程内容很丰富，囊括了社会学、心理学、统计学等知识，可以定义为一门交叉课程。

课程的内容相当丰富，介绍了大量适用于各种生活、学习、工作等领域的模型，并帮助学习者建立起模型思维的方式，以更好地理解这个世界。

老师的讲解非常好理解，深入浅出，每个模型都有很大启发。

贴近生活，大多都是一些经济学、数学的模型，个人感觉还是比较有趣的，对数学要求不高，上完后可以觉得生活中太多太多的东西都是一些模型的组合，赞！

在讨论区里提问，很快会有同学回答，这点也很好。

测验和考试都很简单，很容易拿证书。

但是，也有一些学习者表达了其他体验与诉求②，举例如下：

太浅显了，能在这个基础上更加深入一点就更好了。

缺乏深入，只适合入门水准。

数学模型只是浅尝辄止，未提到应用条件和局限；内容量太大了，每周的压力挺大；老师讲课有点枯燥。

课程持续时长实在太长，不过看到老师十分敬业地细致解说，还是坚持下来了。

希望能有后续的课程引入更前沿的学术内容，或是在课程中加入更多分析实际问题解决过程中的模型构建与综合应用。

---

① 摘自果壳网 MOOC 学院社区学习者对“模型思维”的评论 .http://mooc.guokr.com/course/82/Model-Thinking/review/[2017-07-30].

② 摘自果壳网 MOOC 学院社区学习者的评论 .http://mooc.guokr.com/course/82/Model-Thinking/review/[2017-07-30].

希望教师能提供更多的学习指导、问题解答。

由此可见，“模型思维”学习者对该慕课有一定认可度，但是，不同学习者也有差异化的学习诉求。

二、“模型思维”主要模块

本书研究选取2017年7月24日—10月22日的班次。在课程周期内一次性将课程内容、资源、测验等全部放在平台上，但是各单元测验完成时间给予时间期限，逾期则不能完成测试，直接影响课程证书的获得。

“模型思维”共12周课程（包括期中考试周与期末考试周），具有清晰的导航结构。进入课程页面之后，在左侧能看到课程的主要模块，包括课程主页、成绩、论坛、资源、课程信息，分别导航进入课程不同的部分。课程主页主要包括从第1周到第12周的概述、视频讲座等内容型结构；成绩主要包括每一周课程的试题，以及截止时间、权重、是否通过、成绩等说明，并能够提示当前已经通过作业情况；论坛主要包括课程讨论区的五大模块，在讨论区中学习者能够获得帮助，以及积极参与课程讨论；资源主要包括课程被CC协议授权的一些网站等资源信息；课程信息中包括了课程简介、教师及学校信息、教学大纲、考试要求等内容。

第二节　“模型思维”开发的思路

“模型思维”开发的课程目标、组织架构，反馈、讨论与分享，以及课程成绩构成等反映了其整体开发思路。

一、课程开发的目标

“模型思维”的课程目标定位为：培养学习者具有模型思维，帮助学习者更好地组织信息、处理复杂状况、提高对事情发展的预测能力，并采取更有效的策略做出更好的决定。

二、课程开发的组织架构

“模型思维”以特定的模型或“模型类”为主题，每周主讲两个主题，每一个主题包括 4 ～ 7 个微视频、阅读材料、网站链接等，每个视频时长有 8 ～ 15 分钟；在大多数微视频中，穿插一两个课间提问，以促进对知识的理解。每周有一次包含更多挑战性问题的单元测验。

“模型思维”课程大纲呈现了课程的整体进度，体现了课程框架结构设计及课程内容的组织，并在其中概述本周研究的模型，提供阅读材料与网站链接，表 7-1 以第二周课程为样例展示课程大纲，表 7-2 呈现了“模型思维”课程大纲的整体布局。

表 7-1　“模型思维”第二周课程大纲样例

周次与主题	单元内容概述	微视频与阅读资源	扩展阅读材料
第 2 周 聚合；决策模型	在本节中，我们将探索聚合（aggregation）的奥秘，即将事件累计。我们首先考虑数字是如何聚合，重点是中心极限定理。然后了解合计规则。我们讲解生命游戏和一维细胞自动机模型。这两类模型展示了简单的规则如何组合起来产生有趣的现象。最后，我们讲解聚合偏好。 网络上有许多地方可以阅读更多关于中心极限定理、二项式分布、六西格玛、生命游戏等等。任课老师提供了一些链接以便于你学习的开始。细胞自动机和多元化偏好的阅读材料部分是《复杂适应社会系统》和《区别》的简短摘录	12 个视频 Aggregation Central Limit Theorem Six Sigma Game of Life Cellular Automata Preference Aggregation Introduction to Decision Making Multi-Criterion Decision Making Spatial Choice Models Probability：The Basics Decision Trees Value of Information 1 个阅读内容 Decision Models	本周第一个主题有 3 个网站链接和 3 份阅读材料 3 个网站链接： Central Limit Theorem（中心极限定理）； Binomial Distribution（二项式分布）； Six Sigma（六西格玛） 3 份阅读材料： (1)modelthinking_02.01 cellular_automata_1.pdf； (2)modelthinking_02.01_cellular_automata_2.pdf； (3)modelthinking_02.01_diverse_preferences.pdf 本周第二个主题有 3 份阅读材料： (1)modelthinking_02.07_multi_criteria_decisionmaking.pdf； (2)modelthinking_02.07_spatial_models.pdf； (3)modelthinking_02.07_decision_theory.pdf

表 7-2　“模型思维”课程大纲布局

周次	主题	微视频与阅读资源	扩展阅读材料（PDF 或网站链接）
第 1 周	为什么要运用模型？分类和同群效应	12 个视频，6 个阅读内容	本周第一个主题有 2 份阅读材料；第二个主题有 3 份阅读材料和 1 个工具（NetLogo）的下载链接
第 2 周	聚合；决策模型	12 个视频，1 个阅读内容	本周第一个主题有 3 个网站链接和 3 份阅读材料；第二个主题有 3 份阅读材料
第 3 周	人类模型：电子思维；分类与线性模型	12 个视频，1 个阅读内容	本周第一个主题有 1 个“行为经济学初级读物”网站链接（Short Primer on Behavioral Economics）；本周第二个主题有 2 份阅读材料

续表

周次	主题	微视频与阅读资源	扩展阅读材料（PDF 或网站链接）
第 4 周	临界点；经济增长	13 个视频，1 个阅读内容	本周第一个主题有 2 份阅读材料；第二个主题有 1 份阅读材料
第 5 周	多样性和创新；马尔可夫过程	10 个视频，1 个阅读内容	本周第一个主题有 1 份阅读文献；第二个主题有 1 份阅读文献
第 6 周	期中考试		
第 7 周	李雅普诺夫函数；协调和文化	11 个视频，1 个阅读内容	本周第一个主题有 1 份阅读材料；第二个主题有 2 份阅读材料与 1 个网站链接
第 8 周	路径依赖；网络	10 个视频，1 个阅读内容	本周第一个主题有 1 份阅读材料；第二个主题有 1 分阅读材料（网站链接）
第 9 周	随机性和随机游走；上校赛局	11 个视频，1 个阅读内容	本周第一个主题有 1 份阅读材料；第二个主题有 2 份阅读材料
第 10 周	囚徒困境和集体行动；机制设计	9 个视频，1 个阅读内容	本周第一个主题有 3 份阅读材料；第二个主题有 2 份阅读材料
第 11 周	学习模型：模仿者动态；预测和众多模型思考者	8 个视频，1 个阅读内容	本周第一个主题有 2 份阅读材料；第二个主题有 1 份阅读材料
第 12 周	期末考试		

三、课程反馈、讨论与分享

课程的反馈、讨论与分享主要依据讨论区实现。课程讨论区旨在“提问问题、辩论思想，并寻找与您有共同目标的同学”，鼓励学习者积极反馈、分享意见、问题讨论，并能够结识志同道合的学习者。讨论区专门设置“相互认识”版块，可以介绍自己的学历背景、自己在课程中的期待。

“模型思维”课程讨论区有 5 大版块，以不同版块的讨论使内容更加聚集。讨论区除“相互认识”版块外，还有：①访问问题（accessibility issues）。讨论学习者在课程访问中的问题。②一般讨论（general discussion）。讨论其他论坛之外的事情，通常是关于课程、生活及其他的一般性讨论。③课程材料的错误（course material errors）。讨论在讲座、作业、评分和其他课程材料中的错误，并帮助教师团队修订课程。④每周论坛。从第 1 周到第 12 周共 12 个子版块，是关于本周内容的讨论与提问。

其中，最活跃的讨论区是每周论坛。截至 2018 年 3 月，从讨论区的统计数据来看，访问问题有 26 个主题帖，一般讨论有 62 个主题帖，课程材料的错误有 65 个主题帖，相互认识有 171 个主题帖，每周论坛有累计 510 个主题帖。

需要说明的是，不同地域的学习者可能基于自组织参与不同的社区进行讨论、分享。例如，国内许多学习者基于果壳网 MOOC 学院的不同社区讨论：在

“讨论和笔记”社区，分享学习笔记与学习心得、问题解答、案例讨论、组织课下讨论小组等，并支持图文并茂的表达；在“课程”社区，发表课程学习评论，据不完全统计有 193 位学习者发表课程评论。[①]

四、课程成绩构成

“模型思维”成绩由每一周的单元测验、期中考试和期末考试构成，而嵌入视频中的课间提问并未记入总成绩，课程无同伴互评作业。课程要求学习者需要通过每一次测验和考试，每一周的测验均设置有时间期限，要求学习者必须在此时间节点之前完成，例如，第一周测验，必须在“2017 年 7 月 30 日，晚上 11：59 之前提交”，而答题次数允许每 8 小时回答 3 次。

“模型思维”按照如下方式计算课程总成绩：10 次单元测验（共占 50%）+2 次考试（共占 50%）。其中每一次单元测验都占总成绩的 5%，共 10 次，并且每次测验需要达到等级要求（至少 75%）；期中考试包括前 5 周课程内容，期末考试包括后 5 周课程内容，两次考试均允许多次回答。在这些测验与考试中，均将最高分数作为唯一成绩。

第三节　“模型思维”开发的优势

“模型思维”开发的优势主要表现在：教师、学习者、文本、情境四要素构成基本因素；在开发过程中，注重分析学习者起点、了解学习者需求，以课程设计与迭代、资源组织与文本共生、在线教学活动、学习支持服务、学习分析与评价推动“模型思维”开发，并注重在生活化的情境中理解文本。

一、教师、学习者、文本、情境构成开发要素

教师、学习者、文本、情境构成了“模型思维”的开发要素，是推动该课程开发的核心因素。

“模型思维”的教师团队由一位主讲教师与七位助教、社区助教组成。他们参与讨论区的责任是：回答学习者遇到的问题，在社区讨论引导、激发观点碰撞；此外，社区助教还有责任根据学习者讨论情况为主讲教师提供反馈。通过课程讨论区页面不完全统计，八百多条帖子中有教师团队参与，而每条帖子均有若

① 统计日期截至 2018 年 3 月。http://mooc.guokr.com/course/82/Model-Thinking/review/[2018-03-31].

干名学习者的参与。

学习者是自主学习的主体，是文本理解的主体。“模型思维”学习者积极参与课程讨论区，积极参与果壳网 MOOC 学院的社区，他们积极分享自己的笔记，提出学习中的困惑，积极回应其他学习者的困惑，有的学习者还基于实体临近的地理位置自发组织线下的讨论小组，共同研讨学习问题。例如，广西某高校的学习者组织校内讨论活动，参与讨论的学习者有 6 人，活动的内容主要涉及“模型思维”的理解、数学模型的案例的分析、建模软件 NetLogo 的使用、对课程视频中问题的延伸讨论以及“三门问题”（Monty Hall problem）等讨论。[①] 学习者在基于个人体验的理解之上，推动文本生成，构成了课程开发的要素之一。

“模型思维”文本包括教师提供的微视频、阅读材料、网站链接等预设性文本，这些预设性文本构成了学习者理解与建构的基础，促进学习者主动学习与文本建构。基于预设性文本，学习者积极分享学习观点、学习收获，讨论学习困惑，解答他人疑问等，助教团队也分享笔记、回答问题、鼓励其他学习者参与等，促进文本的生成。例如，在课程讨论区有学习者提出学习“三门问题”的困惑与观点，课程助教与其他学习者均参与回复，共有 24 人次回复、148 人次浏览查看。在回复中，有学习者针对这个问题做了一个快速模拟，并提供了下载的网络链接；有学习者提供了用“随机变量”解决问题的思路；有学习者说自己用“PASCAL 程序”来模拟这个问题，并说明具体操作的方法；有学习者直接提供了解释这一问题的网络链接；有的学习者直接指出不同意发帖者的理解，并解释了自己的理由；在不同意见出现之后，讨论区又出现了一番争论。讨论与争辩的过程正是文本生成的过程，在这个过程中，学习者之间形成循环、交叉回复与观点阐明，课程助教也会给出学习建议。

“模型思维”的情境主要是基于案例，除此之外，也有讨论区学习者不同观点争辩生成的情境，还有阅读材料形成的情境以及建模软件 NetLogo 建构的情境。案例情境贯穿于微视频授课的始终，并在讨论区中广为引用。例如在解释“马尔科夫模型”时，教师以学习状态的专注与走神情境举例引导

> 学生有两种学习状态——专注和走神，但是，专注听课的学生可能接下来会开始走神，而那些走神、甚至昏昏欲睡的同学也可能接下来会精神抖擞、集中精力专心听讲。现在假设 20% 的专注听课的学生开始走神，但是也有 25% 原本走神的同学开始专注……

① 此案例来自果壳网 MOOC 学院社区 . https://mooc.guokr.com/post/611035/ 与 https://mooc.guokr.com/post/611147/[2017-07-30].

教师以此设置情境，并引入“马尔科夫模型”的应用过程与精髓。

二、注重分析学习者起点与了解学习者需求

一方面，“模型思维”对选课的学习者提出了明确的学习起点要求：需要能够熟练使用基本代数；不需要微积分方面的知识，但是如果能“从概念上理解导数是如何表示某点斜率”，会对课程的学习非常有帮助。另外，课程要求学习者投入课程的学习时间是 4 ～ 8 小时 / 周。

另一方面，课程通过调查问卷的形式与学习者沟通。在课程学习之始、课程结束之后，通过调查问卷了解学习者的学习需求以及课程改进方向。

（一）课程之始的问卷调查

课程之始的问卷调查重在了解学习者学习背景以及对该课程的兴趣，试图基于调查问卷沟通共同的课程与教学目标。问卷主要围绕三大类问题：学习者基本情况、慕课的学习经历与对该课程的学习期望、学习者对该课程的预期行为与能力储备。

第一，学习者基本情况的调查。主要包括学习者性别、种族、国籍、学位、是否是学生、英语水平、技术能力、就业状况等。

第二，慕课学习经历、选择该课程的原因与期望。主要包括是否学习过 Coursera 或 edX 平台上的慕课、学了多少门、最好的慕课是什么、为什么是最好的慕课等；此外还有调查学习者选择本课程的原因：有助于在学校取得进步、对密歇根大学提供的课程感兴趣、对课程内容感兴趣、对教师感兴趣、有助于专业发展等。课程还调查学习者对这门课的期望：攻读课程内容、完成部分课程作业、完成所有课程要求、获得证书等。

第三，学习者对该课程的预期行为与能力储备。主要包括计划每周在该课程上花费的时间、目前针对该课程的知识水平情况、学习这门课程有多大信心、是否是作为团队或团队的一部分参加这门课程等。

（二）课程结束之时的问卷调查

在课程结束之后，课程团队为了加强和改进在线教与学的经验，制定调查问卷，主要是调查学习者在该课程学习过程中的经验等具体问题。主要包括以下方面。

第一，学习者对课程的整体评价。如课程优秀的程度、教师优秀的程度、课程学习愿望的强烈程度、实现个人学习目标的程度、通过课程讲座能感觉到与教师的联系的程度等。

第二，学习者对课程内容及资源的评价，如对课程大纲及其他扩展性资源、课程视频、字幕、幻灯片、讨论区、推荐读物等方面的评价，以及对嵌入式练习、作业与考试的评价。

第三，对学习者阅读课程材料、在线学习行为的调查。调查阅读课程材料的方式与频率，如自己独立阅读或者在线下、线上的学习小组中，或者通过该课程结识的学习小组中；调查学习者之间联系的方式、平均每周花费在课程上的时间。

第四，调查学习者对课程任务量的评价，如课程负担、课程速度、课程难度（与其他同类慕课相比或者与自己最初的期望相比）。

第五，调查学习者的学习收获，如课程使学习者对学习新东西更有信心的程度、获得证书（或同等学力）的动机程度、对自己支配学习时间的满意程度、希望通过这次课程来找到工作的程度、这门课使自己工作上表现得更好的程度、希望这门课程能使未来的学术课程表现更好的程度。

第六，调查学习者如何在本地、面对面的学习环境中应用所学的内容和技能的程度，例如把课程内容应用到生活中、从别人的角度看世界、分析和综合信息/数据、解决现实世界的问题、与他人的文化背景接触、在新的学习机会中运用先验知识、将技能转移到多个情境中、与他人合作、讨论和协商有争议的问题等。

第七，调查学习者学完此课程之后的下一步打算，例如未来重新复习课程材料、申请密歇根大学、今后是否还要进一步探讨这个课题、向朋友推荐这门课程、学习另一个在线课程或慕课、参与老师的另一门在线课程、参与密歇根大学的另一门在线课程。

此外，笔者还调研在多大程度上会将这门课程推荐给目前或未来的教育机构、现在或未来的雇主；对该课程整体有什么建议。

三、以慕课开发活动推动“模型思维”开发

“模型思维”开发是课程设计与迭代、资源组织与文本共生、在线教学活动、学习支持服务、学习分析与评价“五大开发活动”共同推动的过程。

（一）课程设计与迭代：基于网络学习特性的文本表达

“模型思维”的课程设计主要体现在内容设计与内容迭代。该课程内容设计

充分考虑了网络学习的特性，将以微视频为主的课程内容设计成“随时进入”式的，被教师比喻为“动物园式的旅行”（a trip to the zoo），每个模块集中讲述一个或一类模型，从一个模块到下一个模块之间有一定关联，但又相对独立，学习者可以随时进入，并根据自己的兴趣选择自己喜欢的内容，组成了非线性的渐进，更加适合学习者根据需求选择学习；并以案例情境融入教学。课程设计的迭代主要体现在资源方面：“模型思维”已开设多期，讨论区生成了丰富的、学习者理解的文本，当期的学习者能够看到往期学习者的讨论情况、文本分析情况，实现了资源的迭代。

（二）资源组织与文本共生：多元化与生成性

“模型思维”提供了微视频、阅读材料（如 PDF 格式文档）、开源性材料（如网站链接）等多元化资源，微视频是核心资源；同时，在课程开发过程中，助教还将带有教学注释的教学笔记发布在讨论区，作为补充性资源；学习者与教师在讨论区的讨论过程与结果构成了生成性资源。

第一，微视频以主题之间并列、主题内部承接促使文本表达模块化，而“教师头像 +PPT+ 板书”的呈现形式增强教学临场感。

“模型思维”每周两个主题，主题之间相对独立，构成了并列关系；并以文本概述本周内容，形成对两个主题的整体性认识，在接下来的视频与阅读材料中，围绕主题深入解释是什么、为什么、如何使用模型等细节，并借助于案例进行说明，或补充相关内容等，形成知识点的递进与深入；另外，知识点之间的视频承接，既实现了对上一个知识点的总结，又开启了下一个知识点的概述，实现了碎片化知识的有效连接，构成了模块完整的知识链条。微视频呈现方式采用的是“教师头像 +PPT+ 板书”形式，学习者既能够看到教师，又能看到教学内容，同时，当遇到复杂内容或重点、难点时，教师在 PPT 上现场板书，促进学习者理解。

第二，及时补充教学笔记、课程阅读材料等，促进学习者巩固。

在各周的论坛中，社区助教会发表本周的“教学笔记”（note），教学笔记保留着教师在视频讲解过程中的注释、板书，帮助学习者系统整理本周不同主题的教学内容；保留注释、板书印记，帮助学习者回溯课程的重点、难点等，再现课堂情景。有学习者评价说：

> 笔记在深刻记忆和完成 quiz 方面对我这种比较健忘的家伙是有很大帮

助的，否则到中间会发现有很多术语的内容记不得，还要回去翻视频。[①]

另外，教师团队根据学习者需求及时补充学习者需要的阅读材料，促进学习者对问题的深入理解。例如，在第二周论坛中，教师根据学习者的问题，提供了一篇题为“预测细胞自动机”（Predicting Cellular Automata）PDF 格式的文章地址链接。

第三，学习者之间、学习者与教师之间的讨论促进文本生成。例如有学习者在讨论区提出“隔离模型”（Segregation Model）关于两个阈值的疑问，并举例提出问题：“当有两个阈值时，模式将会是什么样子？”接下来包括助教在内共有 11 人次回复这个问题、65 人次查看，有的学习者表达了对提问者的赞同，并举例说明自己对问题的思考；有的学习者针对问题进行原始模型与修改模型的比较，并得出自己的结论；有的学习者详细表达自己的观点，并列出自己推演的过程；也有学习者对已有观点评论，提问者也在不断讨论中进一步表达自己的理解，助教也参与其中。总之，以学习者开放的提问、学习者多元的视角，将聚集于某一问题进一步阐明、升华，生成新的文本。

（三）在线教学活动：以讨论、分享、总结为主

“模型思维”的教学活动，除了以微视频为主的“教”的活动之外，在线教学活动主要集中于基于课程讨论区的讨论、分享、总结。

讨论区以不同版块分别设置了不同的讨论主题，其中 12 个周论坛最活跃。通常是学习者发帖提出在课程学习中的困惑，其他学习者提出自己的理解或观点，教师团队在这个过程中引导、回答、给出建议等。

除讨论活动之外，助教组织期中考试复习、期末考试学习指南的讨论活动，为学习者提供期中、期末总结，并解答学习者的问题。

此外，助教还分享每周的教学笔记，教学笔记包含教学内容以及教师在讲解过程中的注释笔迹，在此基础上可进一步引导学习者讨论。例如，助教在讨论区发布了第八周的教学笔记，学习者提出疑惑：他认为教学中提到的两个相关内容应该是“排斥”关系。针对这一质疑，助教回应为什么会产生这样的错误认识，并进行解释引导其正确理解；也有学习者以网络链接提供了一篇解释此问题的论文。

---

① 摘自果壳网 MOOC 学院社区的评论 . http://mooc.guokr.com/course/82/Model-Thinking/review/[2017-07-30].

（四）学习支持服务：兼具技术支持与人际支持

该课程的学习支持服务既有技术支持，又包括人际支持。

第一，在技术支持方面，主要基于 Coursera 平台提供电子邮件提醒、学习进度提示、多入口的讨论区等，并推荐了建模软件 NetLogo 的使用。

电子邮件提醒主要发挥学伴、助教导学或提示的功能，提醒注意事项、时间节点等内容。例如，一位学习者在完成第二周的周测验期间，在 8 小时内提交了 3 次[①]，但是成绩仍然没有达到 75% 的基本要求，这意味着欲通过本周测验需要在 8 小时之后重试。因此，一封标题为“不要放弃”的电子邮件提醒学习者作业提交规则，并给予鼓励，主要内容是

您正在处理具有挑战性的作业，并在完成中取得进步。我们鼓励您继续加油！提醒您：如果您的作业尚未通过，可一直重新提交，并且不会扣分，我们也可帮助您重新审阅作业。

学习进度提示工具能够帮助学习者看到已完成的进度（若全部完成则有“√”表示）、正在学习的进度以及完成学习进度需要的时间，图 7-1 提示第 1 周已经完成，第 2 周完成估计还需要 2 小时 33 分钟。

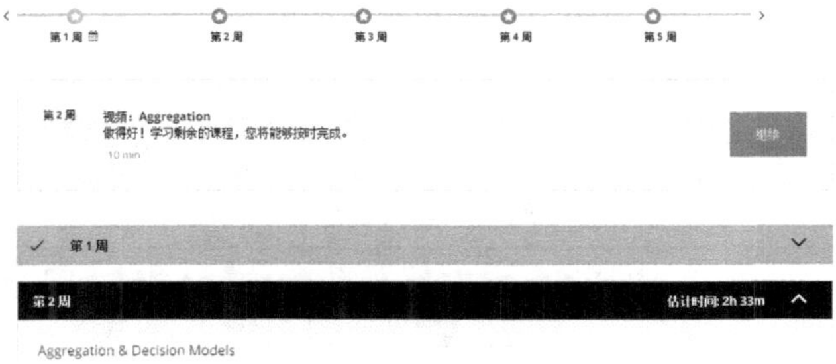

图 7-1 “模型思维”学习进度提示

多入口的讨论区设置帮助学习者及时发言。例如，课程导航页面中左侧有“讨论区”按钮；进入某一周课程学习时，在页面上方有“本周讨论区”；学习者在观看视频过程中，在视频下方提示“是否有问题？在周论坛中讨论此课程视频”，点击此链接可以关联到周论坛。

讨论区提供了主题搜索、排序等工具，能够以最新、最热门或尚未回答等

① 该课程允许每 8 小时回答 3 次。

排序方式看到不同主题帖的顺序。

另外，作为平台之外的工具，教师提供了 NetLogo 软件的免费下载地址、软件使用信息、软件使用视频。该软件提供了多智能体的编程建模环境，实现可视化，促进学习者对模型的理解。

第二，教师团队提供的人际支持，主要集中在课程讨论区的参与。

在讨论区中，主讲教师及助教、社区助教均会参与。例如，在第二周论坛中，有学习者提问："当我们讨论细胞自动机模型中出现的复杂性或随机性时，种子是否重要？一些理论与朗顿 λ（Langton's Lambda）能进行比较吗？"主讲教师 Scott E Page 回答"你提出了一个很酷的问题。Wolfram 按他们从单一细胞开始做的分类。人们也可以根据他们在所有起点上的'平均'做分类。或者，可以用'最坏的情况'来分类规则——它对任何起点都有最高的级别。这里的链接是我与以前的学生 Jameson Toole 合写的一篇文章，他现在在麻省理工学院，或许文章也能给你帮助。"并提供一份 PDF 文件。在接下来的讨论中，社区助教、提问者、其他学习者共同参与的讨论共有 14 条帖子，同时，在讨论中还提供相关文献、相关内容的参考。在 8 位教师团队中，最活跃的是 Rosalie Cavallaro，他参与讨论的帖子数为 908，其中获"赞"数为 324。[①]

（五）学习分析与评价：以多次提交与系统反馈增进理解与反思

"模型思维"中学习分析与评价主要体现在单元测验、期中考试和期末考试、视频的嵌入式练习的回答与反馈中，这些题目由客观题组成，均是系统自动反馈，详见表 7-3，它们以"无限次提交"与系统反馈增进理解与反思。

表 7-3 "模型思维"嵌入式练习、作业与考试

时间	每周测验			嵌入视频的课间提问		
	数量	题型	评价方式	数量	题型	评价方式
第 1 周	6	4 个单选题，1 个多选题，1 个填空题	系统自动评价	8	均为单选题	系统自动评价
第 2 周	8	4 个单选题，2 个多选题，2 个填空题	系统自动评价	8	7 个单选题，1 个填空题	系统自动评价
第 3 周	10	8 个单选题，1 个多选题，1 个填空题	系统自动评价	9	均为单选题	系统自动评价
第 4 周	9	4 个单选题，1 个多选题，4 个填空题	系统自动评价	10	均为单选题	系统自动评价

① 此数据截至 2018 年 3 月。https://www.coursera.org/learn/model-thinking/[2018-03-31].

续表

时间	每周测验			嵌入视频的课间提问		
	数量	题型	评价方式	数量	题型	评价方式
第 5 周	6	4 个单选题，1 个多选题，1 个填空题	系统自动评价	8	均为单选题	系统自动评价
第 6 周 期中考试	14	13 个单选题，1 个填空题	系统自动评价			
第 7 周	10	9 个单选题，1 个多选题，	系统自动评价	7	均为单选题	系统自动评价
第 8 周	10	4 个单选题，1 个多选题，5 个填空题	系统自动评价	5	均为单选题	系统自动评价
第 9 周	8	7 个单选题，1 个多选题	系统自动评价	27	19 个单选题，7 个多选题，1 个填空题	系统自动评价
第 10 周	9	3 个单选题，4 个多选题，2 个填空题	系统自动评价	18	12 个单选题，5 个多选题，1 个填空题	系统自动评价
第 11 周	6	4 个单选题，2 个多选题	系统自动评价	18	12 个单选题，6 个多选题	系统自动评价
第 12 周 期末考试	13	12 个单选题，1 个多选题	系统自动评价			

一方面，每周单元测验与考试均允许多次提交。以第一单元测验为例，共 6 题，每题 1 分，共计 6 分。当学习者第一次提交时，得 4 分，则系统显示“4/6 分（66%）”，没有达到要求的 75%，则学习者可以参考反馈提示进行下一次答案的提交；当下一次提交时，则题目不变，而题目中选项的位置会发生调整，以检测学习者对题目的理解及对课程教学内容的掌握情况。当多次提交答案，且成绩不理想时，系统会提示“应该好好复习课程内容”。当成绩超过 75% 时则提示“恭喜！您通过了”！

另一方面，平台系统自动反馈信息。反馈信息由课程开发团队提前根据题目而进行编辑，借助于慕课平台呈现。在“模型思维”中，无论学习者回答正确或回答错误，系统均反馈相应的信息，增进学习者理解与反思。

例如，在第二周测验中，填空题：“How many possible preference orderings exist for four alternatives? These orderings must satisfy transitivity. Write only your final answer（Do NOT enter your calculations）.”学习者没有回答此题，提交答案时，系统反馈“您提交的不是数字”；当学习者回答“64”，并提交答案之后，则系统反馈“不正确回答”，并给出运算过程以及知识点所在的章节：

Any of the four could be ranked first.

This leaves three to be ranked second，two to be ranked third，and only one left to be ranked last.

So the total possible preference orderings equals 4×3×2×1=24.

[See 3.6，Preference Aggregation]

另外，当作业提交之后，均可以查看“最新提交内容”，点击此按钮之后，则将看到最近一次提交的内容与反馈，全面看到测验完成情况与试题解答情况。

需要说明的是，每一次提交测验之前，必须选择作业完成的“荣誉准则”，其目的是既保护学习者在Coursera平台上的工作的完整性，同时又要求学习者“提交他们自己的原始作业，避免与他人分享答案，报告可疑的违规行为”，增进作业与考试诚信。

四、基于生活化的情境促进文本理解

主讲教师佩奇（Scott Page）教授具有复杂系统的研究背景，课程讲授中的实例多取自社会现象，以丰富的案例将碎片化的“模型”进行表达，有学习者评价这种处理方式“在理论与实际应用之间选取了一个较好的平衡点，每一个概念都有理论基础与应用实例”①。

因此，在微视频教学中，教师以大量的社会、生活、学习、工作中的案例作为佐证，将模型、思维与现实结合进行表现，帮助学习者了解“模型”，促进思维训练。例如，在第二周讲解“多准则决策模型”（Multi-Criterion Decision Making）时，教师举例“密歇根民权倡议”（Michigan Civil Rights Initiative），教师提到：

这实际上是一次针对全州雇主——包括大学，不可以对女性、少数族裔存在偏见的全民公决。当时我与Liz Suhey合作，我们整理了一套决策理论指南来协助大家做这个决定。关于我们是帮助还是损害女性，以及社会凝聚力、成绩奖励、局限性等，我们撰写了一份指南梳理了结果以支持或反对密歇根公民权利倡议。每个人可以浏览每个维度，然后确定‘支持’或‘反对’，然后统计所有的列数，结果发现，我有四个理由支持它，有两个理由反对；或者有人看了这些内容之后考虑每个维度，并最终决定应该反对它并去投反对票。所以这个指南帮助大家意识到每个维度，权衡两个

① 学习者在果壳网MOOC学院社区的评论. https://mooc.guokr.com/post/464672/[2017-07-30].

维度上的选择，然后做出更加明智的选择。

在这一案例的阐释中渗透“多准则决策模型”的“权衡”思想。在第三周讲解“分类模型”（Categorical Models）时，以“亚马逊是否值得投资”为案例，提出不同人的观点，在此基础上教师提出“怎样对事物分类，将会影响对这些事物的思考，还会影响所做出的决定”，渗透主题观点，并以“为什么食物卡路里的高低不同”为例，进行验算、推理、验证分类模型的“数据与目标的关系”。在第四周讲解“渗透模型”时，以“如果有水流下来，是否会渗入地面”的论题展开，教师分类提出研究假设，分别推演论证，得出结论“若积累到一定程度则会渗透”；并进一步解释此模型的应用案例，如森林火灾模型、银行渗透模型、信息渗透等，促进学习者对模型的理解。有学习者评论道：

> 前三周的课程里面，个人觉得比较有意思的内容有：为什么一小撮危险分子会导致大的社会变革，怎么理解剧场观众站起来鼓掌的行为，明明种族歧视问题已明显改善但为什么美国还是有白人社区、黑人社区等。①

“模型思维”用案例营造了生活化的情境，基于情境描述、提出问题、分析问题、解决问题，将模型思维渗透于问题解决与知识迁移中，促进学习者在学习过程获得组织信息、处理复杂状况的“模型思维”。

第四节　“模型思维”开发的问题

本书基于视域融合的指导，结合“模型思维”的开发情况，发现“模型思维”开发中主要存在的问题有：过度注重课程设计的预设性，缺失学习者主体性与迭代；缺乏在线教与学活动与触发事件，影响课程生成；社区交互缺乏知识网络的连通机制，教师引导不足；课程团队的学习支持不足，缺乏“学伴”引导；目标导向与学习评价单一，缺乏主体参与及个性化反馈；课程活动与要素之间缺乏有机互动，过程性与生成性不足。

① 学习者在果壳网 MOOC 学院社区的评论 . http://mooc.guokr.com/course/82/Model-Thinking/review/[2017-07-30].

一、过度注重课程设计的预设性，缺失学习者主体性与迭代

（一）过度注重课程教学目标，忽视学习者学习目标

“模型思维”课程提供了丰富的课程内容，包括20个主题、108个微视频，而且视频中案例丰富，生动地讲解复杂模型。但是，从开发过程来看，课程在教师预设的课程设计方案中一气呵成，尽管有对学习需求的分析，但是仍然按照课程开发之前假设的学习者进行课程开发，教师围绕预定的课程目标组织课程；学习者仅仅作为第三方的旁观者观看视频、阅读材料、在讨论区讨论问题，并未充分发挥学习者的主体性。因此，有学习者认为“课程偏讲座性质，偏简单”，“模型思维”开发成为“讲座+测验+讨论区”的形态；另外，也正是忽视了学习者主体性的发挥，在课程设计中缺乏迭代——缺乏当前课程周期内的迭代。学习者在讨论区提出的问题、在视频讲解中发现的问题，并没有成为修改完善课程的动力。例如，在第二周的微视频讲解中，有学习者认为应该“四个相邻”，而教师描述为“三个相邻”，这一问题在讨论区引起学习者争议（有的解释是3个，而有的论证为4个；共48人次浏览、8人次回复问题），但是教师团队既未参与此次讨论的回复，也没在微视频或课程中进一步解释或修订。此外，课程也缺乏不同周期内的迭代。对比当期课程与2014年12月—2015年3月期间的课程开发情况，微视频、整个课程开发模式均缺少调整。

（二）统一的课程内容、单一的授课方式难以满足个性化学习需求

对于学习者而言，其对课程难易程度、课程深度的认识并不一致。有学习者认为“模型思维”是一门“优秀的、有深度的模型课程”、“一门有趣但很难的课程”，但也有学习者认为，课程“对‘模型’缺乏严格的界定，使概念‘模糊’”、“一些特定的模型被描述得过于笼统”、“它对大多数模型没有很深入的描述”[①]；“太浅显了，希望能深入分析”、“课程内容难度太低（中学数学知识概论课程水平），缺乏深入，只适合入门水准”、“每种模型浅尝辄止，结构比较零碎”、“很简单的一门课”；也有学习者认为：“课程难度适中，展现了另一个角度下思考的世界——用模型对日常生活中的一些事情进行分析。”[②]

然而，统一的课程内容忽视了学习者差异化的学习诉求。

同时，单一的授课方式与“教师头像+PPT+板书”的表现形式使学习者感

---

① 摘自coursera平台上“模型思维”的评论。

② 摘自果壳网MOOC学院社区学习者评论. http://mooc.guokr.com/course/82/Model-Thinking/review/[2017-07-30].

到枯燥。有学习者反映“内容量的确有点大，学到的东西还是不少的，老师上课比较枯燥”、“课程确实很能开拓人的思维，只是上课蛮枯燥的，内容比较充实，完成可能在时间上有一点紧张，总体还不错”、“广度学习非常有收获，虽然会有一些枯燥，但是干货满满”[①]；访谈中学习者谈到，单一的视频授课方式使学习者“看视频学习容易走神”。微视频的授课方式还有很多种，如课堂教学实录、对话、访谈、讨论等不同的方式，让视频表现更加有活力，也能激发学习者在思考和创造力方面的潜力。

由此可见，“模型思维”的开发理念仍然侧重于基于微视频的、教师单向的内容发布，教师依据课程公告对学习者预设，进行视频内容的组织与编制，忽视不同程度、不同知识背景的学习者的需求，忽视学习者主体性发挥，难以顾及学习者的学习起点与学习目标的实现，忽视了学习者差异化学习需求。

二、缺乏在线教与学活动的触发事件，影响课程生成

组织在线教学活动、以事件创设情境是促进慕课动态在线实施的关键，而简单将观看视频、参与论坛、完成测验等同于在线教学活动正是当前慕课开发的误区，“模型思维”开发中的在线实施亦存在此问题。

“模型思维”课程大纲给出了视频讲座、阅读材料的安排，但缺乏在线教学活动的设计与组织，尽管视频讲座在慕课开发中具有重要位置，但它作为学习者建构的境脉，是慕课开发的开始，而不是慕课开发的唯一，更不等同于慕课在线教学活动的实施。学习者的学习活动主要是自组织观看视频，当遇到问题时在课程讨论区讨论，并完成测验与作业，视频讲座、讨论、测验俨然等同于慕课在线教学活动。但是，基于讨论区的讨论、分享仅仅是教学活动的一部分，慕课开发中需要教师能够组织一些促进学习者知识学习与迁移的教与学的活动，实现教师与学习者的共同建构与意义生成，实现学习者个性化的学习成长。此外，尽管在论坛模块中教师鼓励学习者之间相互认识、找到志同道合的学习伙伴，但是论坛模块不能等同于协作学习活动的组织。协作学习活动具有更为明确的愿景、任务与学习分工，它体现了学习者在协作过程中的共同探索、发现、协商以及共享等。

总之，“模型思维”忽视在线教学活动的组织与重要意义，缺乏对学习情境的触发，还需要强化在线教与学活动的触发事件，增强在线学习情境的创设，促进学习者的自主建构与协作建构。

---

① 摘自果壳网 MOOC 学院社区学习者评论 . http://mooc.guokr.com/course/82/Model-Thinking/review/[2017-07-30].

三、社区交互缺乏知识网络的连通机制，教师引导不足

一方面，社区交互缺乏知识网络的连通机制。

“模型思维”缺乏对学习者分享观点的激励机制。教师团队并未建立有效的激励机制去鼓励学习者主动分享资源，未鼓励学习者通过其他社会性软件建立学习小组或相互关注，甚至有学习者“很少参与同学们的讨论”[①]，忽视了学习者作为知识创造者的角色。另外，教师团队并未营造良好的社区讨论环境与同伴协作环境，缺乏由教师引导的、深入的主题讨论与知识生成。而“模型思维”在2014年12月的开课中，课程论坛有“学习小组”的论坛版块，它旨在鼓励志同道合的学习者协作与线下聚会，在其中学习者可以分享自己的学习笔记、学习资源，例如有学习者分享了“一种新型科学”的PDF资源，有不同学习者分享了第一至第十三单元的课堂笔记，还有学习者想组建线下小组等，而当前班次去掉了此论坛版块。

另一方面，社区交互缺乏主讲教师及团队参与的深度讨论。

在“模型思维”讨论区中，以学习者的自组织讨论为主。学习者通常在遇到问题时进行提问，教师、教师团队、社区助教以及其他学习者给予回复。这种“问—答”模式更加类似于课堂教学中的提问—回答模式，不同的是传统课堂教学是教师开始提问、学生回答，而在讨论区中，是学习者提出疑问或困惑，由教师团队、社区助教及其他学习者解答。

但是，在讨论区中，主讲教师直接对学习者回复或指导还需要增强。在调研中，访谈学习者发现：

> 在讨论区的交互中，学习者互动频繁，课程助教基本也能回复与课程相关的问题，但是教师与学习者互动少，而且没有答疑环节。

“模型思维”的论坛主讲老师几乎没有参与，课程内容的讨论比较少，不够热烈。从课程讨论区主界面看，主讲教师参与1次回帖，获得1次赞；且7位助教中积极回帖的助教集中于1位社区助教，且从回复用语来说，多是总结性语言，如“你的建议非常好”，“观点很棒”，“对其他同学很有帮助”等，难以发挥深度指导。

总之，大规模学习者参与的课程学习，自组织是学习者参与的主要方式，

---

① 摘自果壳网 MOOC 学院学习者评论 . http://mooc.guokr.com/course/82/Model-Thinking/review/[2017-07-30].

但是自组织与教师团队的他组织以及同伴协作并不矛盾。在社区讨论中更加需要教师有意识的引导、有组织的指导，并能够积极参与讨论，积极促进学习者之间的协商与研讨，教师能与学习者一起升华对主题的认识，促进知识的迭代生成，而“模型思维”讨论区，未充分发挥教师团队的引导角色与学习者创造者的角色，缺乏知识网络的有效连通的机制，缺乏教师引导，难以有效促进知识网络的连通，影响了课程的动态生成。

四、课程团队的学习支持不足，缺乏“学伴”引导

在当前班次中，“模型思维”全部的课程视频、资源、测验与考试等均放在网络上，除了测验与考试在课程页面上有时间期限的提醒之外，课程团队提供的伴随性学习支持非常少，缺少在课程主页上或以电子邮件形式的及时提醒与更新课程相关信息。而在 2014 年 12 月班次中，课程公告按照周次提醒，尤其是在每周之后、期中考试之前、期末考试之后的教师总结（图 7-2、图 7-3），均能够及时促进学习者对知识的回顾，使碎片化的知识、碎片化的学习方式形成系统化、逻辑性的知识系统。

与此同时，人际支持也不足，教师团队并没有参与所有的问题讨论。在 8 人的教师团队中，参与回复问题的只有 4 人；从讨论区整体回复情况看，对案例的讨论、对问题的质疑等需要引导的帖子缺乏教师团队的参与。例如，学习者疑惑“没有设计者，模式是否能够出现”，并提出自己困惑的原因。在参与回复的学习者中，有的从对“设计”的理解入手谈设计规则与初始条件对模式的影响，有的从这一问题的理论背景阐述，有的指出他的理解太偏颇，有人指出他的理解是另辟蹊径，在 17 人次的讨论中，教师团队并没有参与引导。再如，有学习者对“更好的学校模型”存在困惑，22 人次参与讨论，有的从收集数据的变量讨论，有的从学校根本的期望谈起，有的从“问题树”（problem tree）界定影响学校模型的因素探讨，有的从多视角的“镜头”看待教育价值，教育与创新、政治等目标的关系，在学习者多视角的探讨中，亦没有教师团队的参与。

由此可见，课程团队的学习支持不足，缺乏“学伴”引导。虚拟的学习空间更加需要及时、必要的人际支持，它能起到学习同伴作用，并激励学习者成为课程创建者。

五、目标导向与学习评价单一，缺乏主体参与及个性化反馈

从“模型思维”的评价机制来看，仍过度发挥目标导向，忽视学习者目标

第五周回顾

大家好!

最近我们给大家发了不少的通知。我们知道大家在复习期中考试，这里是第5周的笔记，供大家参考。

第1部
分: https://d396qusza40orc.cloudfront.net/modelthinking/MT2_Wk5_S10%20Notes_Markov%20Processes.pdf
第2部
分: https://d396qusza40orc.cloudfront.net/modelthinking/MT2_Wk5_S9%20Notes_Diversity%20and%20Innovation...

祝大家好运，有问题请与我们联系!

Mon 19 Jan 2015 2:00 AM CST

图 7-2 “模型思维”2014 年 12 月班次的第五周知识回顾

期中考试学习指南

期中考试复习主题列表:

- Schelling的隔离模型 – 重大“突破”以及与临界点的关系[请参见第2.2单元，“Schelling的隔离模型”]
- 起立鼓掌模型 – 概述、差异之间的关系、显示质量、起立鼓掌的可能性等 [请参见第2.5单元，“起立鼓掌模型”]
- 分类和同群效应 – 定义、差异（识别问题）以及应用时间示例[请参见第2.6单元，“识别问题”]
- 六西格玛 – 计算六西格玛和标准偏差[请参见第3.3单元，“六西格玛”]
- 电子思维 – 理性模型的使用时间以及行为或规则模型的使用时间、各情况示例[请参见第5.2单元，“理性决策模型”]以及整个第5单元。
- 线性模型 – 计算决定系数并了解其含义。了解何时方程或形势是“线性的”[请参见第6.3单元，“线性模型”]
- 峭岖的风景 – 该风景的含义以及与线性模型的关系，也称为跃动的风景[请参见第6.3单元]
- 临界点 – 定义、计算多样化指数、了解直接提示与上下文提示（第7.5单元）、退出提示与起源提示以及“类内”提示与“类间”提示之间的区别[您可能需要查看整个第7单元，同时特别注意第7.5单元，“划分临界点”]
- 经济增长 – 投资、折旧、创新和均衡之间的关系[请参见第8.3单元，“经济增长”]
- 马尔可夫 – 能够建立马尔可夫矩阵，并且使用该矩阵计算达到均衡时各个类别所占的百分比。广而言之，了解它适用的情况[请参见第10.2单元，“马尔可夫均衡”]
- 启发法 – 无免费午餐定理（我们学习的课程）、什么是启发法、启发法有何不同[请参见第9.4单元，“团队与问题解决”]
- 决策树 – 能够绘制决策树、计算期望值并根据给定的数据作出决策[请参见第4.5单元，“决策树”]
- 空间选择 – 了解空间选择的含义及其适用的情况。根据一些信息，我们是否可以使用空间选择？[请参见第4.3单元，“空间选择模型”]
- 结果类别 – 共有4种。各是什么？

图 7-3 “模型思维”2014 年 12 月班次的期中考试学习指南示例

需求；存在单一的评价主体、评价方式，学习者俨然是“被评价者”，缺乏主体参与及个性化反馈。

第一，从学习评价的目标与内容来看，“模型思维”过于侧重课程目标，缺少对学习目标的关注；检测内容过于关注基础性知识的掌握，而缺少对迁移性知识的检测。

“模型思维”已预设微视频中的课间练习、每周测验以及期中考试与期末考试，它们主要围绕着课程教学内容开展，以检测课程教学目标的实现及课程知识的巩固。如有学习者反映：

> 每周有小测验，然后前后各有一个大考试，但都是只要好好听课就绝对没问题的，简单。

作业、考试，如果认真看视频，是不成问题的；课程内容非常丰富，讲授了很多涉及不同层面社会现象的模型和实例，跟课后习题以及考试的内容联系很紧密，不会出现脱节，多做笔记，一般考试都能过。

作业和考试都不太难，个人认为考试比作业还简单不少，很多都是计算题，认真听、理解了就很容易答对。①

由此可见，“模型思维”中的学习评价仍然围绕教师预定的课程目标，缺少对学习目标的关注。

而且，学习评价紧紧围绕微视频内容，而缺少知识应用的情境性迁移，有学习者认为：

课程的习题和考试难度不高，基本无需初中以上的数学水平即能应付，且对错误的答案会给出详细剖析，进一步帮助学习者巩固知识。与其他慕课类似，获得知识并不难，得到证书亦没有悬念，真正有价值和有挑战的是如何将学到的知识用于实践。①

同时，也有学习者反思：

作业和考试是我认为慕课最重要的组成部分，没有之一。否则慕课就失去了存在意义，沦为传统公开课了。这门课的作业以及考试都是由一些选择题和填空题组成。这并不是我赞赏的方式，但是对于这种普及性的课程，哪种考核方式最好确实也是个需要讨论的问题。就这门课来说，作业和考试难度适中，想全拿满分还是需要一些努力的。只拿证书的话就很容易了。②

由此可见，从检测的目标来看，“模型思维”注重的是基础性知识性目标，而忽略了学习者高阶的应用迁移能力的检测。

第二，从评价主体与评价方式来看，“模型思维”侧重于教师预设的反馈，学习者仅仅是被评价者，缺少学习者主体性发挥、个性化的教师反馈以及学习同伴反馈。

---

① 摘自果壳网 MOOC 学院社区学习者评论 . http://mooc.guokr.com/course/82/Model-Thinking/review/[2017-07-30].

② 摘自果壳网 MOOC 学院社区学习者讨论 . http://mooc.guokr.com/discussion/443/[2017-07-30].

教师提前预设标准答案并由系统自动反馈，从本质来看仍是教师对预设课程设计的分发，教师并没有真正直接参与对学习者的评价，尽管 Coursera 平台能够对学习踪迹进行记录，而教师并没有借助于学习分析技术分析平台数据，给予学习者反馈。

同时，该课程没有同伴互评，缺少了学习者之间互相学习的机会，也减少了学习者自我反思的机会，缺失了学习者之间观点的碰撞与生成。

由此可见，在“模型思维”学习评价中，典型的一元课程教学目标评价忽视了学习者的多元化、个性化学习目标，将评价等同于知识掌握程度的检测，忽视了对高阶应用能力、问题解决能力的评价，也忽视了同伴之间的互相学习、学习者的自我反思以及学习过程的个性化需求。

六、课程活动与要素之间缺乏互动，过程性与生成性不足

在“模型思维”的开发过程中，更加凸显教师对课程结构的把控、对课程内容的预设以及对课程计划的执行，而对学习者需求、学习者个性化发展重视不够。所以，从根本上说，“模型思维”的开发忽视了学习者是慕课开发过程中的根本动力，也忽视了文本的诠释与生成以及对情境的关注。

在该课程中慕课开发活动过度注重课程设计与资源组织，而忽视了同期课程开设过程中的迭代、文本共生；另外，从课程大纲、课程讲座、讨论区、在线互动、测验等来看，将本期课程与 2014 年 12 月开设的课程相比，并没有明显的课程调整或迭代，甚至还减少了讨论区中的“学习小组”版块，减少了学习支持提醒，如 2014 年 12 月的课程包括每周知识回顾和有关证书等提醒、插班上课与测验政策、期中考试学习指南、期中总结、课后问卷填写提醒、课程计划说明、成绩与证书说明等，为学习者提供了更加明确的向导。此外，“模型思维”的开发对在线教学活动重视不足，对学习分析与评价的个性化分析与反馈重视不足；在学习支持中也缺乏必要的认知支持、师生之间的情感支持等。

总之，“模型思维”在开发中依然对结构性、预设性的课程内容过度重视，忽视了对学习者的关注，学习者作为课程自主建构者、参与者、理解者，并未充分发挥其开发者、创造者的角色，未凸显学习者个性化的关照；该课程开发依然以课程教学目标为核心，缺乏在线教与学活动的组织、学习支持的组织、社区讨论情境创设；没有处理好教师角色与学习者角色的关系，课程教学目标与学习者目标的关系，慕课设计与在线实施、学习评价的关系，导致课程开发主体、文本、情境以及各开发活动之间缺乏有机互动与相互促进，导致该课程开发依然近似于“传递”，忽视了慕课开发的过程性、生成性。

第五节　“模型思维”开发的改进策略

审视“模型思维”开发的问题，其根本原因在于学习者主体性的弱化。只看到学习者是课程的参与者，并未发挥其主体性——学习者亦是慕课开发者、理解者、建构者，缺乏基于学习体验的课程理解；同时，忽视了大规模学习者、多元化学习需求的课程开发背景，导致课程缺乏学习支持，缺乏在线教学活动的组织，缺乏多元化的学习评价。“模型思维”开发仅仅在预设中实现了知识的传递，而生成性、过程性不足。

因此，解决“模型思维”开发中的问题，我们仍然需要从泰勒原理体现的课程开发与课程理解两种课程视域融合中寻求解决策略。以人的主体性为根本，基于学习需求的多元化、差异性，本书提出“模型思维”开发策略包括：建构学习者模型，促进个性化学习；发挥学习者主体性与教师的促进者角色，融合自组织与他组织促进生成与连通；重视慕课在线教学活动，凸显慕课实施过程；凸显学习评价个性化，促进人文关怀；构筑“模型思维”开发的关系网络，促进对话。

一、建构学习者模型，促进个性化学习

慕课开发需围绕人本价值取向，以“学”为中心，最终在学习者的建构中促进学习者的个性化学习。“模型思维”开发中对学习者主体性、学习需求关注的缺失，可以借助于学习者模型的建构得以弥补，从而促进学习者的个性化发展。学习者模型是个性化学习系统的核心组件，[①]建构学习者模型指的是依据学习者的学习背景、能力起点水平、学习动机、认知风格与结构、学习需求等，正视其差异性，为学习者提供适应其发展的、个性化的学习支持服务，在慕课开发过程中为不同需求的学习者推送个性化学习资源，并支持学习者基于个体的学习履历、学习目标、学习需求进行自适应学习，促进学习者实现个性化学习目标。

孙力和张婷提出了网络教育中个性化学习者模型[②]，从数据层、逻辑分析层、应用层构建网络教育个性化学习者模型（图 7-4）。

其中，数据层是基础，逻辑分析层是对学习者的学习内容、学习行为等进行分析的过程，而应用层是学习者模型分析的功能体现。

① 王丽萍，赵蔚，魏久鸿，等．开放性社会学习者模型的研究进展视图．现代远程教育研究，2015，(2)：104-112.

② 孙力，张婷．网络教育中个性化学习者模型的设计与分析．远程教育杂志，2017，(3)：93-101.

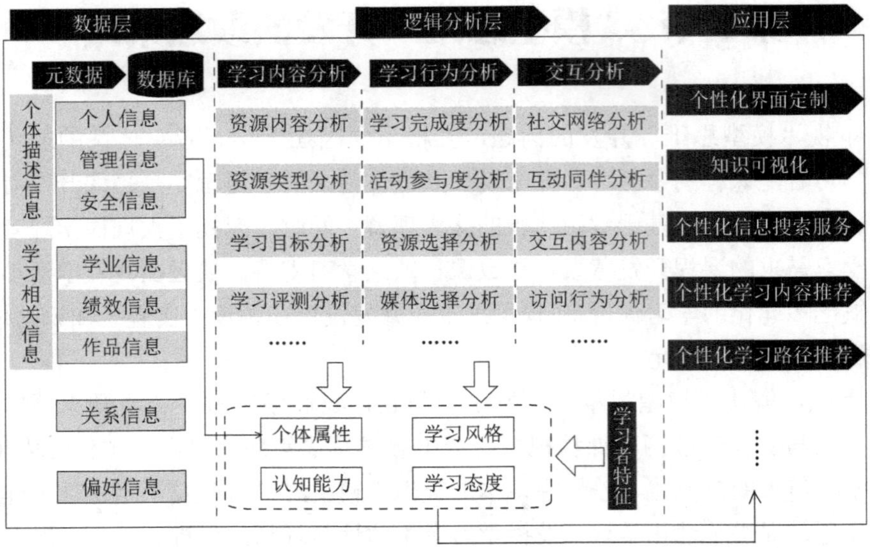

图 7-4　网络教育中个性化学习者模型

资料来源：孙力，张婷 . 网络教育中个性化学习者模型的设计与分析 . 远程教育杂志，2017，（3）：93-101.

在“模型思维”开发中，已经通过调查问卷了解学习者的基本信息，如学习目的、能力储备、学习期待、网络学习经历等基本信息，但对于学习者模型的建构，还需要进一步发挥数据分析的功能：在学习者的学习过程中，借助于慕课平台记录的在线学习痕迹可获得学习者的动态学习信息，如微视频观看情况、论坛参与情况、练习或作业完成情况等获取学习者在慕课学习过程中的参与情况、遇到难以解决的问题等数据信息，进而借助学习分析技术对学习者的学习兴趣、学习风格、学习难点等做出预测；在应用层为学习者提供个性化的学习支持，如界面定制、知识可视化、个性化信息搜索服务、个性化学习内容推荐、个性化学习反馈、个性化学习路径推荐、个性化的教学等，促进学习者实现个性化学习。

二、发挥学习者主体性与教师的促进者功能，促进生成与连通

学习者是慕课开发的主体之一，是推动课程动态开发的根本动力。发挥学习者主体性，不仅需要以自组织建构课程在虚拟环境中的连通，更需要教师提供他组织支持。“模型思维”的开发需要创设学习者建构、共享与协作的环境，发挥学习者主体性与教师的促进者功能，以自组织与他组织支持相结合的方式促进知识的生成与连通。

创设学习者共享、协作建构的环境，促进知识的生成与连通，是慕课开发的重要策略之一。共享是指学习者能够分享自己的学习体验；协作是指学习者之间能够以学习小组、学习共同体的形式展开协作与关联；建构是指学习者真正发挥主体性，以个体多元化的文本理解推动慕课的动态生成，就像 Wiki 一样，每人能参与课程的编辑与生成，最终在学习者、教师的协作中，生成丰富的文本。教师团队应以学习者为中心，借助于慕课平台功能、社会性软件等，发挥促进者角色，鼓励学习者进行分享与协作——可以通过具体课程事件的创设、学习制度的激励，或者信息技术中的聚合工具或机制（如使用 RSS 技术实现不同站点的聚合）等建立分享与协作的环境，让分布于网络之中的学习者产生互联，让分布于网络之中的知识能不断在学习者的参与之中生成与更新，使慕课开发从“独白”走向不断反复“协商”的建构。

另外，学习支持服务是慕课开发的重要活动之一，将自组织学习与他组织支持相结合，以人际互动为核心促进多维连通。从机制看，慕课“开放”“共享”的价值理念促使教育权从教师端转移到学生端，学生是自组织主体；从课程实施的过程看，教师及时、个性化的学习支持服务是发生有效社会化交互的关键，促进教师适时了解学习者的学习需求，进行差异化问题解决与深度引导，强化学习者主体性，促进有效学习的发生。

教师提供的人际学习支持服务是促进学习者之间展开丰富的会话、在复杂的人际交流中寻找课程理解的基础，是慕课学习支持的灵魂，也是促进慕课动态创生的关键。学习者在探索未知的过程中，既依赖于学习者的自组织学习，又依赖于教师团队提供的他组织的学习支持服务。慕课为学习者的自组织发生提供了路径，其重点正是学习者“跑”的过程以及众多学习者共同参与过程中所生成的集体模式。教师以平等交往者通过话题、讨论、在线学习数据分析等参与到分布式格局、平等人际互动之中，在对话与协商中实现资源的重新聚集及课程参与者的重组，为学习者提供针对性的咨询、指导与帮助。在自组织与他组织的过程中，教师、助教、学习者构成了具有生命力的节点，个人知识网络在互动中被编入社区，通过讨论交流的知识又被反馈给教师或学习者，新的内容在情境中不断生成、聚集、分享，形成不断增强的网络化知识联结。

总之，创设学习者建构、共享与协作的环境，将自组织学习与他组织支持相结合，以学习者主体性发挥为核心，基于人际互动，将慕课视为一种转化的过程，以多维连通挖掘慕课中丰富的、开放的、多层次的关系，促进慕课的有效开发。

三、重视慕课在线教学活动，凸显实施过程

“模型思维”开发将“听讲+测验”的模式等同于在线教学活动，尽管有基于讨论区的“问”与“答”，但是，依然延续了行为主义、认知主义的教学法，忽视了网络环境的开放性与学习者的主体性，遮蔽了慕课实施的丰富性与复杂性。

重视慕课在线教学活动正是需要发挥网络的开放性、学习者主体性，从传输式的复制模式转向浸入式的建构模式——教师设计与实施以学为中心的教学活动，让学习者从被动复制走向主动建构，形成个体学习与共同体协作的学习生态，从消费实现分享、创造，提高学习者在情境、事件中的参与度与主动性，让学习者能够以浸入式的方式沉浸于学习活动的过程之中，在协商与互动中开展自我导航的学习，动态生成自我学习策略，并在学习过程中实现教与学的协商。

开展以学为中心的在线活动是师生共同找寻意义的过程，促进不同地域、不同背景的学习者视域的碰撞与融合，揭开课程意义，驱动教师与学习者共同参与慕课开发。例如，开展以任务为中心的教学，瑞格鲁斯（Reigeluth）教授认为，以任务为中心的教学需要任务类型一定是民主的、协作的、让学习者感兴趣的，任务形式可以是项目学习、问题学习、探究学习或者其他形式的“做中学”；并且提供任务实现的环境、“脚手架”、个性化教学，并改变教师角色、学生角色和技术角色，将课程内容进行扩展、重组。[①]

总之，重视慕课在线教学活动要求教师与学习者均发挥主体意识，教师真正以“促进者”而助学，学习者真正以创建者而主动建构，慕课开发从“跑道”到“奔跑的过程”，从作为静态的、外在于学习者的“组织起来的教育内容”的层面，而到关注学习者与教育者动态的经验和体验，在具体情境与事件中促进教与学过程中的协商，在自主建构与协作建构活动中实现教学与学习目标的融合，促进个体知识与课程意义的创生。

四、重视学习评价个性化，促进人文关怀

慕课开发具有开放性、建构性，学习者作为最具有活力的要素，是学习评价的依据与出发点。“模型思维”的学习评价应凸显个性化，以多元化兼顾外部评价与内部自我反思，在过程、情境中展开，促进人文关怀。

首先，“模型思维”学习评价应凸显个性化、差异化。教师团队可利用学习者的在线数据记录，开展学习分析、针对性信息反馈；或者将学习者群体进行分

① 刘妍，顾小清，顾晓莉，等．教育系统变革与以学习者为中心的教育范式：再访国际教学设计专家瑞格鲁斯教授．现代远程教育研究，2017，(1)：13-20.

层，为不同层次的学习者群体设计不同难易程度的评价内容，分别进行评价设计与实施，适应不同差异的学习者群体，发挥评价的激励、诊断功能。

其次，“模型思维”应实现评价主体多元化，兼顾外部评价与内部自我反思。外部评价与学习者内部评价的结合，是将学习者学习目标、自我反思与课程目标相结合的过程，以同伴评价、教师评价促进学习者在互动交流中反馈，以自我评价促进学习者的自我认知、自我判断，实现学习者的自我教育，明确收获与努力方向。因此，评价主体多元化，兼顾外部评价与内部自我反思，实则是将评价贯穿慕课开发过程，以评价促进学习者建构。

最后，“模型思维”学习评价应强化过程、情境。学习评价并不能仅仅指向结果的考核，它应集课程目标与学习目标、预设与结果、教与学的活动、学习过程于一身：在讨论区的参与、在线活动的实施与互评开展中体现学习者主动参与的过程，以评价激励学习者的参与、分享、建构。

总之，“模型思维”的学习评价应围绕学习者，凸显人文性评价，开展个性化的、多元化的、过程性评价，注重学习者的主体性与参与性，以个性化、差异性的方式满足学习者的个性化学习需求，进而推动课程的动态开发与调适。

五、构筑关系网络，促进对话

解决“模型思维”开发的程序化倾向、偏离情境、缺乏有机互动的问题，需要“模型思维”开发构筑整体关系网络，促进课程开发主体之间、学习者之间、课程开发要素活动之间等形成对话。

首先，构筑课程开发主体之间的关系网络。包括教师团队与学习者之间、学习者与学习者之间的关系。知识并非单纯地存储于教师团队或学习者自身，而是基于“模型思维”开发主体在网络交互中不断的扩展与生成，课程开发主体之间的对话构成了慕课开发中最丰富的生命力，它促进知识网络的形成与聚集，动态促进课程内容的创生。

其次，构筑课程开发要素、活动之间的关系网络。慕课开发中的要素、活动是基于“过程”的、彼此关联的、动态的关系存在的，设计、实施、评价之间互相作用；课程设计是为了更好地生成与迭代，不是静态的线性框架与流程；课程目标是随着学习者参与而形成的共同愿景；课程内容是基于学习者体验、活动、情境、意义而具有生成性的文本，课程实施是动态形成课程的过程，课程评价是促进学习者个性化学习的手段，亦是更好地服务于学习者建构、调适课程开发过程的重要参考。

因此，“模型思维”开发需要构筑各要素、各开发活动之间的关系网络。教师、学习者、文本与情境作为慕课开发的根本要素，与慕课开发活动交织在一起，相互影响、相互促进。构筑关系网络需要实现教师团队的课程计划、资源开发等预设，与学习者的学习目标、文本理解、事件解读、意义生成相融合，实现课程设计的迭代、文本共生；并在师生共同参与的在线活动与学习支持中实现教师与学习者视域的协商，学习反馈与评价促进教师、学习者以及其他开发活动的调整与丰富。

总之，“模型思维”的开发应正视课程开发要素、课程开发活动之间复杂而多变的网络互联，正视开发过程中文本生成，以动态的关联与生成实现静态课程与动态课程的融合、教学目标与学习目标的融合、教师经验与学习体验的融合，挖掘潜在的课程存在，促进教师、学习者与慕课开发要素、活动之间持续交互，动态促进慕课开发与生长。

结　语

理性审视慕课开发是承接慕课实践历程与未来发展的重要环节，是深入推进慕课建设与应用共享的现实需求，是破解慕课开发实践中困境与矛盾的必然诉求。当前慕课开发研究中，实践先行，理论研究滞后，且解构研究多于建构研究。慕课开发实践推进的同时，亦需要理论描述与澄清。在此背景之下，本研究展开了慕课开发研究。

慕课开发离不开信息技术的基础性支持，但是，从根本上说课程是一种人性化的活动而非技术化的活动，它是指向人的发展的活动。慕课亦是如此，从开放教育资源的开放、共享开始，体现的就是民主、自由的学习，慕课的诞生正是在开放教育资源、信息技术发展以及学习者需求的相互碰撞中产生。因此，慕课开发首要的是重视教育本质，促进学习者的个性化学习为其根本旨向，慕课开发应从技术化的思维转向人文化的思维，此为慕课开发研究的内在逻辑。

本书澄清了慕课、慕课开发的“为人”属性、当前慕课开发的基本程序，以及慕课开发诉求，澄清历史图景促进我们观照慕课开发现实，并全面审视慕课开发实践现状、问题并进行归因分析。接下来，探讨两种课程视域融合下的慕课开发理论。解决慕课开发中的困境与问题需要实践层面与理论层面的共同指导。泰勒原理为慕课开发提供了科学支撑，课程理解为慕课开发重构提供了方法论依据，两种课程视域融合为解决慕课开发问题、建构慕课开发模式提供理论依据。以两种课程视域融合指导慕课开发，我们需要将实体与过程的思维观、预设与生成的目标观、“蓝本”与“文本”的内容观、忠实与创生的实施观、结果判断与过程协调的评价观融合于慕课开发。基于视域融合的指导，关联隐喻是慕课开发内在的逻辑品格，个性化学习是慕课开发的价值取向，慕课开发样态具有开放的慕课开发环境、凸显个性化学习的学习支持服务、动态生成的课程文本、非线性连通的运行过程以及多元化的课程评价。

基于当前慕课开发基本程序分析、问题诉求，基于课程视域融合的理论基础，本书建构了FLTC慕课开发模式。FLTC慕课开发模式基于慕课平台、社会性软件等信息技术环境，包括一核心、四要素、五活动。它以个性化学习为核心旨向，以教师、学习者、文本、情境为关键要素，以课程设计与迭代、资源组织与文本共生、在线教学活动、学习支持服务、学习分析与评价为主要课程开发活动。其中，教师包括了慕课开发的教师团队，是个性化学习与慕课动态生成的促进者，他们与学习者共同构成了慕课开发的主体。实现FLTC的慕课开发，需要新的操作程序：建教师团队—发布课程公告—课程设计与迭代—资源组织与文本共生—组织在线教学活动—提供学习支持服务—学习分析与评价。同时重视慕课开发要素、活动之间的关联，重视慕课开发的开放性、过程性与生成性，重视学习交互中的网络连通，重视学习分析与评价与教、学的融合过程，实现严密的慕课建构。实现FLTC模式的慕课开发需要教育框架与技术框架下的共同支持。本研究提出需要发挥教师支持、学习者支持、技术支持以及关系支持，共同促进慕课开发实践与理性的和谐统一。

最后，在视域融合的指导下，对典型慕课“模型思维”的开发进行分析，重在分析其在视域融合指导下的开发优势、尚存在的问题，并提出改进策略，促进慕课开发理论与实践的统一。

但是，大规模的学习者与教师的及时互动是课程互动中难以解决的矛盾。尽管教师团队、社区助教与志愿者能够为社会性互动提供支持，但是，大规模学习者的学习诉求仍然需要增强学习支持服务。向企业购买服务以及增强与高校课程教学的“混合”应用是解决这一矛盾的方式。

一方面，课程可以向企业购买服务。

以企业服务的理念与方式为学习者提供全方位、全时段、专业化的学习支持，弥补课程开发团队人力的不足。尤其随着自主课程的出现，慕课的发布与最初课程发布相比，具备更加自由的进度模式：课程内容一次性发布在平台上，学习者可以更加自主、灵活地参与学习。这种更加富有弹性的学习方式更加需要专职化的学习辅导，由企业提供专职服务也是一种未来的方式。

另一方面，增强与高校课程教学的混合应用。

慕课缺乏面对面的交流，难以提供真实的学习体验与完整的教育经历，这是慕课自身基于虚拟空间的局限；大规模的学习者与个性化学习的实现也是一对难以解决的矛盾。突破慕课自身的局限以及更好地实现个性化学习的旨向，还需要慕课与高校的课程教学结合，以“混合”学校课程教学的方式而形成小众私密在线课程（small private online course，SPOC）的形式，将慕课资源应用于学校课程教学中的小规模的、特定人群的教学，形成在线学习与面对面学习相结合的模式。学习者在课下以微视频的学习、在线评价等学习活动为主，在课堂上与教师一起开展实验操作、项目设计、深度讨论等实践为主的教学活动。这种混合方式实质是对慕课的课程内容、教学方式、技术实现的改造与完善，实现慕课与高校课程教学的有机融合。

参考文献

艾碧 .2003. 网络教育：教学与认知发展新视角 . 丁兴富，等译 . 北京：中国轻工业出版社 .

戴维斯，等 .2011. 心智交汇：复杂时代的教学变革（第 2 版）. 毛齐明译 . 上海：华东师范大学出版社 .

董君武 .2016. 构建个性化学习系统研究 . 上海：华东师范大学博士学位论文 .

多尔，高夫 .2004. 课程愿景 . 张文军，张华，余洁，等译 . 北京：教育科学出版社 .

房慧 .2010. 经验学习的反思与建构 . 重庆：西南大学博士学位论文 .

伽达默尔 .2004. 真理与方法：哲学诠释学的基本特征 . 洪汉鼎译 . 上海：上海译文出版社 .

格里芬 .1995. 后现代科学：科学魅力的再现 . 马季方译 . 北京：中央编译出版社 .

怀特海 .2003. 过程与实在：宇宙论研究 . 杨富斌译 . 北京：中国城市出版社 .

靳玉乐，于泽元 .2005. 后现代主义课程理论 . 北京：人民教育出版社 .

刘海霞 .2009. 远程教育个性化学生支持服务研究 . 西安：陕西师范大学硕士学位论文 .

欧阳文 .2006. 大学课程的建构性研究 . 武汉：华中科技大学博士学位论文 .

王继新，郑旭东，黄涛 .2012. 非线性学习：数字化时代的学习创新 . 北京：高等教育出版社 .

王丽萍 .2017. 自适应学习系统中学习者模型与教学模型研究 . 长春：东北师范大学博士学位论文 .

王觅 .2013. 面向碎片化学习时代微视频课程的内容设计 . 上海：华东师范大学博士学位论文 .

王书林 .2013. 任务导向的分布式学习共同体研究 . 重庆：西南大学博士学位论文 .

吴支奎 .2009. 课堂中的意义建构 . 重庆：西南大学博士学位论文 .

武法提 .2011. 目标导向的网络课程设计（修订版）. 北京：中央广播电视大学出版社 .

薛伟 .2009. 现代远程教育 5S 学习支持模式研究 . 上海：华东师范大学博士学位论文 .

雅斯贝尔斯 .1991. 什么是教育 . 邹进译 . 北京：生活 • 读书 • 新知三联书店 .

张剑平 .2014. 虚实融合环境下的适应性学习研究 . 杭州 ：浙江大学出版社 .

张能为 .2002. 理解的实践 ：伽达默尔实践哲学研究 . 北京 ：人民出版社 .

朱晓刚 .2012. 大学课程哲学：基于马克思主义实践哲学视域的探讨 . 青岛：中国海洋大学出版社 .

Dabbagh N，Kitsantas A.2012.Personal learning environments，social media and self-regulated learning：a natural formula for connecting formal and informal learning.The Internet and Higher Education，15(1)：3-8.

附　录

附录 A　学生访谈提纲

学校：________________ 年级：________________ 专业：________________

调查时间：________________ 地点：________________

1．学习了哪些慕课？拿到几个慕课证书？怎么认识网络学习？

2．为什么会选择学习慕课？

3．学习慕课时给自己定了一个什么样的目标？实现情况怎样？

4．请选择一门慕课回答下述问题：

（1）课程提供了哪些学习资源？在资源差异化、生成性方面有没有举措？

（2）请谈一谈你的慕课学习过程。

（3）教师组织了哪些在线教与学活动？用了哪些教学方法或策略？

（4）课程提供了哪些学习支持服务？教师、助教参与互动情况怎样？有哪些学习支持工具？

（5）课程的考核方式、评价方式怎样？是否能够适应自己学习情况？

（6）介绍和评价微视频（形式、时长、授课方式、每周数量、存在问题等）。

（7）请对课程做总体评价：该课程好在哪里？不足之处在哪里？

5．请从以下几个方面对自己的学习过程进行评价：

（1）网络学习的适应性。

（2）学习计划、学习坚持、学习投入情况。

（3）参与讨论、小组学习情况。

（4）参与同伴互评情况，你如何看待同伴互评这种方式？

6．谈一谈慕课学习过程中遇到的主要困难及期望得到的帮助。

7．谈一谈慕课学习的收获，影响学习坚持性的主要因素。

8．请谈谈你对慕课开发的理解和认识。慕课开发的依据及价值是什么？你认为好的慕课应该是什么样子？

附录 B　教师访谈提纲

学校：________________ 专业：________________

职称：____________ 主讲课程：__________

调查时间、地点：_______________

1. 您以前是否开设过精品资源共享课、精品课程等？与慕课有什么不同？

2. 您为什么开设慕课？课程助教有几位？

3. 您认为慕课与传统课程的差异是什么？慕课有哪些独特性？怎样发挥网络的特性？

4. 您课程主要的学习群体是哪类人群？学习者构成的多样性对您的课程整个设计、实施有什么影响？您在适应学习者方面差异上有没有一些针对性举措？

5. 您怎么看待慕课的完成率？拿到证书的人数占什么比例？您了解的学生弃课的原因是什么？在引导学习者持续学习、互动方面，您采取了哪些措施？

6. 您认为您定下的课程目标，学习者的实现状况如何？有没有考虑学生的学习目标？

7. 请您从以下几个方面谈一谈慕课开发的整体思路：

（1）微视频、补充材料。

（2）教学方法、教学活动的组织。

（3）教学支持与导学策略。

（4）交流互动（您对学生互动的引导、您参与互动情况）。

（5）测验、练习与作业。

（6）评价方式（同伴互评、教师评价、自动反馈）与考核标准。

8. 您认为影响慕课开发质量和效果的核心要素是什么？您课程中最满意的地方在哪里？

9. 您在设计、资源开发、实施、评价过程中遇到哪些困难和问题？您是怎样解决的？有什么遗憾与期望。

10. 请您谈一谈对慕课开发的认识。慕课开发的价值与依据是什么？您认为好的慕课开发应该是什么样子的？

11. 本轮课程结束后，这门课程还会继续上线吗？您准备做出哪些调整？（当前您的课程是第几轮开设？与之前相比有哪些改善？）

附录C　慕课设计、资源开发、实施与评价现状调查（学生问卷）

亲爱的同学：

你好！为了解慕课开发中设计、资源开发、实施与评价现状，我们特编制此问卷。答案无对错之分，结果只做学术研究之用，请你如实填写。你真实完整的回答对我们的研究将会有很大帮助！本问卷是匿名调研，你的个人信息不会被透漏！请你在你选择的选项上按要求打√或者填写相应的内容。感谢你的支持！

一、基本信息

1. 性别：A. 男　B. 女

2. 就读学校：________________

3. 就读年级：A. 大学一年级　B. 大学二年级　C. 大学三年级　D. 大学四年级

4. 就读专业所属学科门类：

   A. 哲学　B. 经济学　C. 法学　D. 教育学　E. 文学　F. 历史学

   G. 理学　H. 工学　I. 农学　J. 医学　K. 军事学　L. 管理学　M. 艺术学

5. 获得证书的慕课（MOOC）门数：________________

二、慕课开发量表

调查项目	非常不符合	不符合	有些不符合	有些符合	符合	非常符合
1. 课程开始学习前，有了解我学习情况的调查。	1	2	3	4	5	6
2. 根据我的学习起点能力，教师为我定制了个性化的学习路径。	1	2	3	4	5	6
3. 在学习过程中，教师注重了解我真实的学习需要。	1	2	3	4	5	6
4. 微视频时长适合我的学习需要。	1	2	3	4	5	6
5. 微视频的知识点切分合理。	1	2	3	4	5	6
6. 微视频的内容适合我的学习需要。	1	2	3	4	5	6
7. 微视频中的在线测试能帮助我及时巩固所学。	1	2	3	4	5	6
8. 我能在课程的补充材料中找到符合我认知需要的学习资源。	1	2	3	4	5	6
9. 教师曾为我推荐适合我需要的学习资源。	1	2	3	4	5	6
10. 教师注重学习过程中产生的资源的整理与发布。	1	2	3	4	5	6
11. 我喜欢微视频中老师的授课方式。	1	2	3	4	5	6
12. 我经常参与课程讨论。	1	2	3	4	5	6

续表

调查项目	非常不符合	不符合	有些不符合	有些符合	符合	非常符合
13. 我能及时分享我的观点。	1	2	3	4	5	6
14. 其他学习者能及时回复我的问题。	1	2	3	4	5	6
15. 课程论坛的讨论氛围积极活跃。	1	2	3	4	5	6
16. 与学习者的互动讨论能促进我对知识的深度理解。	1	2	3	4	5	6
17. 我会主动与其他学习者合作来解决学习问题。	1	2	3	4	5	6
18. 教师或助教经常参与课程讨论。	1	2	3	4	5	6
19. 教师能及时给予我所需要的学习帮助。	1	2	3	4	5	6
20. 助教能及时给予我所需要的学习帮助。	1	2	3	4	5	6
21. 师生互动频次高。	1	2	3	4	5	6
22. 教师会经常组织问题答疑。	1	2	3	4	5	6
23. 教师或助教会引导、激发我参与讨论	1	2	3	4	5	6
24. 作业或测验的考查内容直接源于微视频或教学PPT。	1	2	3	4	5	6
25. 测验或作业的题目设计能与我的生活情境相联系。	1	2	3	4	5	6
26. 测验或作业针对不同的学习者设置有不同的难易梯度级别。	1	2	3	4	5	6
27. 我的同伴互评结果客观，值得信服。	1	2	3	4	5	6
28. 同伴互评的方式能够促进我的学习反思。	1	2	3	4	5	6
29. 学习评价能够促进我对我自己学习目标的检测。	1	2	3	4	5	6

三、慕课学习情况

1. 你学习慕课的主要目的是（可多选）：

A. 拓宽视野，扩大知识面　B. 了解学科前沿信息　C. 出于兴趣爱好

D. 感受名校教师教学风采　E. 希望与来自各地的学习者交流　F. 增加求职机会

G. 补充自己的专业需求　H. 体验慕课学习方式　I. 获得慕课证书

J. 考研需要　K. 学校或老师的硬性要求　L. 其他 ____________

2. 下列符合你学习情况是（可多选）：

A. 我灵活安排慕课学习时间

B. 我灵活安排学习慕课的地点

C. 我根据自己的学习目标选择需要的内容与资源

D. 我按照自己的学习情况制定学习进度

E. 我在慕课学习中时常存在孤独感

3. 你是否中途放弃过课程：

A. 是　B. 否（若选“是”：请作答第 4 题；若选“否”请继续作答第 5 题）

4. 你中途放弃课程的原因是（可多选）：

A. 课程内容与课程简介不符　B. 我只需要掌握课程中的部分内容

C. 我难以适应网络学习方式　D. 微视频教学缺乏吸引力　E. 微视频形式单调、乏味

F. 缺乏对学习活动的设计　G. 学习中遇到困难得不到及时帮助　H. 师生互动少

I. 学习中存在孤独感　J. 作业难度大　K. 考试难度大　L. 没有足够的时间

M. 英语水平不足　N. 学习自制力不足　O. 其他 ____________

5．你认为微视频合适的时长应为：

A. 1 ～ 5 分钟　B. 6 ～ 10 分钟　C. 11 ～ 15 分钟

D. 16 ～ 20 分钟　E. 20 分钟以上

6. 你认为每周发布的微视频个数应为：

A. 1 ～ 3 个　B. 4 ～ 6 个　C. 7 ～ 9 个

D. 10 ～ 12 个　E. 13 ～ 15 个　F. 15 个以上

7. 你所学课程中微视频的主要授课形式有（可多选）：

A. 讲授　B. 对话　C. 访谈　D. 讨论　E. 采访　F. 其他 __________

8. 除微视频之外，课程提供的学习资源有（可多选）：

A. 教学 PPT　B. 讲义　C. 电子参考书　D. 书目清单

E. 资源链接地址　F. 优秀学生作业　G. 补充性视频资源

H. 补充性音频资源　I. 其他 ______________

9. 慕课中组织的教学活动主要有（可多选）：

A. 讲授　B. 答疑　C. 专题讨论　D. 小组协作学习　E. 学习展示

F. 实践调查　G. 问题探究　H. 闯关游戏　I. 虚拟体验　J. 其他 ____________

10. 在讨论交流中，你常用的交互工具是（可多选）：

A. 在线论坛　B.Wiki　C. QQ 群　D. 微博　E. 博客　F. 在线实验室

G. Facebook　H. Google Groups　I. YouTube　J. 其他 ____________

11. 对于教师给予反馈的时间，你可以接受的范围在：

A. 8 小时以内　B. 12 小时以内　C. 24 小时以内

D. 36 小时以内　E. 48 小时以内

12. 课程提供的学习支持工具有（可多选）：

A. 学习进度工具　B. 搜索引擎工具　C. Wiki　D. 记笔记工具

E. 概念图工具　F. 在线实验室　G. 在线绘图工具　H. 其他 _____

13. 测验、作业的类型与评价方式是（以某一门课为例）（可多选）：

A. 测验与作业均是客观题

B. 测验与作业均为主观题

C. 测验是客观题，作业是主观题

D. 客观题采用系统自动评价

E. 主观题采用同伴互评

14. 慕课的成绩构成包括（以某一门课为例）（可多选）：

A. 嵌入微视频的在线测试　B. 单元测验　C. 平时作业　D. 论坛发帖次数

E. 论坛发帖质量　F. 期中考试　G. 期末考试　H. 贡献（Wiki）

I. 附加题目　J. 其他 ____________

15. 你期待慕课开发在哪些方面做出改善（可多选）：

A. 了解学习者需求　B. 合理设计微视频内容与时长

C. 增加微视频教学感染力　D. 适当运用多种教学方法

E. 提供具有针对性的学习材料　F. 增加线上学习活动

G. 希望有线上的学习同伴　H. 设置线下会面　I. 设置论坛互动的激励措施

J. 教师及时提供帮助　K. 增加教师与学生互动

L. 增加多样化、个性化的评价方式　M. 设置测验与作业难易梯度分级

N. 其他 ____________

16. 你在慕课学习中遇到哪些困难？期望得到什么帮助？请从慕课的设计、微视频与资源开发、实施与评价等方面谈一谈。

附录 D　慕课设计、资源开发、实施与评价现状调查（教师问卷）

尊敬的老师：

您好！为了系统了解慕课开发中设计、资源开发、实施与评价现状，我们特编制此问卷。答案无对错之分，结果只做学术研究之用，请您如实填写，您真实完整的回答对我们的研究将会有很大帮助！本问卷是匿名调研，您的个人信息不会被透漏！请您在选择的选项上按要求打√或者填写相应的内容。感谢您的支持！

一、基本信息

您开设或参与讲授的慕课：____________________

您所在学校：____________________

您的职称与学历：____________________

慕课助教人数有：____________________

课程所属学科门类是：A. 哲学 B. 经济学 C. 法学 D. 教育学 E. 文学 F. 历史学 G. 理学 H. 工学 I. 农学 J. 医学 K. 军事学 L. 管理学 M. 艺术学

二、慕课设计、资源开发、实施与评价情况

1. 您是否利用学习者的在线学习数据分析：（若选“是”，请作答第 2 题；若选“否”，请继续作答第 3 题）

A. 是 B. 否

2. 对学习者的在线学习数据分析，您用来：

A. 作为了解学习者的重要依据 B. 作为给提供针对性学习资源的重要依据

C. 作为微调课程设计的重要依据 D. 反馈给学生

E. 为下一轮的课程设计提供参考 F. 其他 ________________

3. 在慕课开发中，您花费时间最多的是：

A. 了解学习者的学习需求 B. 录制课程视频 C. 准备学习材料

D. 组织教学活动 E. 与学生交流、答疑 F. 提供针对性的反馈资源

G. 测验与作业设计

4. 微视频的主要授课形式是（可多选）：

A. 讲授 B. 对话 C. 访谈 D. 讨论 E. 采访 F. 其他 ______________

5. 微视频时长一般为：

A. 1 ～ 5 分钟 B. 6 ～ 10 分钟 C. 11 ～ 15 分钟

D. 16 ～ 20 分钟 E. 20 分钟以上

6. 每周发布的微视频个数一般为：

A. 1 ～ 3 个 B. 4 ～ 6 个 C. 7 ～ 9 个

D. 10 ～ 12 个 E. 13 ～ 15 个 F. 15 个以上

7. 关于微视频的设计思路，符合实际情况的是（可多选）：

A. 延续传统的教学思路，但缩短了视频时长

B. 考虑到网络学习特性，依据知识点的切分设计微视频

C. 微视频中嵌入了在线测试

D. 微视频中没有设计在线测试

8. 关于微视频的录制，符合实际情况的是：

A. 在课程上线之前已全部结束录制

B. 微视频边上线边录制，但不受上线反馈情况的影响

C. 微视频边录制边上线，并根据上线反馈情况适当调整

9. 除微视频之外，提供的学习资源有（可多选）：

A. 教学 PPT　B. 讲义　C. 电子参考书　D. 书目清单

E. 资源链接地址　F. 优秀学生作业　G. 补充性视频资源

H. 补充性音频资源　I. 其他 ____________

10. 关于学习资源，符合您实际情况的是（可多选）：

A. 学习者面对的是同样的学习材料

B. 为不同的学习者群体提供了分层学习材料

C. 针对学习中集中存在问题，提供相应的学习材料

11. 您是否组织了课程的线下会面：

A. 是　B. 否

12. 您在教学中主要组织的教学活动有（可多选）：

A. 讲授　B. 答疑　C. 专题讨论　D. 小组协作学习　E. 学习展示

F. 实践调查　G. 问题探究　H. 闯关游戏　I. 虚拟体验　J. 其他 _______

13. 课程中提供的学习支持工具有（可多选）：

A. 学习进度记录工具（可帮助学生查看已学和未学内容）

B. 搜索工具　C. Wiki　D. 记笔记工具　E. 概念图工具

F. 在线实验室　G. 在线绘图工具　H. 其他 _______

14. 对学习者问题的回复，符合您的实际情况：（若选“A”：请继续作答第 16 题；若选其他选项，请作答第 15 题）

A. 我从未回复过　B. 我回复过个别学习者　C. 我回复过部分学习者

D. 我回复过大多数学习者　E. 我几乎回复过每个学习者

15. 您通常给予回复的时间范围是：

A. 8 小时以内　B. 12 小时以内　C. 24 小时以内

D. 36 小时以内　E. 48 小时以内

16. 对于课堂讨论的引导的频率，符合您情况的是：

A. 从不参与　B. 极少参与　C. 偶尔参与　D. 经常参与

17. 根据您的了解，助教为课程学习者提供答疑或帮助的频率是：

A. 我不太清楚　B. 从不参与　C. 极少参与　D. 偶尔参与　E. 经常参与

18. 教师或助教与学习者互动交流常用的工具是（可多选）：

A. 在线论坛　B. Wiki　C. QQ 群　D. 微博　E. 博客

F. 在线实验室　G. Facebook　H. Google Groups　I. YouTube

J. 其他 ________________

19. 关于测验与作业，符合您实际情况的是（可多选）：

A. 所有学习者面对的是同样的测验与作业

B. 针对不同学习者群体，我设计了难易梯度不同的测验与作业

C. 除基本测验与作业之外，我额外设计了可供选择的附加题目

20. 关于测验与作业的设计，符合您实际情况的是（可多选）：

A. 测验围绕微视频、PPT 等教学内容，讲什么就考什么

B. 作业围绕微视频、PPT 等教学内容，讲什么就考什么

C. 测验或作业题目的设计不考虑学习者的生活情境

D. 将测验或作业题目的设计与学习者的生活情境相结合

E. 我采用了游戏闯关的方式设计测验或作业

21. 关于测验与作业的类型与评价方式，符合您实际情况的是（可多选）：

A. 测验与作业均是客观题　B. 测验与作业均为主观题

C. 测验是客观题，作业是主观题　D. 客观题采用系统自动评价

E. 主观题采用同伴互评

22. 慕课的成绩构成包括（可多选）：

A. 嵌入微视频的在线测试　B. 单元测验　C. 平时作业

D. 论坛发帖次数　E. 论坛发帖质量　F. 期中考试　G. 期末考试

H. 贡献（Wiki）　I. 附加题目　J. 其他 ______________

23. 您认为影响慕课开发效果的主要因素是（可多选）：

A. 学习需求分析　B. 微视频知识点、时长的设计　C. 微视频教学感染力

D. 微视频教学方法的适当运用　E. 学习资源的设计　F. 针对性的学习材料

G. 线上学习活动　H. 线下会面　I. 与学习者积极互动

J. 及时的学习帮助　K. 多样化的评价方式　L. 测验与作业的趣味性

M. 测验与作业的难易梯度分级　N. 其他 ______________

24. 请您谈一谈在慕课开发设计、微视频与资源开发、实施与评价过程中的遗憾与期望。

____